«*Ayant été persécut[...]
Il était plus philoso[...]
du tumulte des armes[...]*

«*Sans doute la paix perpétuelle est à présent un projet bien absurde, mais qu'on nous rende un Henri IV et un Sully, la paix perpétuelle redeviendra un projet raisonnable.*»

Rousseau

«*Au centre, sur le Pont-Neuf, la figure aimable et aimée, statue la plus légitime qu'on ait dressée à aucun roi, quand tous les peuples l'appelaient comme arbitre ou comme maître.*»

Michelet

Henri IV
et la France réconciliée

GONZAGUE SAINT BRIS

Henri IV
et la France réconciliée

ÉDITIONS FRANCE LOISIRS

Édition du Club France Loisirs,
avec l'autorisation des Éditions SW-Télémaque.

Éditions France Loisirs,
123, boulevard de Grenelle, Paris.
www.franceloisirs.com

© Éditions SW-Télémaque, 2009
ISBN : 978-2-298-03636-7

SOMMAIRE

GÉNÉALOGIE SIMPLIFIÉE

Jean VIII de Bourbon
1428 † 1477
comte de la Marche et de Vendôme
ép. Isabelle de Beauvau
8 enfants dont

François de Bourbon
1470 † 1495
comte de la Marche et de Vendôme
ép. Marie de Luxembourg Saint-Paul
5 enfants dont

Charles de Bourbon
1489 † 1537
duc de Vendôme et duc de Bourbon
ép. en 1513 Françoise d'Alençon
13 enfants dont

Antoinette de Bourbon
1494 † 1583
ép. Claude de Lorraine
duc de Guise

Marguerite
de Bourbon
1516 † 1589
ép. François de Clèves
duc de Nevers

Antoine de Bourbon
1518 † 1562
duc de Bourbon
et de Vendôme
ép. en 1548
Jeanne d'Albret
1528 † 1572
reine de Navarre

Charles
1523 † 1590
cardinal de Bourbon
archevêque de Rouen
"Charles X"
de la Ligue

Henri de Bourbon
1553 † 1610
Henri IV
roi de Navarre et de France
ép. Marguerite de Valois
fille de Catherine de Médicis
sans postérité
puis ép. Marie de Médicis
1573 † 1642
6 enfants dont

Catherine de Bourbon
1558 † 1604
ép. Henri
duc de Lorraine

Louis XIII
1601 † 1643
roi de France et de Navarre
ép. Anne d'Autriche

Élisabeth
1602 † 1644
ép. Philippe IV d'Espagne

Gaston de France
1608 † 1660
duc d'Orléans
ép. Marie de Bourbon-Montpensi

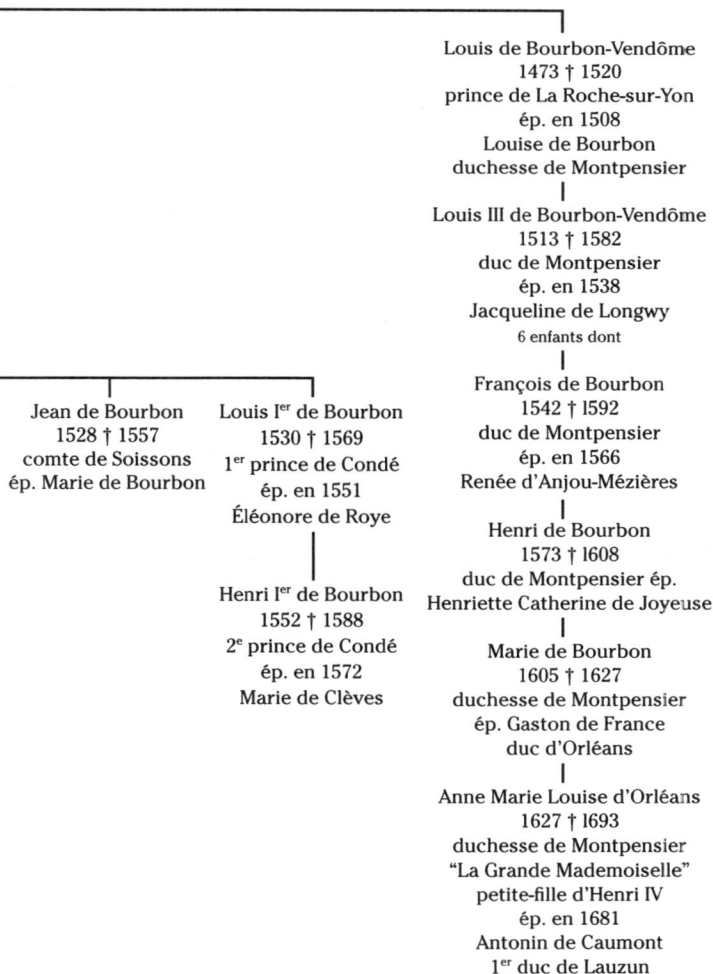

DES BOURBONS

Louis de Bourbon-Vendôme
1473 † 1520
prince de La Roche-sur-Yon
ép. en 1508
Louise de Bourbon
duchesse de Montpensier
|
Louis III de Bourbon-Vendôme
1513 † 1582
duc de Montpensier
ép. en 1538
Jacqueline de Longwy
6 enfants dont
|
François de Bourbon
1542 † 1592
duc de Montpensier
ép. en 1566
Renée d'Anjou-Mézières
|
Henri de Bourbon
1573 † 1608
duc de Montpensier ép.
Henriette Catherine de Joyeuse
|
Marie de Bourbon
1605 † 1627
duchesse de Montpensier
ép. Gaston de France
duc d'Orléans
|
Anne Marie Louise d'Orléans
1627 † 1693
duchesse de Montpensier
"La Grande Mademoiselle"
petite-fille d'Henri IV
ép. en 1681
Antonin de Caumont
1er duc de Lauzun

Jean de Bourbon
1528 † 1557
comte de Soissons
ép. Marie de Bourbon

Louis Ier de Bourbon
1530 † 1569
1er prince de Condé
ép. en 1551
Éléonore de Roye
|
Henri Ier de Bourbon
1552 † 1588
2e prince de Condé
ép. en 1572
Marie de Clèves

LA DESCENDANCE

ép. en 1572 - - - - - - - - - Henri de Bourbon - -
Marguerite de Valois
1553 † 1615
dite la Reine Margot
mariage annulé en 1599
sans postérité

1553 † 1610
roi de France et de Navarre
Henri IV

Louis XIII
1601 † 1643
roi de France et de Navarre
ép. en 1615
Anne d'Autriche
1601 † 1666
fille de Philippe III
roi d'Espagne et de Portugal
et de Marguerite d'Autriche
2 enfants dont

Elisabeth de France
1602 † 1644
ép. en 1615
Philippe IV d'Espagne
1605 † 1665
roi d'Espagne
fils de Philippe III
et de Marguerite d'Autriche
8 enfants dont

Christine de France
1606 † 1663
ép. en 1619
Victor-Amédée Ier
duc de Savoie
1587 † 1637
duc de Lorraine
7 enfants

Louis XIV - - - - - ép. - - - - Marie-Thérèse
dit le Roi-Soleil   en 1660   d'Autriche
1638 † 1715   1638 † 1683

D'HENRI IV

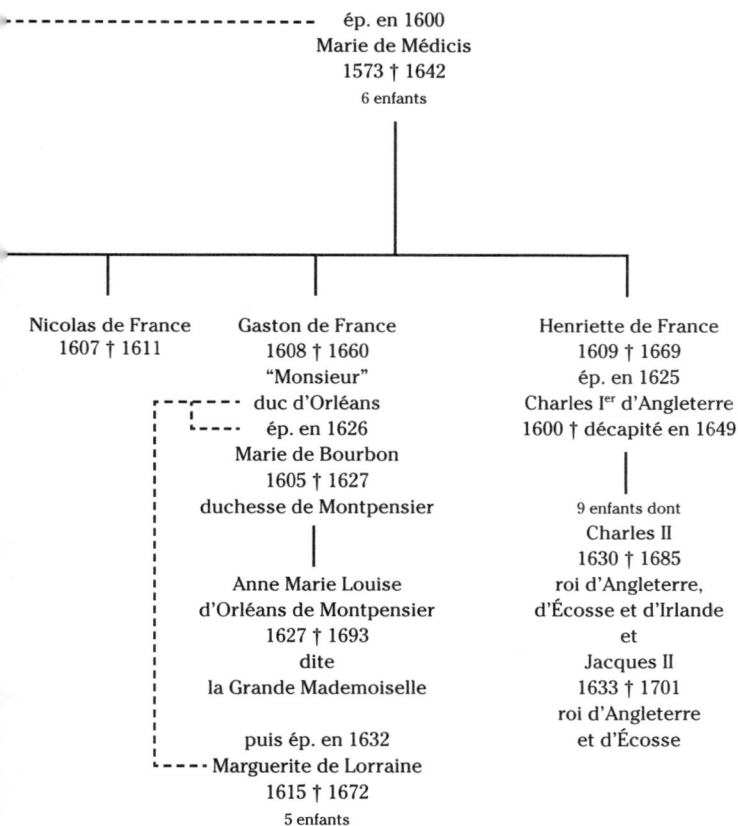

ép. en 1600
Marie de Médicis
1573 † 1642
6 enfants

Nicolas de France
1607 † 1611

Gaston de France
1608 † 1660
"Monsieur"
duc d'Orléans
ép. en 1626
Marie de Bourbon
1605 † 1627
duchesse de Montpensier

Anne Marie Louise
d'Orléans de Montpensier
1627 † 1693
dite
la Grande Mademoiselle

puis ép. en 1632
Marguerite de Lorraine
1615 † 1672
5 enfants

Henriette de France
1609 † 1669
ép. en 1625
Charles Ier d'Angleterre
1600 † décapité en 1649

9 enfants dont
Charles II
1630 † 1685
roi d'Angleterre,
d'Écosse et d'Irlande
et
Jacques II
1633 † 1701
roi d'Angleterre
et d'Écosse

PROLOGUE

LA FORCE DU DESTIN

« Béarnais, qu'es-tu ? Peu quand je
me regarde, beaucoup quand je me
compare. »

Proverbe béarnais

Lorsque, en 1814, Napoléon, après son abdica-
tion, commença son règne sur l'île d'Elbe, les
Français, effarés, assistèrent à l'arrivée de leur
nouveau souverain, plus ou moins vautré dans la
calèche avec laquelle il faisait sa première entrée
dans sa bonne ville de Paris. Le frère cadet de
Louis XVI, au terme d'un quart de siècle d'exil,
était devenu un vieil obèse, incapable de monter
sur un cheval, et à peine de marcher, sinon péni-
blement et en se dandinant comme un canard,
qui plus est s'exprimant d'une voix haut perchée
et dans un français qui ne se parlait plus, celui de
l'Ancien Régime, tout aussi démodé que la
perruque poudrée dont il était coiffé. Ce fut un
désastre au regard de ses sujets, dont les deux
tiers étaient nés pendant ou après la Révolution,
et, on dirait aujourd'hui, une opération de communication politique complètement ratée, ce que
comprirent les observateurs les plus clairvoyants,
au premier rang desquels était naturellement
Chateaubriand.

Comment faire oublier aux enfants de « la Jeune
France », pour reprendre la célèbre expression

d'Alfred de Musset, c'est-à-dire cette génération qui n'allait pas tarder à revendiquer le romantisme, l'Empereur, qui, dans son uniforme tout simple de colonel de la garde, debout, sa longue-vue à la main, sur le promontoire du champ de bataille d'Austerlitz, faisait trembler l'Europe ? Comment faire prendre conscience qu'il était juste et légitime d'avoir substitué à ce mythe prométhéen vivant un inconnu à l'âge incertain, qu'on traînait comme un débris depuis vingt-cinq années sur les routes d'Europe, d'un château à l'autre, et avec lui une fantomatique cour de moribonds, dont personne ne connaissait les noms ? En un mot, comment accepter de passer de la lumière à l'ombre, de la gloire au néant, du bruit au silence ? Tel était le dilemme offert à l'Europe, au moment où les armées russe, allemande, autrichienne et anglaise levaient leurs campements sur les Champs-Élysées !

Bien sûr, Louis XVIII n'était ni sans finesse ni sans qualités intellectuelles, lui qui avait lu Voltaire, fréquenté dans sa jeunesse les écrivains et les savants, qui ne manquait pas d'esprit dans un salon, comme tous les hommes, ou presque, qui avaient grandi au beau temps des Lumières, et qui, très sincèrement, admirait les institutions britanniques, faisant que, toutes proportions gardées, il était sans doute plus démocrate que Napoléon. Mais pour le grand public, qui le découvrait avec stupéfaction, il n'était que le revenant d'un monde à jamais disparu et définitivement oublié, dont on évoquait avec des ricanements sous cape la formidable goinfrerie à table et, au lit, l'impuissance, réelle ou supposée, dont ne pouvait plus témoigner son épouse, morte quelques années plus tôt, séparée de lui, dans les rigueurs de l'exil. Alors les « communicants » de l'époque cherchèrent et trouvèrent. Louis XVIII était le nouveau roi de France, certes, mais surtout un authentique Bourbon, et le descendant direct du seul roi dont le peuple avait conservé un souvenir précis et naturellement positif, à savoir le premier Bourbon et fondateur de la dynastie, Henri IV. Et ce souverain avait symboliquement commencé de régner en 1589, soit exactement deux siècles avant le commencement de la Révolution de 1789, comme s'il y avait une évidente analogie réformatrice entre ces deux dates.

Alors, on mit Henri IV à la mode. On inaugura, sous la Restauration, sa statue équestre au Pont-Neuf, remplaçant celle que la Révolution avait détruite. L'original de cette statue avait été commandé par Marie de Médicis, dans la grande tradition florentine, au sculpteur Jean Bologne, élève de Michel Ange. Comme le rappelle Dominique Lesbros dans son *Paris mystérieux et insolite*, cette statue mit quatre ans à venir d'Italie et n'arriva à Paris *via* Le Havre qu'après l'assassinat d'Henri IV. Abattue à coups de massue par les révolutionnaires en 1792, elle fut réinstallée à sa place sur le Pont-Neuf et inaugurée par Louis XVIII, en personne, sous les vivats de la foule. Cette nouvelle effigie fut fondue dans le bronze de trois statues, deux de Napoléon et l'une de Desaix qui surplombait la place des Victoires. La légende voulait qu'une statuette de l'empereur ait été glissée à l'intérieur par un opposant à la Restauration. On n'y a en fait retrouvé que plusieurs boîtes contenant des messages aujourd'hui indéchiffrables.

Elle inspira ces vers à Victor Hugo :
« Par mille bras traînés,
Ce lourd colosse roule
Tout un peuple a voué
Ce bronze à ta mémoire... »

Et naturellement, à l'entrée du château de Pau, une autre statue fut inaugurée sous la monarchie de Juillet, par Louis-Philippe qui fit totalement restaurer le monument, pour rappeler que lui aussi, roi libéral par excellence, descendait d'Henri IV.

On réédita *La Henriade* de Voltaire que toute la génération née sous Louis XV savait par cœur, on exposa au Louvre les grands portraits du Béarnais, que les bourgeois de Balzac venaient admirer le dimanche, on peignit le fils de Jeanne d'Albret sur les tasses en porcelaine de Paris, on le sculpta sur les pendules et les meubles, comme autant de « produits dérivés » d'une gigantesque opération de réconciliation des Français avec leur passé, auquel le romantisme naissant donna le brio qui manque traditionnellement à la politique. Au reste, le corps d'Henri IV n'était-il pas apparu intact, lorsque les révolutionnaires les plus fanatiques saccagèrent les tombeaux royaux de Saint-Denis en 1793, et n'avait-il pas été laissé pendant trois jours aux regards du public, avant d'être précipité dans la fosse commune ? Ce « miracle » ne démontrait-il pas ce que le Béarnais avait d'exceptionnel ? Beaucoup s'en souvenaient encore pendant la Restauration, même si l'on avait oublié le nom de ce soldat qui, le jour de l'exhumation du corps du Béarnais, s'était emparé d'une de ses mèches de cheveux pour s'en faire une moustache, en s'écriant : « À présent, je suis invincible ! » Et la Terreur eut beau tenter d'effacer jusqu'au souvenir d'Henri IV, cette manipulation collective échoua, comme le prouve encore le geste d'un bourgeois de Pau, qui sauva la carapace de tortue (le berceau d'Henri) du feu auquel les jacobins l'avait promise, et d'un autre de La Flèche qui, au péril de sa vie, mit en lieu sûr le cœur du roi déposé en l'église Saint-Louis du prytanée militaire !

« Vive ce roi vaillant !
Ce diable à quatre
A le triple talent
De boire et d's'e battre
Et d'être un vert galant... »

chantait-on sur les scènes des théâtres, en reprenant les couplets d'un poème composé en 1767 par Charles Collé, tandis que la mode littéraire et artistique ressuscitait une vieille France que l'austérité conventionnelle, directoriale, consulaire puis impériale avait occultée. Fi des Brutus, des bustes antiques, des colonnes romaines, des faisceaux de licteurs, des cheveux à la Titus et des visages glabres ou des drapés à l'antique ; on voulait désormais des meubles troubadour, des châteaux Renaissance, des visages barbus et des manches gigot, de la couleur surtout, dans les tableaux et les vêtements et les idées et les mots, qui seront bientôt ceux d'*Hernani* ! Avec sa barbe canaille et son sourire malicieux, « sa ladrerie et sa cordialité française », son accent gascon et ses maîtresses, ses bons mots et son panache, Henri IV n'était-il pas le plus « photogénique » de nos rois ? C'est ainsi, en tout cas, que les peintres romantiques le voyaient, qui, de Fontainebleau à Versailles en passant par le Louvre et les Tuileries, multipliaient son image, à la bataille, à quatre pattes avec ses enfants, à la chasse, à table ou expirant sous le couteau de Ravaillac. En exhumant les vieux mémoires du temps, on se rappela des anecdotes truculentes ou savoureuses et on en inventa.

Simple effet de mode ? Non, bien sûr, puisque, au-delà de cette révolution intellectuelle et esthétique, il y avait quelque chose de plus profond : d'une part, la redécouverte d'un passé oublié, dans lequel, d'une manière toute paradoxale, le « Patriotisme », enfant de la Révolution, se mit à servir la cause de la monarchie, mais encore le rappel d'une vérité. En effet, au midi de l'âge classique, la France avait eu un roi sage, tolérant et populaire. À l'instar de la génération révolutionnaire, à commencer par Bonaparte lui-même, il s'était fait tout seul, semblait être parti de rien et s'était forgé un destin à grands coups d'épée et de chevauchées fantastiques, jusqu'à finir tragiquement, sous le poignard d'un fou, au moment où chacun prenait enfin conscience de l'aspect positif de tout ce qu'il avait mis en œuvre.

Héros romantique, Henri IV ? Incontestablement, comme l'avaient sans doute perçu les volontaires de l'an II qui, spontanément, s'étaient réunis sous sa statue au Pont-Neuf. Ils avaient fait de ce roi qui fut le dernier à combattre au milieu de ses troupes un symbole du patriotisme. Mais aussi, en termes psychanalytiques, la juste référence au père de la Nation, doux et ferme, dur mais juste, tendre avec ses enfants et impitoyable envers ses ennemis. Drôle mais aussi capable de profondeur, ennemi du gaspillage inutile mais pas du faste nécessaire à l'éclat d'une couronne, provincial invétéré mais imprimant sa griffe à Paris, intelligent mais pragmatique, simple mais avec panache, prudent mais courageux et enfin – qualité suprême chez les Français, contrairement à leurs voisins, surtout anglo-saxons – bon vivant et grand coureur de filles devant l'Éternel. Chez Henri IV, il y a du Louis XI pour la ruse, du François Ier pour le charme, du Louis XIV pour la gloire, du Danton pour la gueule, du Napoléon pour le génie stratégique, mais aussi du de Gaulle pour la réunification de la Nation, toujours menacée par l'ennemi étranger. Au fond, chaque Français, qu'il soit monarchiste ou républicain, catholique ou protestant, de droite ou de gauche, se reconnaît en lui, parce qu'il a su manier au plus haut degré cet art de la synthèse.

Il incarne, dans l'inconscient collectif de la Nation, l'idée, ou mieux le sentiment que les

Français se font du dirigeant idéal, c'est-à-dire d'eux-mêmes, à la manière d'un paradigme. À croire que si, à l'orée du XVIIe siècle, des élections avaient existé, à coup sûr Henri IV eût été élu président de la République. Chez lui on retrouve tout à la fois la virilité de Félix Faure, la bonhomie d'Armand Fallières, la probité de Raymond Poincaré, l'autorité de Charles de Gaulle, l'intelligence de Valéry Giscard d'Estaing, la subtilité de François Mitterrand, la simplicité de Jacques Chirac ou l'énergie de Nicolas Sarkozy, comme si la personnalité de ceux qui ont exercé la magistrature suprême depuis plus d'un siècle devait obligatoirement puiser dans les vertus du plus populaire de nos rois.

Car la popularité d'Henri IV a largement survécu à la monarchie, et la république, à son tour, a reconnu pour sien le galant Béarnais, qui aimait les dames, la bagarre et la bonne chère, flatteur exemple de ces qualités bien françaises pour l'orgueil national ! À la fin du XVIIIe siècle, l'empereur Joseph II, qui visitait le musée du Luxembourg à Paris, ne s'était-il pas écrié, en contemplant le portrait du père de Louis XIII : « Ah, celui-là au moins était un homme », trahissant l'opinion que l'Autrichien avait de son infortuné beau-frère, Louis XVI ?

Sa popularité n'a néanmoins pas empêché Henri IV d'être assassiné, au terme de vingt et un ans de règne : il ne manquait ni d'adversaires ni d'ennemis. Mais cette fin violente le fit entrer tout droit dans la légende, et passer de la mort à l'immortalité, laissant ses sujets édifier rétrospectivement la nostalgie d'une sorte d'« âge d'or » (où tout était forcément mieux), de même que, plus tard, émergerait « le temps de la douceur de vivre » avant la Révolution ou celui de « la Belle Époque » après la Grande Guerre. Anecdotes et bons mots à l'appui, le Béarnais, fauché à cinquante-six ans à peine, est alors devenu une « icône » : juché au firmament de la nation française et de ses valeurs éternelles, puissance, justice, tolérance, il s'est imposé comme le modèle des hommes et celui des rois. Image un peu simpliste, bien sûr, d'un être infiniment plus complexe que la postérité ne l'a vu, mais par là même peut-être plus fascinant, parce que, à l'instar de François Ier son grand-oncle, il sut, mieux que tout autre, soigner sa communication et laisser de lui, sinon la réalité de son image, du moins l'image qu'il voulait que la France gardât de lui. Ne fut-il pas du reste le plus Français de nos rois ? Un historien a calculé que, sur ses 1 003 ancêtres connus, soixante-dix pour cent étaient français de souche !

Ainsi, entre la pensée, si positive, de la Renaissance et l'action, si dramatique, des guerres de religion, entre la fin des règnes itinérants et la sédentarisation de la Cour, entre la reprise en main du pouvoir et l'établissement de la monarchie centralisatrice, le règne d'Henri IV constitue une fascinante étape entre le temps du baroque et celui du classicisme. Roi chevalier, roi d'aventure mais aussi roi fonctionnaire, cet homme, contemporain de Shakespeare, de Cervantès et du Tasse, mais aussi de Montaigne, dont il offre les différentes facettes, est l'incarnation même d'Amadis de Gaule, le héros de l'un de ces romans de chevalerie qui commencent, sous son règne, à faire fureur, tel ce divertissement d'un genre nouveau, venu d'Italie et appelé à connaître une vogue extraordinaire : l'opéra. L'anagramme d'Henri de Bourbon ne fut-il pas « De Bon Roi Bonheur » ? Il est incontestable que, tout au long de son règne, en rendant compte de son action, en expliquant sa politique, en prenant le temps de communiquer avec ses sujets, Henri IV fut le premier souverain, et probablement le seul, à se comporter comme s'il était en campagne électorale permanente, d'où l'idée qu'il aurait fait un excellent président de la République élu au suffrage universel direct. Ceci explique pourquoi la postérité a conservé de lui un souvenir si vif, omniprésent dans la littérature populaire, le cinéma ou le théâtre, avec, entre autres, *Vive Henri IV* de Jean Anouilh – et c'est peut-être là l'essentiel. Un charisme qu'a déjà fort bien perçu l'ensemble de ses contemporains et, en particulier, sa belle sœur la duchesse de Mantoue s'exclamant : « Le roi est un homme à se faire aimer par les pierres mêmes. »

Mais la raison principale de sa renommée ne tient-elle pas surtout à la pensée lumineuse d'un homme qui, seul contre tous, émit, il y a plus de quatre cents ans, dans un siècle de fer et de feu, le concept de tolérance, qu'il développa dans son appel dit de Châtellerault, en 1589, à l'orée de son règne, alors que ses compatriotes se haïssaient, se déchiraient, s'entretuaient ? En ce début du XXIᵉ siècle, où la planète souffre encore des guerres et même des guerres de religion, on ne peut que mesurer la modernité de ses exhortations à ses sujets :

> « Je vous appelle comme Français. Je vous somme que vous ayez pitié de cet État. Nous avons tous assez fait et souffert de mal. Nous avons été durant tant d'années ivres, insensés et furieux. N'est-ce pas assez ? J'appelle à cette heure tous les autres de cet État qui sont restés spectateurs de nos folies. J'appelle notre noblesse, notre clergé, nos villes, notre peuple, c'est à eux que je parle. Toi, peuple, quand ta noblesse et tes villes seront divisées, quel repos auras-tu ? Peuple, le premier du royaume, le champ fertile de cet État, peuple de qui le travail nourrit les princes, la sueur les abreuve, les métiers les entretiennent, l'industrie leur donne les délices à rechange, à qui auras-tu recours ? Au roi qui ne commande ni aux uns ni aux autres ? Aux officiers de justice, où seront-ils ? Au maire d'une ville, quel droit aura-t-il sur la noblesse ? Au chef de la noblesse, quel ordre parmi eux ? Pitié, confusion, désordre, misère partout. Et voilà le fruit de la guerre. »

Ces lignes sont celles du premier roi de la maison de Bourbon, qui tire son étymologie du nom celte *Borvo*, porté par le dieu gaulois des

sources. Quel plus beau symbole pour le fondateur d'une dynastie, père de la France moderne,
que cette véritable source de la Nation, dont le
flot ne cesse de couler dans notre inconscient
collectif, portant avec lui non seulement ce que la
monarchie compta de meilleur, mais encore ce
que la France imposa d'idéal en matière d'humanisme et de tolérance ! Sans négliger pour autant
ses intérêts et sa grandeur. Car n'est-ce pas en
appuyant l'idée de tolérance sur celle de souve-
raineté qu'Henri IV affirma son pouvoir ? « Nous
sommes tous Français et concitoyens d'une même
patrie, avait-il coutume de dire, il nous faut nous
accorder par raison et douceur et non par rigueur
et cruauté qui ne servent qu'à exciter les
hommes. » Ou encore : « Ceux qui suivent tout
droit leur conscience sont de ma religion, et moi
je suis de celle de tous ceux qui sont braves et
bons. »

De lui, son écuyer, l'écrivain Agrippa d'Aubigné,
dresse ce portrait : « Guerrier sans peur, vainqueur sans fiel, roi sans mignons ». De son destin,
saint François de Salles donne ce tracé en forme
de prophétie : « Tout lui sera pardonné, parce
qu'il n'a jamais failli à son devoir d'État. »

Telle fut et telle est encore la fascination qu'il
exerce sur nous, comme l'avait déjà souligné
Chamfort en son temps : « Henri IV fut un grand
roi, tandis que Louis XIV fut le roi d'un grand
règne. »

1

LA BREBIS, LA GOUSSE D'AIL
ET LA CARAPACE

« Plantez des Gascons, cela pousse
partout. »

Henri IV

Le 13 décembre 1553, peu après minuit, à Pau
capitale du Béarn, le château est en effervescence
et, malgré le froid vif de ce début d'hiver, nul n'a
envie de chercher la chaleur sous les couvertures.
À voir les laquais courir d'un salon à l'autre,
les courtisans se réchauffer devant la grande
cheminée, les chandelles allumées un peu partout,
on pourrait croire qu'une fête se prépare, mais il
n'en est rien, comme le montre la mine inquiète
de tous ceux qui vivent dans l'intimité du roi
Henri, dont chacun sent la nervosité.

Avec sa longue robe de laine noire fourrée de
petit-gris et sa barbe blanche, Henri d'Albret, roi
de Navarre, a quelque peu l'allure du roi Lear.
Plutôt jovial et débonnaire en général, il est, cette
nuit, particulièrement tendu car son valet Collin
vient de lui annoncer, alors qu'il était couché
depuis deux heures, que sa fille, Jeanne, a perdu
les eaux et commencé son « travail », assistée de
sages-femmes, dans sa chambre, au bout de la
galerie. En ce crépuscule du XVIᵉ siècle, il n'ignore
pas qu'une parturiente est toujours en danger et
que, pour un accouchement sans histoire, cent

27

tournent au drame. C'est une raison impérieuse pour prier Dieu que l'issue soit heureuse, ce qu'il fait en caressant d'une main son reliquaire, de l'autre son chapelet, implorant tour à tour la Vierge et tous les saints du paradis. Sa fille n'a-t-elle pas déjà perdu son premier enfant, le 20 août 1553, il y a à peine cinq mois, inhumé peu après dans la collégiale Saint-Georges de Vendôme ? Mais celui-ci était né hors du Béarn, au château de Coucy, dans les brumes d'un Nord lointain, quoi qu'aient prétendu les vers que Ronsard, vassal de son père, avait rimés à cette occasion :

« Pleuve le ciel des parfums et des roses,
Soient les grands vents et les haleines encloses,
La mer soit calme et l'air plein de bonheur,
Ce jour naquit l'héritier de mon prince. »

Alors Henri d'Albret tente de se rassurer : à Pau, au cœur de cette principauté sur laquelle, depuis le XIVe siècle, règne souverainement la maison de Foix, il ne pourra rien arriver. C'est pourquoi, dès qu'il a su que sa fille était à nouveau enceinte – au terme d'un séjour à Compiègne où le futur Henri IV a probablement été conçu –, il l'a contrainte à revenir à Pau ! Cette nuit est celle de la sainte Luce, fête de la lumière, le roi veut avoir confiance dans la miséricorde divine, tandis que la petite cour, en prière, invoque la sollicitude de Notre-Dame du Bout du Pont, en référence à une statue de la Vierge Marie à laquelle les Pyrénéens sont particulièrement attachés, elle qui, depuis des siècles – et ce n'est pas terminé ! –, apparaît

28

en maints endroits de la chaîne, en général à des bergères. Aussi, dans l'une des ailes du palais, chante-t-on : « *Nouste Daune deù Cap deù Poun, adjudat-me, ad'aquest'hore, pregats aù Diù deù ceù, qu'em bouille bié deliaura leù, qué mon frut que sorte dehore, d'u maynat am hassie lou doun* » (Notre-Dame du Bout du Pont, aidez-moi à cette heure, priez le Dieu du Ciel qu'il accepte de me délivrer vite, que mon fruit sorte, que d'un garçon il me fasse don).

Mais le sort de son enfant chérie n'est pas le seul motif d'inquiétude du vieux roi qui ne veut pas mourir sans voir sa descendance assurée. Jeanne est sa fille unique et, si elle donne à son tour le jour à une fille, il sent que son petit royaume, tour à tour convoité par les rois d'Espagne et de France, comme « un pou que se disputent deux singes », selon sa propre expression, n'y résistera pas. Que diable, il faut un homme pour tenir cette terre, faute de quoi elle risquerait de « partir en quenouille » ! Henri se souvient de l'insolence des ambassadeurs espagnols qui, lorsque sa femme, la reine Marguerite, avait mis au monde une fille, vingt-cinq ans plus tôt, s'étaient écrié sous les rires, en allusion au bovin ornant les armoiries de la principauté : « Regardez. La vache de Béarn a enfanté une brebis ! » Cette calamité va-t-elle se reproduire cette nuit ? Le plus grand silence règne dans la chambre princière, dont rien ne filtre, et les secondes semblent des minutes, les minutes des heures. Durant cette longue nuit, le vieux roi songe à sa vie, se demandant, à son crépuscule, s'il lui faudra rire ou pleurer.

Soudain, vers trois heures du matin, un cri jaillit, interrompant les prières, comme une réponse du Ciel aux questions que tous se posaient depuis minuit. Suivi de ses serviteurs, de ses officiers et de ses chambellans, le roi se précipite à la porte de sa fille et sollicite l'autorisation d'entrer. Avec un grand sourire, les femmes présentes l'ouvrent toute grande et, accomplissant la révérence d'usage, lui présentent un beau bébé, dont le sexe ne lui échappe pas : un garçon ! Enfin un héritier, dont il s'empare aussitôt tout en s'approchant du lit de sa fille.

— Ceci est pour vous, dit-il à la jeune accouchée en déposant auprès d'elle un petit coffre d'or renfermant son testament et les sceaux de Navarre.

Et, montrant le bébé qu'il vient d'envelopper dans les plis de sa robe, il ajoute :

— Ceci est pour moi.

Sans tarder, le roi convoque toute sa cour et à nouveau les ambassadeurs espagnols dans la grande salle de son château où, élevant l'enfant au bout de ses bras, comme, beaucoup plus tard, allait le représenter Deveria, il lance, de sa voix grave :

— Regardez. La brebis de Béarn a enfanté un lion !

Sur un geste du roi, le fidèle Collin apporte à présent un plateau d'argent, sur lequel ont été déposés une gousse d'ail et un verre de vin de Jurançon, vignoble situé à un vol de corneille, à peine, du château de Pau. Alors Henri d'Albret frotte les lèvres de son petit-fils de la gousse d'ail et, avec douceur, les humecte ensuite d'un peu de jurançon. À ce contact, fort peu diététique au regard des pédiatres d'aujourd'hui, le bébé ne grimace pas et semble même prendre du plaisir. Henri d'Albret est rassuré, qui s'écrie, les larmes aux yeux :

— Par Dieu, enfant, tu seras un vrai Béarnais !

S'agit-il d'un acte symbolique par lequel doivent s'affirmer la virilité du futur souverain, comme Rabelais le raconte dans son *Pantagruel*, mais aussi son intelligence, dont le vin est l'image ? Ou tout simplement d'un geste médicalement préventif, le vin étant à cette époque le seul anti-biotique connu et l'ail considéré comme un remède, ou mieux une méthode prophylactique propre à éloigner tous les maux ? Il y a sans doute des deux dans ce pré-baptême, tout aussi rituel que le religieux qui allait suivre, et auquel auront droit tous les descendants d'Henri IV jusqu'au comte de Chambord. Quoi qu'il en soit, ce rite achevé, le roi dépose l'enfant dans le berceau qui lui a été préparé, et qui n'est autre que la cara-pace d'une tortue géante, une rareté rapportée d'outre-mer par un quelconque navigateur et offerte au roi de Navarre pour son cabinet de curiosités.

Pour l'heure, le nouveau-né s'endort paisible-ment dans cette singulière couche, sur laquelle veille l'opulente nourrice venue du village voisin de Billères, Jeanne Fourcade. Sa maison existe toujours, de même que la carapace, que le roi Louis XVIII, en 1822, fera décorer par Brion, Lejeune, Pauwels et Chalamel, d'après un dessin de Saint-Ange. On peut la voir, aujourd'hui, au château de Pau, entourée d'une bannière, d'un casque et d'un panache blanc, telle que les voyageurs de l'époque romantique, de Chateaubriand à Flaubert en passant par Vigny et quelques autres, pourront l'admirer lors de leur passage dans la cité natale de celui qui, pour les Béarnais, fut d'entrée, et pour toujours, « *Lou Nouste Henric* » – « notre Henri ». Sa statue veille toujours sur la place centrale de Pau, la seule ville en France à se prévaloir d'une place Royale et d'une place de la République. Sans doute en référence au souverain qui, dans un siècle de barbarie, allait pleinement incarner cette vertu si rare en son temps, la tolérance. Une autre statue d'Henri IV ne dominera-t-elle pas, quatre siècles plus tard, la Salle des Conférences de l'Assemblée nationale, au Palais-Bourbon ? Quoi qu'il en soit, un second mot historique naît en même temps que le futur roi, cette fois à l'initiative de son père, Antoine de Bourbon. Après que sa femme fut délivrée, il écrivit à un correspondant : « Il est né en deux coups de cul, hier à Pau. » De là viendrait l'expression « en deux coups de cuillère à pot ».

Le futur Henri IV voit le jour à Pau, tandis que François Rabelais exhale son dernier soupir à Paris.

À quoi songe François Rabelais au moment où il va rendre l'esprit ? Quelles images vont se mêler à son dernier soupir ? Celles de l'obscurantisme qu'il a subi toute sa vie, tandis qu'en cette année 1553 Michel Servet est exécuté à Genève pour hérésie ? Ou au contraire celles de l'épanouissement littéraire à l'heure où est jouée la première tragédie française : *Cléopâtre,* d'Étienne Jodelle ? Vers quels souvenirs vont ses pensées ? Les plaisirs de la chair qu'il a connus en Avignon où les femmes sont, dit-il, faciles et « jouent volontiers du serre-croupière, parce que c'est terre papale » ? Les voluptés de la contemplation à Rome où il a suivi l'évêque Jean du Bellay et où, ivre de bonheur, il a parcouru à pied pendant trois mois la plus belle ville du monde ? Il notait dans ses carnets, sous le rose du couchant : « Personne, je crois, ne connaît mieux sa propre maison que moi Rome et toutes les ruelles de Rome. »

En ces ultimes instants, les apostrophes du prologue de *Gargantua* aux « buveurs très illustres » et aux « vérolés très précieux » lui reviennent-elles ? Pour le moins, la fin du dizain placé en épigraphe :
« Mieux est de ris que de larmes écrire
Pour ce que rire est le propre de l'homme. »
Quel fragment émerge à l'heure du bilan dans

l'esprit du mourant ? François Rabelais repense-t-il aux persécutions que lui a fait subir la Sorbonne ? « La calomnie de certains canni-bales, misanthropes, agélastes avait été contre moi tant atroce et déraisonnée qu'elle avait vaincu ma patience et que plus n'étais délibéré en écrire un iota. » Les théologiens censeurs en ont pris pour leur grade : « Un grand tas de sarrabovites, cagots, botineurs » et autres « sorbonicoles » « articulant, monorticulant, torticulant, culletant, couilletant, diabliculant, c'est-à-dire calomniant ». Le succès de son œuvre lui est-il une consolation ? Ainsi, la publi-cation à Lyon de son édition annotée des *Apho-rismes* d'Hippocrate dans un format miniature, ancêtre du livre de poche, lui apporte à la fois le délice de la grande diffusion et toutes les joies de la renommée. Se remémore-t-il le triomphe, qui l'impressionna si fort, du livret *Les Grandes Chroniques du grand et énorme géant Gargantua ?* Il s'en est « vendu plus d'exemplaires en deux mois qu'il ne sera acheté de bibles en neuf ans », souligne-t-il lui-même. D'un passé si riche et si rempli, que demeure-t-il au fatal moment de l'adieu ? Est-ce une séquence de l'actualité, comme cette scène dont il a été le témoin : la rencontre à Aigues-Mortes de François Ier et de Charles Quint ? Ou la réminiscence de la peur affreuse qui le poussa à fuir Angers en 1530, pourchassé par la peste ? Est-ce la soudaine résurgence de certains principes simples qui ont constitué l'armature de son existence : « Sans la langue grecque, c'est honte qu'une personne se dise savante » ? Ou son avis d'avant-garde sur ce que doit être un curriculum vitae : « Que peut espérer un inconnu, dépourvu de notoriété, d'une lettre mal tournée, qui manque de finesse et de délicatesse ? »

Avec la mort de Rabelais et la naissance d'Henri de Navarre, la France passe du crépuscule de la Renaissance à la nouvelle aurore d'une France réconciliée. Longtemps après la disparition de Rabelais, ses pairs de l'âge moderne se plairont à reconnaître la portée de sa grande lueur. Ainsi, François-René de Chateaubriand : « Un des génies mères de l'humanité... Il a créé les lettres françaises » ; Charles Nodier : « Le plus universel et le plus profond des écrivains des temps modernes, avec Érasme et Voltaire » ; Théophile Gautier : « Cet Homère moqueur » ; Jules Barbey d'Aurevilly : « Mastodonte émergé radieusement du chaos dans le bleu d'un monde naissant » ; Victor Hugo : « Son éclat de rire énorme est un des gouffres de l'esprit » ; Jules Michelet : « Son œuvre est le sphinx ou la chimère, un monstre à cent têtes, à cent langues, un chaos harmonique, une farce de portée infinie, une ivresse lucide à merveille, une folie profondément sage. » Et le mot de la fin, c'est-à-dire celui du grand commencement, revient à Marcel Aymé : « François Rabelais, le premier des surréalistes ».

2

PRINCE DE VIANE
MAIS AUSSI DUC DE BEAUMONT

> « Dieu nous a fait naître de la plus
> illustre, magnanime et chrétienne race
> de la terre. »
>
> Henri IV

Le lendemain de la naissance de celui qui a reçu le prénom d'Henri, en hommage à son grand-père, mais aussi à son cousin, le roi de France Henri II, neveu d'Henri d'Albret, ce dernier, qui n'a pas dormi, constate avec plaisir que le Ciel a tenu ses promesses : il s'est mis au beau, pour honorer sa dynastie. Aussi l'heureux grand-père se rend-il sur la terrasse de la façade sud, pour respirer l'air de ce matin de grâce.

On se croirait sur les bords de la Loire, tant le château de Pau ressemble, avec ses hautes fenêtres aux linteaux finement sculptés, ses vastes pièces lumineuses aux plafonds à solives, son magnifique jardin « à l'italienne », à ceux que son beau-frère François Ier a édifiés jadis, à l'époque de leur jeunesse. Ici, la pierre n'est pas blanche mais grise et, à ses pieds, ce n'est pas le fleuve majestueux qui coule, mais un torrent nerveux, qu'on appelle « le gave », celui-là même qui a pris naissance en cascade, là bas à l'est, dans l'impressionnant cirque de Gavarnie, sauvage et vierge – parce que le tourisme n'est pas né et que, pour les sujets du roi de Navarre, les montagnes sont encore le domaine des géants et des mauvais génies. Et cette admirable chaîne des Pyrénées bleutée – on dira plus tard que Pau est la plus belle vue sur la montagne, comme Naples l'est sur la mer – est bel et bien omniprésente depuis les fenêtres du château, avec en particulier, juste en face, la silhouette dentelée du pic du Midi d'Ossau, le Cervin des Pyrénées, qui fait office de frontière avec l'Espagne. C'est le pays de l'ennemi, depuis que Charles Quint, un demi-siècle plus tôt, s'est emparé des deux tiers du royaume de Navarre, un très vaste territoire, qu'on appelle aujourd'hui le Pays basque espagnol, avec Pampelune pour capitale. Il ne reste à Charles d'Albret que la petite partie émergée de l'« iceberg » : l'actuel Pays basque français, dont Bayonne est la capitale. Autant dire pas grand-chose, à peine « l'outrepont » ou, selon la jolie expression du seigneur gascon, « un balcon sur la France » qu'on peut « traverser à cloche-pied ».

À chaque fois qu'Henri d'Albret, roi de Navarre, contemple le paysage, ce larcin mémorable lui revient en mémoire et fait saigner son cœur. Mais qui sait, se dit-il, l'enfançon qui vient de naître vengera peut-être l'affront ! Car pour lui – et ce sera le cas pour la postérité ! – le bébé qui vient de naître est d'abord un Béarnais, « son » successeur, s'inscrivant dans la continuité de l'histoire d'un royaume avec lequel, inexorablement, le grand-père et le petit-fils sont destinés à faire corps. C'est pourquoi le roi lui accorde le titre de prince de Viane, qui est aux rois de Navarre ce qu'est celui de dauphin en France, de prince de Galles en Grande-Bretagne, de prince des Asturies en Espagne ou de Venise en Italie. Le château de Viane, au sud des Pyrénées, à la limite de la Navarre et de l'Aragon, témoigne toujours aujourd'hui du prestige de la dynastie.

Henri d'Albret est issu d'une famille ancienne mais relativement modeste, qui a bénéficié des largesses de Charles VII grâce au choix que fit son grand-père Alain d'Albret, dit « Le Grand », de servir la France plutôt que l'Angleterre à la fin de la guerre de Cent Ans. Son fils Jean eut alors l'honneur d'épouser Catherine de Foix, fille de Gaston de Foix et de Madeleine de France, la propre sœur de Louis XI, et héritière du royaume de Navarre. Un beau parti s'il en fut, qui fit de ce chef de guerre le cousin par alliance du roi de France Charles VIII, son amiral pour la côte atlantique et son représentant en Aquitaine. Presque un vice-roi du côté français, et un roi à part entière du côté de la Navarre.

Mais qu'est-ce que cette Navarre ? Une terre à cheval entre la France et l'Espagne, « *tras los montes* », comme on disait alors, montagnarde au sud, maritime à l'ouest. Peu riche, cet État souverain n'en recouvrait pas moins une importance stratégique aux yeux de l'Espagne réunifiée par les rois catholiques, sur le territoire desquels il empiétait. Aussi, le 21 juillet 1512, Ferdinand d'Aragon, grand-père de Charles Quint, avait mis la main sur tout ce qui était de son côté des Pyrénées, ne laissant au roi de Navarre que son titre et les terres situées au nord du massif, de l'autre côté de la frontière : la châtellenie de Saint-Jean-Pied-de-Port, les pays d'Arberoue, de Mixe et d'Ostabaret, mais pas le Labourd ni la Soule qui, faisant partie de la Guyenne, relevaient du roi de France. Ainsi, l'un des ports parmi les plus importants d'Europe à cette époque – celui par lequel commençaient à arriver les produits d'un nouveau monde connu depuis peu, le maïs et le chocolat en particulier – échappait à l'autorité d'Henri d'Albret-Bayonne.

Toutefois, si les Albret étaient fiers de posséder une couronne – fût-elle désormais « d'opérette » ! –, leur véritable fief restait bien le Béarn, terre souveraine depuis toujours ou, comme on disait alors, « franc alleu », même si elle n'était qu'une vicomté. Ses détenteurs n'avaient pas à rendre hommage au roi de France, battaient monnaie et possédaient même un parlement, puisque c'était un pays d'État, c'est-à-dire doté d'une relative démocratie, incarnée par les représentants des trois ordres qui avaient leur mot à dire sur certaines questions, en vertu des « fors » qui régissaient les droits de ses quelque cent mille habitants. Tombé dans la maison de Foix à la fin du XIIIe siècle, ce pays d'élevage mariant la plaine à la haute montagne eut, au XIVe, un prince particulièrement flamboyant, Gaston Fébus. Il tenta avec plus ou moins de succès de fédérer les états pyrénéens sous sa coupe, ce qui lui permit de jouer les arbitres entre les rois de France et d'Angleterre, en pleine guerre de Cent Ans, et de passer à la postérité en laissant le soin à Froissart de chanter sa légende. C'est en hommage à son ancêtre Henri d'Albret, qui avait fait reconstruire le château de Pau dans le goût moderne tout en laissant intact le grand donjon de brique édifié par Fébus, qu'Henri IV donna le prénom de Gaston à son troisième fils – celui qui lui ressembla le plus –, le turbulent protagoniste des troubles de la Fronde, prince lettré, galant et batailleur ! « Le Béarnais est pauvre », aimera répéter Henri IV tout au long de sa vie, « mais il est de bonne maison ».

Au gré des successions, Henri d'Albret – Henri II pour l'histoire de ses états –, faute d'avoir pu conserver la Navarre espagnole, règne à présent sur une mosaïque de terres dispersées, qui comptent, en gros, pour la partie de langue d'oc, la Navarre française et le Béarn (l'actuel département des Pyrénées-Atlantiques), le comté de Bigorre et le comté d'Aure (l'actuel département des Hautes-Pyrénées), le comté de Foix (l'actuelle Ariège), la principauté d'Andorre (dont le président de la République française détient toujours la cotutelle), le comté de Périgord (l'actuelle Dordogne), la vicomté de Limoges (l'actuel département de la Haute-Vienne), les comtés de Rodez et de Rouergue (partie de l'actuel Aveyron), les comtés de Marsan, de Tursan et de Gabardan (partie de l'actuel département des Landes), le comté de Gaure (partie du Gers actuel), le comté de Bazas (partie de l'actuelle Gironde) et naturellement le duché d'Albret (partie de l'actuel département du Lot-et-Garonne), ainsi que quelques autres terres de moindre importance.

Élevé à la cour de France, Henri d'Albret demeure donc le dernier grand feudataire du royaume depuis que le connétable de Bourbon, tombé en disgrâce sous François Ier, a perdu ses immenses possessions. Mais, plus prudent que ce dernier, il est resté totalement fidèle au roi de France, avec lequel il fut fait prisonnier, à la bataille de Pavie. Pour éviter à ses sujets de payer l'énorme rançon que lui réclamait Charles Quint, il fit cependant la belle, tressant une corde de ses draps, sans offrir un liard au petit-fils de celui qui avait dérobé le royaume de sa mère. Henri d'Albret épousa ensuite Marguerite de Valois, veuve du duc d'Alençon, la sœur tendrement aimée de François Ier : grande dame s'il en fut, poète, théologienne et romancière, auteur du célèbre *Heptaméron,* dont les scènes se déroulent dans la montagne pyrénéenne, tour à tour à Cauterets, à Saint-Savin et à Sarrances où elle tenait sa cour, le nez toujours plongé dans un livre, la main caressant les cordes d'un luth. Bien qu'elle lui eût apporté en dot de nouveaux territoires d'importance, le duché d'Alençon en particulier, ce ne fut pas un mariage heureux : après la mise au monde de leur fille Jeanne, le couple se sépara. La « Marguerite des Marguerites », que Clément Marot avait ainsi définie : « corps féminin, cœur d'homme et tête d'ange » et à qui Rabelais avait dédié son *Tiers Livre,* offrit ses derniers vers à son gendre, afin de lui souhaiter le privilège de lui donner des petits-enfants :

« Doncques, mon fils, que j'aime si très fort
Que plus ne puis, au moins avant ma mort,

Avecques moi, suppliez le bon Dieu
Que mère grand par vous soit en ce lieu. »

Hélas pour elle, elle mourut quatre ans avant la naissance de ce petit-fils tant attendu, au château d'Odos, près de Tarbes.

Henri IV, cependant, hérita bien des choses de sa grand-mère, et par là même des Valois : son goût pour les lettres et les bâtiments, son charme et son affabilité naturelle, son goût pour les femmes aussi. Il ressemblait ainsi en plusieurs points à son grand-oncle François Ier, avec qui il allait partager la singulière destinée de n'être pas né pour régner sur la France et, pourtant, d'accéder un jour au trône, parce qu'une dynastie s'était éteinte sous ses yeux. À l'instar encore de François Ier, il ne connut pratiquement pas son père, prématurément emporté, et il éprouva toujours pour sa sœur unique, Catherine de Bourbon, aussi sage que Marguerite, une grande tendresse. Enfin, il se maria deux fois et eut plusieurs enfants.

Le futur Henri IV tenait également de son grand-père par certains aspects, l'esprit lettré et réformateur en particulier. Henri II d'Albret, en effet, codifia les règles constitutionnelles de ses états, joua un rôle important dans la diplomatie de son temps, se montra valeureux au combat et aima s'entourer d'hommes de lettres et d'artistes.

Mais le petit prince de Viane, malgré la légende faisant de lui – et exclusivement ! – un Béarnais, était aussi duc de Beaumont par son père. Cet homme, peu connu, descend pourtant de l'une des plus grandes familles françaises et son rang est celui d'un premier prince du sang : Antoine de Bourbon est le fils de Charles de Bourbon, duc de Vendôme, et de Françoise d'Alençon, fille de René, duc d'Alençon, et de Marguerite, de la maison de Lorraine. Son père était issu de la branche cadette d'un rameau de la famille capétienne, commencé par Robert de Clermont, sixième fils de Saint Louis et gendre d'Archambaud de Bourbon – une branche que François Ier a naguère brisée en contraignant le connétable de Bourbon à s'exiler et en s'emparant de ses biens.

Comme Jeanne, Antoine de Bourbon fut élevé à la cour de France et c'est sur ordre du roi Henri II de Navarre que les deux jeunes gens se marièrent, afin d'empêcher que l'héritière de la Navarre, ou tout au moins de ce qui en restait, n'épousât le fils du roi d'Espagne. Ceci dit, l'austère Jeanne ne fut pas insensible au charme de son promis, puisque, d'une certaine manière, elle l'avait choisi.

Jeanne d'Albret, en effet, « la mignonne de deux rois », comme l'avait surnommée Clément Marot, avait à peine treize ans lorsque son oncle, François Ier, se servant d'elle comme d'un pion sur l'échiquier diplomatique, lui fit épouser Guillaume de La Marck, duc de Clèves, afin de tenter de le détacher de Charles Quint. Malgré son jeune âge, la petite princesse rédigea, devant témoins, une protestation contre la violence qui lui était faite, ce qui montrait déjà la force de son caractère. Heureusement, comme elle n'était pas encore nubile, le mariage ne fut pas consommé, ce qui permit de l'annuler, en 1545, dès lors que, ayant perdu ses états, le duc de Clèves n'offrait plus aucun intérêt.

François Ier étant mort, Henri II lui offrit alors d'épouser soit le duc d'Aumale, de la maison de Lorraine, soit Antoine de Bourbon, duc de Vendôme. Elle préféra ce dernier, de sang royal et plus joli garçon que l'autre, et fila avec lui le parfait amour, malgré l'hostilité affichée d'Henri d'Albret. Beau-père abusif, il ne supportait pas que sa fille vécût loin de lui, dans ses châteaux de Vendôme, de Moulins ou de Coucy, ou dans les terres que son gendre avait héritées de sa grand-mère pater-nelle, Marie de Luxembourg : Marle, Ham, Enghien ou La Flèche, là même où, selon la tradition, le futur Henri IV fut engendré. Soldat de métier, d'es-prit et de cœur, le père d'Henri, Antoine de Bourbon, premier prince du sang et « prince consort de Navarre », demeure l'un des person-nages les moins connus de l'histoire de France. Bon stratège, courageux sur le champ de bataille, soumis au roi son maître, c'est un capitaine averti, un chasseur émérite et un impénitent coureur de filles, comme le sera plus tard son fils, auquel il léguera ses principales qualités, même si la mort ne lui laissera guère le temps de les lui inculquer personnellement. Ainsi le vit Brantôme : « Tout bon et gentil prince, brave, vaillant car de cette race de Bourbon il n'y en a point d'autres et tout plein de courage à la guerre, n'épargnant ni ses pas ni sa peau comme s'il était le plus modeste soldat du monde, affable et courtois et retenant par là plusieurs capitaines, gentilshommes, soldats et autres qui, sinon, auraient été l'autre côté. »

Pour l'heure, l'union de cette jeune fille un peu austère et souffreteuse et de ce chevalier servant dans l'armée depuis l'âge de dix-sept ans est au beau fixe. Mais elle ne va pas tarder à se déchirer sous le double impact de la conversion de la reine de Navarre au protestantisme et des infidélités d'Antoine, en particulier sa liaison avec Louise de La Béraudière, surnommée « la belle Rouet », fille d'honneur de Catherine de Médicis et mère du fameux cardinal de Bourbon, le demi-frère tant aimé d'Henri IV. Épouse délaissée puis excédée, Jeanne d'Albret s'enferme progressivement dans une solitude intellectuelle et spirituelle. Naîtra tout de même, le 7 février 1559, le dernier enfant du couple appelé à survivre, Catherine de Bourbon, future duchesse de Bar et régente de la Navarre lorsque son frère montera sur le trône de France.

Trois mois après sa naissance, le 6 mars 1554, Henri reçoit le sacrement du baptême au château de Pau, des mains du cardinal de Bourbon, son oncle, par ailleurs abbé de Saint-Germain-des-Prés et représentant personnel du roi de France, assisté des évêques de Lescar, d'Oloron, d'Aire, de Mende, de Carcassonne et de Rodez. Toute la noblesse du royaume de Navarre et de ses satellites est présente, de même que les représentants du peuple de Béarn, invités à être les témoins d'une cérémonie que, contrairement à ses goûts économes, le roi de Navarre a voulu fastueuse. C'est sa marraine et grand-tante, Isabelle d'Albret, duchesse de Rohan, qui porte l'enfant à travers les milliers de bougies illuminant le château, jusqu'au bassin de vermeil spécialement ciselé pour l'occasion. Un grand banquet rassemble ensuite les invités de marque, tandis que, dans la cour, le peuple partage les victuailles offertes et les tonneaux mis en perce, danse et chante une bonne partie de la nuit autour des feux de bois improvisés. En se couchant, Henri d'Albret remercie Dieu de lui avoir donné ce mâle tant espéré et non une fille. Le vieux roi se dit qu'à présent il peut s'endormir dans la paix éternelle, ce qu'il fera effectivement, un an plus tard, satisfait d'avoir conservé aux siens ce petit royaume que ses ancêtres lui ont légué. Sa crainte, jusque-là, était de voir la Navarre un jour absorbée par la France. Comment pourrait-il imaginer au contraire que ce petit-fils tant désiré, un jour, monterait sur le trône de France ? À moins qu'il n'ait déjà la prescience de ce qu'il lui sera donné de vivre. L'enfant est empreint de deux nations, deux cultures et deux religions. Né dans la division, il sera celui qui, le moment venu, fera la synthèse.

Son premier amour, en 1571, pour la fille d'un jardinier, Fleurette de Nérac, donne naissance à l'expression populaire « conter fleurette ».

Hors le jardin secret de ses amours privées, dont il augmente le périmètre en tombant sans cesse sous le charme de jeunes pousses et de belles plantes, le Vert-Galant se montre un admirateur fidèle de la botanique. On oublie quelquefois que c'est son premier amour, en 1571, pour la fille d'un jardinier nommée Fleurette de Nérac qui a donné naissance à l'expression populaire « conter fleurette ». Lorsque l'on tente de dresser la liste des aventures amoureuses du Vert-Galant, ce n'est pas un bouquet que l'on forme, mais plutôt un parterre. Voyez donc : en 1575, la « belle Rouet », fille d'honneur de Catherine de Médicis, de 1577 à 1578, Jeanne de Tignonville, que le roi va marier ensuite à François de Pardaillan, baron de Panjas, 1579 Mlle de Rebours, fille d'honneur de Marguerite de Valois, 1579 Mlle de Montagu, 1579 Mlle d'Allous, 1579 Aimée Le Grand, 1579 Catherine de Luc, il semble qu'elle eut un enfant du roi, 1579 encore, Anne de Cambefort, elle se serait suicidée après le départ du roi, 1579-1581 Françoise de Montmorency-Fosseux, fille d'honneur de Marguerite de Valois, elle aurait eu une fille mort-née avec le roi en 1581, 1583-1589 Diane d'Andoins, 1587-1588 Esther Imbert, elle aurait eu deux fils avec Henri IV et serait morte dans la misère à Saint-Denis en 1592,

1590 Antoinette de Pons, marquise de Guerche-ville, 1590 Catherine de Beauvilliers, abbesse de l'abbaye de Montmartre, 1590 Catherine de Verdun, supérieure de l'abbaye de Longchamp, 1598 Mme Quelin, épouse d'un conseiller du Parlement, 1599 Mlle Clein, 1599 Marie-Fran-çoise de La Bourdaisière, sœur de Gabrielle d'Estrées, 1604-1607 Jacqueline de Bueil qui aura un fils, Antoine, avec le roi, 1605-1609 Marie-Charlotte de Balzac d'Entragues... Cette liste est loin d'être exhaustive : certains avancent le chiffre de soixante-treize maîtresses et l'on ne connaît pas le nombre exact des bâtards d'Henri IV. N'oublions pas de préciser, si l'on se décide à faire des comptes, qu'en plus de ses frénétiques fredaines, le roi ne néglige pas les délices du devoir conjugal et va avoir en dix ans (1600-1610) six enfants avec sa femme la reine Marie de Médicis.

Le Vert-Galant ne se contente pas de collec-tionner les fleurs ; c'est aussi un authentique botaniste, en témoigne un magnifique ouvrage bientôt quadricentenaire, que l'on peut consulter à la Bibliothèque nationale, *Jardin du roi très chrétien Henri IV, roi de France et de Navarre*. L'auteur s'appelle Pierre Vallet. Il est brodeur du roi et dessinateur confirmé, il a le don d'opérer une délicate mise en couleur de ses planches. Comme l'écrit notre contempo-rain Daniel Lejeune, ingénieur horticole et admi-nistrateur de la Société nationale d'horticulture de France : « Son propos est de renouveler les thèmes habituels de l'ornementation en puisant dans les plantes d'introduction récente. Il lance ainsi une nouvelle mode parmi la haute société. Son vivier botanique est aisément trouvé : il existe à Paris, à la pointe de l'île Notre-Dame, le jardin d'un professionnel de l'acclimatation, jardinier déjà remarqué par Henri III. En 1601, Jean Robin a d'ailleurs été distingué par Henri IV, Arboriste, simpliciste et botaniste du roi. (…) Au fil des pages, le lecteur, même modérément versé dans la science botanique, ne pourra qu'être frappé par le nombre des plantes à feuilles rubanées : tulipes, iris, narcisses, fritillaires, asphodèles, mais aussi cannas, ainsi que par la majorité d'espèces bulbeuses ou rhizomateuses. Il est vrai que la maison de France, mais aussi les Médicis, ont partie liée avec le lys. »

Ce livre, *Jardin du roi très chrétien Henri IV,* paraît huit ans après celui d'Olivier de Serres. Beaucoup plus tard, grâce à la passion d'Henri IV, lorsque Paris sera enfin en paix, on plantera 20 000 mûriers blancs dans les jardins des Tuileries dessinés par Olivier de Serres et en 1626 sera réalisé un important jardin royal des simples, rivalisant avec ceux de Padoue, de Pise et de Bologne, capable même d'éclipser celui de Montpellier. Tandis que le souverain aime à patronner des jardins d'expérience, que ce soit à Paris, le Jardin des Plantes, ou à Montpellier, le Jardin du roi, Sully se réjouit devant les choux plantés par les moines du Pont-Neuf. Encore aujourd'hui, dans la capitale, on peut admirer un témoin vénérable des cultures de Jean Robin : un acacia blanc d'Amérique, le robinier planté rue Buffon.

Le bon roi Henri en personne ne dédaigne pas de jouer au jardinier. Le royaume de France se couvre de vergers et de potagers. Le roi possède à Pau son « jardin du haut » qui lui offre des fruits en abondance, notamment ces oranges délicieuses dont les plants proviennent d'Espagne. Des Tuileries à Saint-Germain, il a plaisir à surveiller ses pêchers, ses poiriers et ses légumes. À Fontainebleau, dans le parc du château, il fait dresser des espaliers pour les arbres fruitiers et, dans toutes ses propriétés, des murs pour protéger pommiers, abricotiers, pruniers, poiriers. Sa vraie passion : faire pousser ces melons dont il raffole, qu'il appelle « les pompons » et qu'il offre à tous ses amis. Ainsi, le bon roi Henri a agrandi l'enclos de son bonheur aux dimensions de son royaume, faisant de la France un éden pour tout son peuple.

3

L'ENFANCE DU BÉARNAIS

> « Il était pieds nus et tête nue, bien
> souvent avec aussi peu de curiosité que
> l'on nourrit les enfants des paysans. »
> Agrippa d'Aubigné

En ce mois d'octobre de l'année 1563, la bataille fait rage entre les géants et les diables, dans cette forêt où l'automne joue à vêtir de pourpre ou d'or les grands arbres entourant les jardins du château de Coarraze, à trois lieues de Pau. Non loin de l'entrée, une haute poterne de pierre ornée de la devise, espagnole, du maître des lieux, « *lo que a de ser no puede faltar* » (ce qui doit arriver ne peut manquer), deux bandes rivales, armées de frondes, de petits cailloux et de sabres de bois, s'affrontent sans merci, mais loyalement, pour le contrôle de la forêt, où courent daims et cerfs. Dans cette aventure éternellement revécue, certains reviendront chez eux, le soir venu, avec des bleus aux genoux, des égratignures au visage, et parfois plus, et la plupart, surtout, avec leurs vêtements en lambeaux. Tant pis pour la fessée qui suivra ! Personne ne refuserait le combat offert, sauf à perdre son honneur. Car ces diables et ces géants ont entre sept et dix ans et profitent des derniers beaux jours pour défouler leur trop-plein d'énergie. Bientôt viendra l'hiver, qui les retiendra à la maison.

L'une des deux bandes finit par l'emporter. Les géants, à présent, ligotent les diables qu'ils vont conduire en file indienne, jusqu'au château perché sur la butte face aux Pyrénées fièrement dressées, au sud, sans oublier d'applaudir leur chef, dont la stature déjà bien assurée, le regard vif et un sens inné du commandement frappent tous ceux qui le voient pour la première fois. Sa stratégie a de nouveau payé. Il est d'évidence le plus habile des manœuvriers et n'a donc pas besoin d'invoquer les droits de sa naissance pour se faire obéir. Son charisme suffit et il le sait, qu'il s'adresse en français à ses camarades ou, le plus souvent, en gascon, une langue qui n'est pas seulement celle des paysans, mais aussi celle des notables de la mosaïque d'états relevant de la couronne de Navarre. Les vainqueurs conduisent leurs prisonniers au château où, heureusement, une bonne fée va les délivrer et offrir à tous un goûter de larges tartines de pain bis recouvertes de miel ou de fromage, avec un bol de bon lait frais, à peine tiré. Assis par terre, les enfants commentent la bataille et les rires fusent, même chez les vaincus. Au milieu, Henri de Navarre jubile et lance les plaisanteries d'usage.

L'image est d'Épinal, mais elle n'est pas fausse. Le futur Henri IV a bien passé sa petite enfance au château de Coarraze, près du monastère de Bétharram, ainsi que l'a décidé son grand-père maternel. Il s'était opposé à ce que Jeanne d'Albret et Antoine de Bourbon, qui avaient repris le chemin de la France, l'amènent avec eux. Tel est encore l'usage, dans les familles royales, qui veut que les mères n'éduquent pas elles-mêmes leurs enfants et passent des mois, parfois des années, sans les voir. Le roi Henri a beau s'éteindre, au château d'Hagetmau, le 25 mai 1555, ses ordres continuent d'être exécutés. C'est Jean d'Albret, baron de Miossens, cousin du roi de Navarre, qui veille sur l'héritier du trône avec sa femme, Suzanne de Bourbon-Busset, en qui on a toute confiance, puisqu'ils sont de la famille. Les dix premières années de la vie d'Henri sont donc celles d'une enfance au grand air, heureuse, épanouie et relativement libre, qui contribuera à façonner son corps et son excellente santé bien sûr, mais surtout sa riche personnalité. Cette enfance, Hardouin de Péréfixe, évêque de Rodez et auteur d'une biographie d'Henri IV, la donnera, plus tard, en exemple à son petit-fils Louis XIV, dont il sera le précepteur.

À Coarraze en effet, Henri vit, sinon parmi les petits paysans, du moins à leur contact, et prend vive conscience de l'existence de ses sujets, qui ont reçu l'ordre de ne pas l'appeler « prince » pour ne pas le flatter. Comme il parle leur langue et qu'ils sont les compagnons de ses premiers jeux, il apprend très vite à respecter le travail de ceux qui cultivent la terre, élèvent le bétail, forgent le fer ou construisent les bâtiments. Sans doute aucun roi de France n'établira une telle proximité avec son peuple, sauf peut-être, beaucoup plus tard, Napoléon III, dont les ouvriers mesureront l'importance qu'ils avaient à ses yeux. Il est vrai encore que l'intransigeance morale des pasteurs calvinistes chargés de la surveillance de l'enfant joue un rôle déterminant. Si sa qualité de futur roi n'est contestée par personne, dans ce soleilleux pays de Cocagne, toutes les créatures humaines sont enfants de Dieu et aucune ne saurait, de ce fait, en mépriser une autre. Tel est l'humanisme protestant de l'époque qui lui est inculqué et qu'il n'oubliera jamais.

Toutefois, devenu, depuis la mort de son grand-père, le prince de Béarn, l'héritier direct de la Navarre dont sa mère vient de ceindre la couronne, il est nommé, dès l'année de ses deux ans, capitaine d'une compagnie de cinquante hommes d'armes et conduit à la cour de France, où ses parents le présentent, le 12 février 1557, au roi Henri II, qui le prend sur ses genoux. Le dialogue est célèbre entre le fils de François Ier et le futur Henri IV, devant la petite Marguerite de Valois, du même âge que son cousin :

— Voulez-vous être mon fils ?
— Non, car celui-là est mon père.
— Alors, voulez-vous être mon gendre ?
— Ça, je le veux bien !

De retour en Béarn, il réintègre le château de son gouverneur. Ses trois ans étant révolus, il commence à assurer ses premières représentations officielles, avec grande maîtrise, selon les témoins, qu'il s'agisse de présider l'assemblée des états ou de participer à la suite d'honneur commandée par Antoine de Bourbon qui, via Roncevaux, accompagne sa cousine Élisabeth de Valois, traversant les Pyrénées pour s'en aller épouser le roi d'Espagne, Philippe II. Il pose aussi devant un peintre anonyme, qui fixe ses traits encore frêles et ses mèches blondes frisées. Éprouve-t-il cependant une certaine tristesse d'être aussi longtemps éloigné de ses parents ? Peut-être, mais il sait que Jeanne d'Albret n'est guère tendre et trouve auprès de sa gouvernante, Mme de Miossens, une mère de substitution. Son père est lui aussi trop occupé ailleurs. Quelques festivités permettent néanmoins à l'enfant de rejoindre ses parents, lors d'une entrée officielle à Bordeaux ou d'un long séjour à Nérac, dans ce château qui restera cher à Henri, peut-être en souvenir de ce rare moment de vie de famille. Mais il est le plus souvent tenu à l'écart, et grandit tout seul, apprenant jour après jour à dissimuler ses émotions ou à ravaler ses colères. Il devient un homme. Parallèlement, sous la direction de son précepteur, l'excellent La Gaucherie, qui sait équilibrer les activités physiques et intellectuelles, il apprend à lire, à écrire et à compter. Il y réussit vite, tant son esprit est vif. Ne tarde-t-il pas à dévorer les romans de chevalerie, qui font alors fureur, dans lesquels il puise le modèle de ses futurs exploits ?

Il reçoit bientôt, à l'occasion d'une énième pérégrination de sa mère, le titre de régent du Béarn, sous le contrôle de l'évêque de Lescar, ce qui lui donne très jeune le sens des préséances et de la place qu'il occupe aujourd'hui et occupera à l'avenir. Est-il pour autant toujours sage ? Certainement pas, comme il le confiera, beaucoup plus tard, à la gouvernante de son fils, le futur

Louis XIII, Mme de Monglat : « Je vous commande de le fouetter toutes les fois qu'il fera l'opiniâtre ou quelque chose de mal, sachant bien par moi-même qu'il n'y a rien au monde qui lui fasse plus de profit que cela, ce que je reconnais par expérience m'avoir profité, car étant de son âge, j'ai été fort fouetté. » Henri ne pousse donc pas comme une « herbe folle », au contraire de son père, qui demeure, lui, le véritable « poulain échappé » de la famille. Après avoir fait des propositions au roi d'Espagne, Philippe II, puis être passé au service du roi de France, Henri II, Antoine de Bourbon est en effet aussi versatile qu'infidèle, surtout lorsque, à la mort du jeune François II, il devient lieutenant-général du royaume pour le compte de la régente, Catherine de Médicis, charge qui lui tourne quelque peu la tête.

Il est le galant amant de maintes dames de la Cour, ce qui lui vaut de Calvin le surnom de « Totus es Venereus », c'est-à-dire tout entier la proie de Vénus. N'envisage-t-il pas d'échanger la Navarre contre un autre État – par exemple la Sardaigne ! – ou d'épouser Marie Stuart, veuve de son souverain, afin d'aller régner avec elle sur l'Écosse ? Henri n'a pas atteint sa huitième année que ses parents, renversant leur bel amour désormais changé en haine passionnelle, se séparent sans omettre de se déchirer, pas seulement à cause de ces trop belles dames qui les divisent, mais encore parce que la vague protestante, qui s'est étendue partout, les repousse aux antipodes l'un de l'autre. Influencée par Théodore de Bèze, qui lui sert de père spirituel, Jeanne d'Albret, en effet, s'est convertie en 1560 à la religion de Luther, ou plutôt à celle de Calvin, plus répandue en France depuis le colloque de Poissy. Naguère, sa mère éprouvait déjà des sympathies pour ce culte et en avait protégé, jusqu'à son dernier jour, les ministres. On estime les protestants à un million, dans une France qui compte quelque dix-huit millions de sujets, mais c'est une minorité active, ayant qui plus est conquis une partie de l'élite de la nation, noblesse, bourgeoisie, monde de l'art et de l'écriture.

Est-ce parce que la désunion de ses parents a créé chez elle un vide ou est-ce à cause de l'échec de son propre mariage qu'elle s'est plongée, comme tant d'autres, dans la vie spirituelle ? On l'ignore, mais cette intellectuelle, qui connaît le grec, le latin et pratique les grands auteurs ne pouvait que choisir la Réforme, dont l'austérité correspond à ses mœurs ! Car les réformés prônent la purification de la société, vouant aux gémonies les artifices de la mode, le sexe, le vin et le luxe, dont n'abuse pas seulement la société civile, mais encore l'Église catholique, apostolique et romaine, parangon de tous les vices. La Réforme n'a pourtant, selon Jeanne d'Albret, rien de pacifique. C'est pourquoi la reine de Navarre met sur pied une armée commandée par le prince de Condé, le propre frère de son mari. « Plutôt que d'aller à la messe, si j'avais mon royaume et mon fils sous la main, je les jetterais tous deux au fond de la mer », aime répéter sans sourciller cette femme qui, désormais, ne voit plus dans le catholicisme que de l'idolâtrie. Antoine, de son côté, après avoir été un temps séduit par la Réforme, s'en est rapidement écarté. Cela lui vaut d'être promu chef de l'armée catholique, chargée d'écraser l'hérésie. Singulière situation qui les place, chacun, des deux côtés du fossé qui commence à diviser la France et les Français !

Les massacres débutent, sans que l'un ou l'autre camp, qui multiplie les cruautés, prenne le pas sur l'autre. Naturellement, en épousant la foi calviniste, Jeanne d'Albret y a entraîné son fils, à qui les pasteurs de la reine tentent d'inculquer leur foi. C'est un litige de plus aux yeux d'Antoine de Bourbon qui, remettant la main sur Henri, change ses précepteurs et le contraint à abjurer le protestantisme, ce à quoi il ne se résout qu'après avoir été fouetté. Le petit garçon a déjà de la suite dans les idées et de la fermeté dans les principes. C'est la première fois, ce ne sera pas la dernière ! La guerre civile s'amplifiant, l'enfant est ballotté de château en château, de Fontainebleau à Montargis, de Montargis à Amboise, d'Amboise à Vendôme, avant de revenir à Paris, sous la surveillance de Renée de France, fille de Louis XII, qui comprend les désarrois de ce très jeune garçon taraudé par les influences contraires de ses parents. Qu'est-il, sinon un pion sur l'échiquier, un atout neutre dans un jeu de cartes ? Que n'ont-ils laissé Henri à Coarraze, dans l'idyllique crépuscule de son enfance, avec ses chevaux, ses faucons, ses sangliers et ses biches, plutôt que de l'appeler à la Cour, au centre du combat d'amour blessé et de théologie fanatique qui va bientôt enfanter une longue et effroyable période de guerres de religion. Rien n'est respecté, pas même les tombeaux des Bourbons à Vendôme ou de Louis XI à Cléry, qui sont profanés par les troupes calvinistes.

Henri IV aura bien deux enfances. La première vécue en Béarn – et si formatrice ! – jusqu'à ses huit ans, la seconde à Paris – plus complexe – où il poursuit son éducation à la cour de France, avec ses cousins Valois, alors que ses parents désormais se fuient. L'un comme l'autre redoute en effet d'être assassiné par son conjoint et ils envoient à présent leurs armées s'affronter ! Tout à la fois otage en tant que futur roi de France et objet de conflit, de menace et de chantage entre Jeanne d'Albret et Antoine de Bourbon, Henri, au Louvre ou à Vincennes, lorsque la famille royale s'y réfugie en cas de danger, peut à peine embrasser la première qui, poursuivie par les troupes de Montluc, se réfugie en Béarn. Elle va y imposer par la force le protestantisme à ses sujets. Son père à la tête de son armée fait à présent route vers Rouen, tenu par les protestants avec l'aide des Anglais. Là, le premier prince du sang espère remporter la victoire qui fera de lui le grand capitaine qu'il rêve de devenir pour la postérité. Hélas, le 16 octobre 1562, alors qu'il s'écarte des avant-postes pour satisfaire un besoin naturel, une balle tirée par une arquebuse l'atteint à la tête, comme jadis son grand-oncle, le connétable de Bourbon, dans un autre siège, celui de Rome.

Veillé par Ambroise Paré et sa maîtresse, la

belle Rouet, le duc de Vendôme, alité, ne peut assister à la capitulation de la cité et finit par s'éteindre le 17 novembre, à quarante-quatre ans, miné par la douleur et la conscience de mourir si peu glorieusement, inspirant à l'un de ses ennemis l'épitaphe que voilà :

« Ami français, le prince ici gisant
Vécut sans gloire et mourut en pissant. »

Ce jour-là s'achève brutalement l'enfance d'un jeune prince. Il peut déjà mesurer les méfaits de l'intolérance religieuse, qui vient de détruire son père et sa mère et le laisse un peu plus seul. Souffre-t-il de la mort de ce père inconstant, à qui il va tant ressembler par certains côtés, lui dont Montaigne a joliment dit qu'il était un être « merveilleusement vain, divers et ondoyant », adoré par les femmes, les soldats et les petits ? Incontestablement, ce qui le conduira plus tard, d'une manière toute psychanalytique, à vouloir absolument être le père de ses sujets, expression récurrente dans sa bouche. Souffre-t-il aussi de la distance que sa mère a mise entre elle et lui, le contraignant à présent à partager le quotidien de ses cousins, les princes de la maison de France, de la même façon qu'elle-même et, avant elle, Henri d'Albret avaient, jadis, été élevés et éduqués à la Cour ? C'est évident, même si elle vient d'obtenir l'assurance qu'il pourra à nouveau pratiquer librement la religion de sa mère. La reine de Navarre aime son fils, mais elle est incapable de lui manifester cet amour, sauf en le contraignant à l'étude et à la stricte observance des préceptes calvinistes. Ce puritanisme explique-t-il, par réaction et comme une quête inassouvie d'affection maternelle, les relations qu'il aura plus tard avec les femmes et sa sexualité débridée ? C'est probable. Quoi qu'il en soit, cette intellectuelle qui, à l'occasion, ne dédaigne pas de faire visiter à ses deux enfants les presses parisiennes de Robert Estienne, ne jure que par les livres, la Bible surtout, mais aussi les traités de droit ou de théologie. Là est, pour elle, la vérité et non dans les gestes, une simple caresse, un baiser, un sourire. Ce principe, elle l'a rimé elle-même :

« Art singulier, d'ici aux derniers ans
Représentez aux enfants de ma race
Que j'ai suivi des craignant Dieu la trace
Afin qu'ils soient les mêmes pas suivants. »

Ainsi elle a décidé de développer les indispensables liens d'amitié avec les enfants de France, qu'elle estime nécessaires non seulement à la paix future, mais encore au maintien de l'intégrité de son petit royaume. Pour une fois, Catherine de Médicis, la redoutable régente, est d'accord avec elle puisque, en acceptant à sa cour l'enfant qu'on appelle affectueusement, en raison de son titre, « le petit Vendômet », elle pourra le surveiller de près, et les siens avec lui. En un mot, elle le transformera en véritable otage, fût-il de luxe, depuis que la mort de son père a fait de lui, à son tour, le gouverneur et l'amiral de Guyenne, et surtout le premier prince du sang. Le Béarnais, à demi Valois, entre chez les Valois à demi Médicis, pour une période de sept années, essentielles à sa formation. Ce n'est pas la plus mauvaise école pour apprendre ce qu'est le pouvoir, à l'heure où la proclamation de l'édit d'Amboise restaure – certes provisoirement – la paix dans le royaume. Fût-elle une paix de compromis.

Orphelin de père, Henri a désormais deux mères, la sienne, la vraie, Jeanne d'Albret, et celle qui en tient lieu, Catherine de Médicis. Malgré leurs nombreuses divergences, ces deux femmes extrêmement différentes se comprennent et s'estiment. La seconde, aussi déterminée que la première, mais plus souple, s'efforce, en fine politique, de tenir la balance égale entre les deux religions qui divisent le royaume, même si les réformés sont infiniment moins nombreux – dix pour cent environ de la population. Un seul ordre a été intimé au jeune prince : ne jamais aller à la messe catholique. Sinon, il serait déshérité ! Par respect pour sa mère, il obéira à cette injonction solennelle.

Mieux : en véritable chef de bande qu'il est déjà, alors qu'il n'a pas encore huit ans, il prend l'initiative d'entraîner ses cousins dans une burlesque procession ridiculisant l'Église. Menant des ânes revêtus d'ornements sacerdotaux, escorté de ses compagnons de jeux coiffés de mitres ou de bonnets de théologiens, il va clamant l'expression qui sera la sienne toute sa vie, « ventre-saint-gris ! », allusion au gros ventre des franciscains sous leur bure grise. Catherine de Médicis rit, mais le nonce apostolique, témoin de cette mascarade, est horrifié ! Au-delà du pittoresque, au moment où Henri intègre la cour de France, sa mère a-t-elle l'intuition de son extraordinaire destin, comme jadis Louise de Savoie l'eut avec son fils François Ier ? C'est probable, et c'est sans doute pourquoi elle accepte de s'en séparer. Pourtant rien, à cette heure, ne peut laisser présager que l'héritier de la minuscule Navarre puisse un jour monter sur le trône de France. En effet, si le premier fils d'Henri II et de Catherine de Médicis est mort, il en reste encore trois, Charles IX, Anjou et Alençon. Mais voilà, telle est l'extraordinaire prémonition de certains êtres qui perçoivent ce que les autres ne sentent pas. Comme François Ier, le futur Henri IV reçoit une excellente éducation, qui, jointe à son caractère, fera de lui, le moment venu, non pas un génie mais un homme supérieur, c'est-à-dire un homme vrai en toutes circonstances, capable d'affronter le mal et d'imposer le bien.

On raconte d'ailleurs que l'astrologue préféré de Catherine de Médicis, et aussi son confident, Ruggieri, au cours d'une séance de magie ou de spiritisme aurait un jour fait apparaître chacun de ses enfants dans un miroir. La reine les vit effectuer un certain nombre de tours, correspondant à chacune de leurs années de règne. Puis vint la silhouette du prince de Béarn, qui accomplit vingt tours consécutifs : ainsi allait-il un jour ceindre la couronne de France, et la tenir deux décennies ! Vraie ou fausse, l'anecdote montre quelle place tient déjà l'enfant dans cette cour étrange, brillante en apparence et si sombre en réalité. Elle révèle toute l'ambiguïté des relations que Catherine de Médicis entretenait avec Henri, mélange d'affection et de répulsion, de méfiance et de confiance, d'amour et de haine.

Comment Shakespeare a-t-il pu décrire si précisément la cour de Navarre dans *Peine d'amour perdu*, sans y avoir jamais mis les pieds ?

Tout ce qui concerne Shakespeare est mystérieux. Tout ce qui concerne Shakespeare est merveilleux. D'abord cette enfance à Stratford au milieu du XVIe siècle, dans une petite ville de deux mille âmes, à deux cents kilomètres de Londres, cernée par les prairies et bordée par la rivière Avon où flottent des cygnes aux plumes immaculées. Ensuite la façon dont, très tôt, il est captivé par le spectacle. Car, non loin de là, se dressent les somptueux châteaux des comtes de Warwick et Leicester, à qui la reine Élisabeth, fille d'Henri VIII, vient parfois rendre visite. Là, ce ne sont que divertissements champêtres, banquets fastueux et spectacles grandioses. Élisabeth Ire, depuis six ans sur le trône, est une reine adulée, un monarque d'une formidable intelligence politique et d'une grande culture : elle parle plusieurs langues vivantes, outre le grec et le latin.

Le père de Shakespeare est le bailli, c'est-à-dire le maire de sa ville. William est le troisième des huit enfants de la famille, il fréquente l'école secondaire et, dès qu'une troupe de théâtre ou de saltimbanques s'installe à Stratford, il court assister au spectacle. À l'Ascension, des dizaines d'acteurs amateurs miment la victoire de saint Georges sur un dragon de toile et de carton bouilli. Vaincu, l'animal est triomphalement traîné à travers la ville. L'enfant, fasciné, suit la foule en chantant.

Jadis, les comédiens étaient maltraités. On les considérait comme des vagabonds ou même des voleurs. Tout change pour eux lorsque, en 1574, un statut leur est donné en Angleterre, leur permettant de se constituer en compagnies au service des dignitaires du royaume. C'est en pionnier que John Shakespeare, premier magistrat de la ville, va agir en leur faveur en ouvrant l'hôtel de ville de Stratford aux troupes théâtrales de la reine et à celles des comtes de Leicester et de Warwick.

En mars 2009, on a retrouvé à Londres le portrait présumé de William Shakespeare : le seul peint de son vivant, en 1610, l'année de l'assassinat d'Henri IV. Shakespeare a alors quarante-six ans et va mourir six ans plus tard. Il apparaît sur cette toile comme un homme élégant au clair regard et à la barbe délicate. Mais la finesse de ses traits ne dissipe en rien l'épaisseur du mystère qui entoure son œuvre. À cet égard, Jean Castarède, le talentueux auteur de *Henri IV le roi vengé,* signale une énigme de plus : comment Shakespeare, sans être jamais venu à Nérac, a-t-il pu décrire avec une telle précision dans sa pièce *Peine d'amour perdu* les mœurs de cette cour du château familial d'Henri de Navarre, édifié par son ancêtre Alain d'Albret le Grand, où se mêlent idées humanistes, plaisirs de la table, commedia dell'arte et intrigues amoureuses ? À cette question, le dictionnaire de Michel Grivelet *Shakespeare de A à Z* nous donne des éléments de réponse. Il révèle qu'il reste un in-quarto datant de 1598 intitulé *A Pleasant Conceited Comedie Called Love's Labour's Lost* : c'est la première pièce où le nom de Shakespeare est mentionné comme auteur, preuve qu'il commence à être célèbre. Ainsi que l'explique le spécialiste, « l'essentiel de l'intrigue et du cadre, qui concerne le roi de Navarre et ses gentilshommes (Berowne est le duc de Biron, Longaville le duc de Longueville, et Dumain est le duc de Mayenne, ennemi d'Henri IV), doit dater de 1590-93, date à laquelle l'Angleterre envoyait du secours à Henri IV ». Il nous dévoile le mécanisme intérieur de la pièce : « Elle met en scène le roi de Navarre et trois de ses courtisans, Berowne, Dumain et Longaville, qui ont décidé pour trois ans de s'adonner à l'étude et d'abandonner la compagnie des femmes... » L'intrigue, inspirée de la cour de Navarre, des ambassades de Marguerite de Valois (l'épouse d'Henri IV), des « académies » de gentilshommes qui fleurissent alors dans les cours, repose sur des jeux de miroirs, des jeux de mots « avec tous les quiproquos dans le cours de l'action, et par le double usage du langage où la symétrie stylistique est contredite par les usages aberrants de mots ». On pense que c'est un disciple de Lefèvre d'Étaples – protestant français exilé à Londres – qui a soufflé tous les secrets de la cour de Nérac à l'oreille de Shakespeare.

4

L'ÉDUCATION D'UN PRINCE
À LA COUR DE FRANCE

> « Je vous prie de vous appliquer à vos
> devoirs plus qu'à votre plaisir. »
>> Jeanne d'Albret à son fils

Au Louvre, dans un petit appartement dont l'une des fenêtres donne sur l'admirable cour intérieure ordonnancée sous François Ier et l'autre sur la Seine, qui coule paresseusement en ce printemps de l'année 1568, un jeune homme, habillé de chausses, d'une chemise blanche et d'une tunique grise, assis à sa table de travail, effectue avec soin une version latine, sous le regard de son gouverneur, Louis de Goulard de Beauvoir, et du surintendant de sa maison, Pons de Lacaze. L'atmosphère est austère et studieuse : on n'est pas là pour s'amuser. Autant dire qu'il n'est pas question de rêvasser aux croisées, pour admirer le pittoresque de la rue et du fleuve ou envoyer des baisers aux jeunes lavandières !

Le texte de Virgile est difficile et le prince de quinze ans peine sur quelques mots dont il ne connaît pas le sens : « *Tu Marcellus eris...* » Avec patience, l'un de ses précepteurs l'aide, tout en l'encourageant plus fermement à élargir son vocabulaire latin, afin qu'à l'avenir il soit mieux armé pour affronter la littérature antique, dans laquelle il doit puiser, comme tous les gentilshommes de son temps, ses règles de vie et de pensée et régler sa conduite sur les exemples d'Achille, d'Ulysse, de Périclès ou de Caton, sans oublier Platon et Aristote. Au diable l'enseignement médiéval, l'heure est à la modernité, à l'idée qu'on peut former un être non pas à la seule connaissance mais aussi à la conscience, comme l'a développé Rabelais il n'y a pas si longtemps. Élève à l'incontournable Collège de Navarre, sur la rive gauche de la Seine, considéré comme le meilleur du quartier Latin – Ronsard y fut éduqué naguère –, Henri y dispose d'un petit aréopage d'austères universitaires. Parmi eux, Francis de La Gaucherie, Jean-Baptiste Morély, Jean de Losses et Palma Cayet, tous très compétents et particulièrement attachés à Jeanne d'Albret. Celle-ci, du reste, s'en félicite, qui écrit : « Mon fils a été préservé, parmi tant d'assauts, en la pureté de sa religion. Ce n'est pas par prudence, force ou constante, car l'âge de huit ans ne pouvait lui apporter tout cela. À Dieu donc en soit la gloire. »

Celle-ci, en effet, a décidé que son fils ne serait pas, selon sa propre expression, « un âne couronné » ou « un illustre ignorant ». Ainsi, à peine sorti de l'enfance, il a été mis au travail, avec mission, non pas de devenir un érudit, mais, au moins, en cette fin du XVIe siècle, un humaniste – ce terme n'a pas tout à fait le même sens qu'aujourd'hui, puisqu'il sous-entend qu'aucune matière ne saurait être étrangère à la connaissance. De plus, l'instruction, à l'époque, contribue à forger le caractère. À ce titre, celui qui sera le dernier roi de France à avoir été éduqué au collège pratique chaque jour, outre le français et le gascon, les deux langues de son futur royaume, le latin, le grec, l'espagnol et l'italien. Il apprend par cœur des devises antiques : « Un souverain qui aime la flatterie et craint la vérité n'a que des esclaves autour de son trône » ou encore « Heureux les rois qui ont des amis ; malheureux sont ceux qui n'ont que des favoris ». De ce temps lui restera un livre de chevet, *La Vie des hommes illustres* de Plutarque, dans la traduction d'Amyot qui en a fait l'un des « best-sellers » de son temps.

Est-ce à ses précepteurs qu'il doit sa maîtrise virtuose du français ou est-elle naturelle chez ce futur souverain dans lequel coule le sang, si spirituel, des Valois, enrichi de la tradition érasmienne de Marguerite d'Angoulême ? On l'ignore, mais jusqu'à la fin de ses jours, à l'oral ou à l'écrit, ses mots dénoteront une incontestable vivacité intellectuelle. De surcroît, s'il ne suit pas à proprement parler un cursus scolaire précis, comme on dirait aujourd'hui, il n'en est pas moins astreint à accomplir trois cycles assez poussés de grammaire, d'arts libéraux et de théologie. On sait encore, par le témoignage de ses cousins puis beaux-frères, qu'il se prévaudra toujours de certaines connaissances en histoire, en sciences et surtout dans l'art militaire, depuis la technique des fortifications jusqu'à la stratégie des batailles, ce qui montre qu'il ne cessera de lire et de s'instruire, même devenu roi.

Enfin, il s'initie à ce qui lui sera, à l'avenir, le plus utile : l'équitation, sous le contrôle de M. de Carnavalet, chef du manège des Tuileries ; il apprend à monter à cru, mais aussi à voltiger, franchir les obstacles, manier les armes. Sous le magistère de M. de La Coste, il apprend à chasser, conformément à une tradition aristocratique, tout particulièrement dans sa maison où, jadis, s'est illustré son arrière-grand-père Gaston Fébus, comte de Foix-Béarn, auteur d'un fameux *Traité de chasse*. Chez tous les gentilshommes, a fortiori les princes, les exercices du corps ont autant d'importance que ceux de l'esprit. Henri sera un cavalier remarquable et un parfait chevalier, apte au combat au terme de ces années d'entraînement intensif, expert dans le maniement de l'épée, de la lance, de la hallebarde ou de l'arbalète. « *Mens sana in corpore sano* » (« Âme saine dans un corps sain »), Henri est bien, dans cette dualité, un enfant de la Renaissance.

Vivant, depuis 1561, dans l'intimité de la famille royale, le prince héritier de Navarre a pour compagnons de jeux ses cousins : Charles IX, monté sur le trône à la mort de son frère François II, qui n'a que douze ans et que les Grands ont surnommé « le roi morveux » ; et aussi Henri – le futur Henri III –, Hercule, duc d'Alençon, ainsi que la petite Marguerite, laquelle doit devenir, dès qu'elle sera en âge, son épouse. Il côtoie également leurs cousins Condé et Guise, avec qui il se chamaille souvent. Il demeure au Louvre lorsque la Cour est à Paris et l'accompagne partout où elle se déplace, puisque les Valois appartiennent à une dynastie itinérante, toujours en mouvement, passant un mois ici, un autre ailleurs, allant de l'Île-de-France aux bords de la Loire, chassant à Fontainebleau, dansant à Amboise, recevant à Blois les ambassadeurs.

L'objectif est, naturellement, de « vivre sur la bête », comme le dit l'adage populaire, mais aussi d'affermir la Couronne en montrant le roi à tous. Cette Cour-caravane se déplace à pas lents, sur plusieurs kilomètres, comme une immense chenille réunissant charrettes et chariots, meubles et vêtements, vivres et documents d'État, domestiques et soldats, dames d'honneur et chapelains, cavaliers et fantassins, pages et musiciens, valets et cuisiniers. Le tout au milieu de quinze mille chevaux, mules et mulets, sans oublier les décors nécessaires à son entrée solennelle dans ses bonnes villes, tels ces arcs de triomphe démontables. L'un de ces voyages dure même deux ans : partie au printemps 1564, la Cour effectue un long périple qui la conduit successivement à Troyes, Dijon, Lyon, Toulouse, Montauban, Agen, Bayonne, Bordeaux, Poitiers, Rennes et Paris. Elle y revient à l'été 1566, après avoir plus ou moins suivi les frontières du royaume, non sans, parfois, modifier son itinéraire en fonction de dangers plus ou moins imprévus, telle la peste. La vie quotidienne est donc peu monotone : les voyages rompent l'ennui des études et favorisent un extraordinaire éveil à la vie, permettant de découvrir – même si on ne peut guère aller au-delà de vingt-cinq kilomètres par jour – la nature et les paysages changeants du royaume, les mœurs et les langues de ses habitants ou la diversité de la cuisine, sans compter le charme des jolies filles, que l'on peut approcher plus facilement dans ces déplacements. Henri, à l'époque de sa puberté, n'éprouve-t-il pas un tendre sentiment pour la jolie Charlotte de La Trémoille, qui lui procure ses premiers émois, surtout lorsque, le soir, il danse avec elle dans les bals donnés aux étapes pour se délasser des fatigues du voyage ?

Au fil de ces voyages, Henri apprend à connaître la France, qu'aucun autre roi ne parcourra autant en tous sens, et trouve même l'occasion de s'affirmer à Lyon, où son entrée triomphale à cheval, dans son magnifique habit cramoisi brodé d'or, juste derrière son cousin le roi, est remarquée. Mieux encore : à Bordeaux c'est lui qui, en tant que gouverneur de Guyenne, accueille le souverain, toujours suivi de deux gentilshommes de son âge qui lui tiennent lieu de camarades d'études et de jeux, François de Ségur-Pardaillan et François de La Rochefoucauld. Le 3 juin 1564, Henri a retrouvé à Mâcon sa mère, qu'il n'a pas vue depuis deux ans. Elle accompagne la Cour jusqu'à Lyon, où ses relations trop ostensibles avec les pasteurs les plus en vue de l'Église réformée finissent par lasser Catherine de Médicis et lui valent une invitation à s'éloigner, au mois d'août, et à se retirer sur ses terres de Vendôme. Cette parenthèse marque-t-elle Henri ? Peut-être moins que l'extraordinaire aventure de Salon-de-Provence, où la suite royale arrive le 17 octobre. La reine mère désire y rencontrer Nostradamus, alias Michel de Nostre-Dame, le célèbre visionnaire qui allait s'éteindre l'année suivante, pour le consulter sur la santé de ses trois fils survivants. Une fois qu'il l'a rassurée, le noble vieillard à barbe blanche demande alors à voir le prince de Navarre tout nu, pour l'observer attentivement, après quoi il lui prédit qu'il sera un jour roi de France et qu'il régnera longtemps. Enfin, selon le témoignage de Pierre de L'Estoile, Nostradamus lance à la cantonade : « Et si Dieu vous fait la grâce de vivre jusques là, vous aurez pour maître un roi de France et de Navarre, car c'est lui qui aura tout l'héritage. »

De la Provence, où Henri découvre pour la première fois la Méditerranée, la caravane gagne Toulouse, via le Languedoc et enfin, via Bazas où les Espagnols lui donnent le spectacle d'une corrida, la Guyenne, dont l'héritier du trône de Navarre est le gouverneur. De Bordeaux, on descend ensuite sur Bayonne, où Catherine de Médicis rencontre le duc d'Albe, émissaire de Philippe II d'Espagne. Là, tournois, jeux de bagues, concerts, bals, banquets, joutes navales, mascarades et feux d'artifice en tout genre, plus somptueux les uns que les autres, éblouissent les participants. Conquis par l'allure du prince de Navarre, le duc de Rio Secco s'écrie : « Il a l'air d'un empereur ou il le deviendra. » Le jeune prince est-il sensible au compliment ? Nul doute que son entourage le met en garde contre les visées de l'émissaire de cette cour de Madrid qui pousse la régente à manifester plus d'enthousiasme pour la cause catholique, allant probablement jusqu'à lui suggérer un massacre en masse pour en finir avec la Réforme.

En remontant vers Paris, Henri revoit à nouveau sa mère, qui reçoit la Cour à Nérac, capitale du duché d'Albret. Tout au long de ces pérégrinations, le prince de Viane resplendit au contact du grand air et manifeste déjà ce goût pour la rusticité qu'il conservera toute sa vie, passant le plus souvent ses nuits tout habillé sur un tas de paille, entre chiens et chevaux, se nourrissant aussi simplement que les valets ou les palefreniers. Une telle forme physique lui vaut d'exceller au jeu de paume, à l'époque le sport aristocratique par excellence. Regrette-t-il parfois le château de Coarraze et ses amis d'enfance ? Sans doute, mais il apprend aussi à découvrir ce fascinant Paris : malgré une population et une superficie encore modestes, ce n'en est pas moins la plus grande ville du royaume, celle dans laquelle se pressent les étrangers. En contemplant, depuis les fenêtres de sa chambre, les innombrables toits à pignon ou les flèches d'églises et d'abbayes, les tours de la Bastille ou celles de Notre-Dame, Henri admire l'ordonnancement d'une grande cité, auquel il ignore encore qu'il contribuera un jour, bien plus que d'autres. En attendant, il n'est pas le dernier lorsque la petite troupe des enfants royaux décide d'aller visiter la foire Saint-Germain, ou lorsqu'on le prie de participer, à l'occasion du carnaval de l'année 1564, à la première pastorale française, une adaptation par Ronsard du *Roland furieux* et dans laquelle il incarne le rôle du Navarin.

La vie suit son cours. Au Louvre, Henri reprend ses études, afin de répondre au vœu de sa mère :

« se préparer au métier auquel Dieu l'a appelé, pour après, quand l'âge et les moyens lui seront donnés, les employer avec sa vie au service de Dieu, de son roi et de son sang ». Cette mission passe, certes, par les livres, mais aussi par les actes. Or, depuis son enfance, où il s'est naturellement imposé comme chef de bande, Henri rêve non seulement de plaies et bosses, mais surtout de peser sur le destin du monde, en un mot, de ne jamais demeurer inactif. Cette personnalité, où l'intelligence et le savoir ne sauraient prendre le pas sur l'action, fera d'Henri IV l'anti-Louis XVI par excellence. Parfaitement conscient de sa nature, le jeune prince écrit à cette époque : « Je ne me suis pas tant étudié pour parler comme vous, mais je vous assure que si je ne dis pas assez bien, je ferai mieux, car je sais beaucoup mieux faire que dire. »

Son attirance pour les exercices physiques ne l'empêche heureusement pas de développer une remarquable intuition, ce qui lui fait aussi professer : « il ne faut jamais rien dire que ce qu'il faut dire à la place où on est ». Lui le protestant vivant dans une Cour fondamentalement catholique et dans une ville, Paris, où le protestantisme est interdit, il est donc naturellement enclin à la prudence. Dès son plus jeune âge, depuis la séparation de ses parents mais surtout depuis qu'il se sait le prince héritier du royaume de Navarre et, potentiellement, en tant que premier prince du sang, héritier du trône de France si ses trois cousins devaient disparaître sans descendance, il a appris à dissimuler ses véritables sentiments ou à les masquer derrière l'humour ou la convivialité. L'éventualité de le voir accéder au trône est a priori peu probable, mais il y a eu un précédent de marque : les trois fils de Philippe le Bel, au XIVe siècle, Louis X le Hutin, Philippe V le Long et Charles IV le Bel, dont la couronne échut finalement à leur cousin Philippe VI. Beaucoup plus tard, Louis XVI, Louis XVIII et Charles X auront également pour successeur leur cousin Louis-Philippe. Henri, informé ou non des révélations de Ruggieri, sait que rien n'est joué d'avance ni conclu et que chacun doit forger son propre destin. Si l'on ignore quelles sont ses pensées secrètes à cette heure, nul doute qu'il a conscience de sa bonne étoile.

Cette période essentielle de sa vie s'achève bientôt avec la décision de Jeanne d'Albret de faire rapatrier son fils dans son royaume et de mettre fin à l'emprise qu'exerce sur lui Catherine de Médicis. Peut-être se persuade-t-elle aussi qu'à l'heure où son enfant devient un homme, son séjour à la Cour pourrait devenir dangereux. Diable ! Un coup d'épée est si vite arrivé, pour ne pas parler de poison ! Mais encore faut-il procéder subtilement pour échapper à la vigilance de la Florentine, qui sait si bien lire dans les pensées de ses adversaires. Au retour du grand périple de l'hiver 1565, la reine de Navarre rejoint donc son fils à Paris et sollicite de la reine mère la faveur de lui faire visiter ses domaines de Picardie, du Perche et du Vendômois. C'est en fait un enlèvement déguisé, puisque, à la fin de ce voyage, elle confie Henri à des fidèles avec mission de le ramener en Béarn où, par prudence, ils descendent elle et lui par un itinéraire différent, se fixant rendez-vous à Pau. Catherine de Médicis a beau tempêter dans son palais et vouer Jeanne aux gémonies, force est de constater que cet acte de haute désobéissance a été mené de main de maître, par une femme aussi organisée que déterminée. Elle vient de le montrer en franchissant le Rubicon, en l'occurrence la Garonne, limite de ses états avec le royaume de France, avant de dévoiler à son fils le programme qu'elle lui a tracé : « Toute l'Espagne a les yeux sur vous. Vous cessez d'être un enfant et vous allez apprendre à commander. »

Henri de Navarre a-t-il constitué avec des beautés exotiques un « parc aux cerfs » en son château de Nérac ? C'est ce que révèle la correspondance diplomatique inédite de don Vicente de Villamor.

Qui mieux que Shakespeare parle d'amour, lui qui fut fasciné par la liberté d'aimer à la cour de Nérac sans pouvoir cependant constater sur place jusqu'où elle allait ? Il est alors en Navarre un délicieux mélange de licence amoureuse et de subtilité de l'esprit, de provocation par la pensée et d'audace par les gestes, qui fut rapporté au grand tragédien anglais. Et c'est en rêvant à cette cour aussi libérale que brillante et aussi intelligente que libérée que Shakespeare fait dire à Biron dans sa pièce *Peines d'amour perdues* : « Qui vous enseigne la beauté aussi bien qu'un regard de femme ? Les femmes sont les livres, les arts, les académies qui enseignent, régissent et nourrissent le monde entier. »

Henri de Navarre l'a bien compris, lui qui est le fils d'une femme très lettrée et d'un homme des plus séducteurs. Sa frénésie sexuelle semble sans limites. Dès sa jeunesse, il accumule les conquêtes, mais bientôt même les femmes galantes ne suffisent plus à son insatiable appétit. Il veut explorer toutes les latitudes du charme féminin, tous ses parfums encore lointains, toutes les couleurs de la carnation, toutes les teintes de la volupté, tous les états de la passion. En tant que roi, il estime sans doute qu'il n'est pas de loi qui puisse limiter ses désirs. Alors, puisqu'il n'a pas le temps de faire le tour du monde, il se dit que ce sont aux beautés d'ailleurs de rejoindre le jardin d'éden de Nérac, de la même façon qu'à son époque on fait venir d'au-delà des mers fruits exotiques et épices étonnantes.

Durant l'été 2009, au Clos Lucé d'Amboise, le chef d'une des familles les plus anciennes de Castille, Rodrigue duc de Salinas et marquis de Villamor, confia détenir dans ses archives familiales une correspondance diplomatique et secrète d'un de ses ancêtres contenant la révélation la plus surprenante peut-être sur la vie privée du futur Henri IV. Voici ce qu'il écrit à propos de son ancêtre :

« Don Vicente de Villamor Sanchez de Velasco y Salinas (1532-1605), seigneur de Villamor et général de Las Guardias Viejas de Castilla, était proche de don Francés de Alava, ambassadeur de S.M. don Felipe II d'Espagne, et rencontre le roi Henri de Navarre, à Paris en 1562.

Ce n'est que quelques années plus tard, en 1576, en raison de son affinité avec le roi de Navarre (car don Vicente de Villamor aimait les femmes à l'excès et se maria cinq fois dans sa vie après veuvages successifs), que le roi Felipe II l'envoie à Nérac avec la mission de connaître les rapports du roi de Navarre avec les princes protestants de l'Europe en raison de l'intérêt du roi d'Espagne pour ses possessions dans les états de Flandre ; Don Vicente de Villamor et le reste de la légation espagnole sont chargés de faire croire aux Navarrais que le roi d'Espagne avait quelque intention d'intercéder auprès du Saint-Siège afin d'atténuer les mesures d'excommunication qui planaient sur le roi de Navarre, afin de limiter l'influence grandissante des Guise et de leurs ambitions sur la Couronne de France.

Bien qu'amateur de femmes et de tempérament ardent, le seigneur de Villamor, entraîné par Henri de Navarre dans une initiation aux plaisirs cachés de Nérac, est horrifié de constater que le roi Henri aime à entretenir un harem d'exotiques beautés venant d'Afrique dans les appartements secrets du château de Nérac dont la fonction essentielle était d'assouvir les extravagances du monarque, qui feraient pâlir les esprits les plus allumés de nos jours.

Les rapports qu'il dresse au sujet de la vie secrète d'Henri de Bourbon dans sa cour navarraise et des orgies purement *luciférines* entouré d'un aréopage de muses africaines ont contribué sans doute à augmenter la légende noire qui poursuivit de son vivant ce roi assassiné par un fervent catholique dans la rue. »

Ainsi est-il avéré que, deux siècles avant son descendant Louis XV, Henri de Navarre, le Bourbon amoureux, a constitué son propre « parc aux cerfs », démontrant que pour lui la beauté est sans frontières et que son désir ne se limite pas aux brunes à la peau claire ni aux blondes au teint de lait. Ce témoignage confirme qu'à l'époque déjà, la réputation sulfureuse d'Henri IV avait franchi les Pyrénées et que les vérités ou rumeurs incessamment répétées autour de sa vie licencieuse n'ont peut-être pas été étrangères à la fatale détermination d'un certain rouquin au pourpoint vert venu d'Angoulême…

5

L'APPRENTISSAGE
DU COMMANDEMENT

« Son enfance fut exposée à tous les
périls, son éducation toute guerrière le
familiarise avec les fatigues et le mépris
de la mort. »

Diderot, *Encyclopédie*

À Pau, le 1ᵉʳ février 1567, la petite cour de
Navarre, sur ordre de la souveraine, se presse
devant le château, malgré le froid vif d'un hiver
que peine à réchauffer le ciel d'un bleu intense
porteur de promesses printanières. En fin de
matinée, Jeanne d'Albret, toute de noir vêtue
selon son habitude, suivie à bonne distance de
ses dames et de ses pasteurs réformés, avec
lesquels elle s'entretient plusieurs fois par jour,
prend à son tour sa place au cœur de ce qu'on
appelle « la Nouvelle Genève ». Tout autour, des
gens d'armes sont prêts à rendre les honneurs à
celui qu'on attend avec impatience, depuis tant
d'années qu'on ne l'a pas vu « au pays ». Escorté
de quatre de ses gentilshommes, le cavalier
attendu franchit enfin le pont-levis et pénètre
dans la cour. Prestement, il met pied à terre pour
s'agenouiller devant celle qui est tout à la fois sa
mère et sa reine, dont il baise galamment la main.
Fascinés, tous contemplent les traits de leur
prince chéri, leur futur souverain, tel qu'il leur

apparaît en cette année de ses quatorze ans, majeur depuis deux ans selon les critères de l'époque.

S'il n'est pas très grand et reste encore mince dans son pourpoint serré, il a la taille bien prise et semble vigoureux, habitué qu'il est, depuis l'enfance, aux exercices du corps. Sa mine déterminée achève de rassurer ses sujets : il sera bon chef de guerre. Sans être à proprement parler beau garçon, avec son long visage anguleux que borne une courte barbe naissante et son long nez aquilin – celui de François Ier, dit-on –, il n'en possède pas moins un air de faune et une certaine séduction grâce à ses cheveux blonds tirant sur le roux, coupés court sur le front et frisés sur le haut, comme le veut la mode. Son regard est malicieux et son sourire irrésistible. Les dames sont déjà prêtes à le débarrasser de sa virginité, encouragées par le regard non équivoque qu'il leur lance en lorgnant sur leurs appas, même si, dans cette cour à la sévérité calviniste, ceux-ci ne sont guère exposés. C'est donc un a priori favorable qui accompagne toute sa personne, au moment où, offrant son poing à la main de la reine, Henri pénètre dans le château. Dans la salle des cent couverts va être servi un grand banquet. Il y fait copieusement honneur, et à son issue chacun rendra hommage à celui dont on attend beaucoup. Ainsi ses anciens compagnons de jeu de Coarraze, venus lui apporter un panier de fromages, qu'il accueille le plus débonnairement du monde en les embrassant et en continuant de les tutoyer. Un magistrat bordelais déclare : « Nous avons ici le prince de Béarn. Il faut avouer que c'est une jolie créature. Il est agréable, il est civil, il est obligeant. Il entre dans la conversation comme un fort honnête homme. Il parle toujours à propos et quand il arrive qu'on parle de la Cour, on remarque bien qu'il est fort instruit… »

Mais si Jeanne d'Albret a rappelé son fils auprès d'elle, ce n'est pas pour laisser libre cours à des effusions, dont cette mère rigide est incapable. C'est naturellement parce qu'elle a besoin de lui, à l'heure où protestants et catholiques se préparent, à nouveau, à en découdre. Car, pendant qu'il se trouvait à la cour de France, elle a imposé le protestantisme dans ses états, malgré les préventions de ses sujets, utilisant la force, mais aussi des méthodes de propagande très modernes. Elle a ainsi fait traduire la Bible en gascon, afin de la rendre accessible à tous. Aidée dans cette tâche par deux émissaires de Calvin, les pasteurs Merlin et Viret, elle radicalise ensuite ses positions en interdisant le catholicisme et réprime rudement les révoltes que cette injonction suscite, sans pouvoir éradiquer toutes les contestations. Elle parvient néanmoins à déjouer la plus importante d'entre elles, la conspiration d'Oloron, qui prévoyait l'enlèvement de la reine et le massacre des pasteurs.

Henri a mission, aujourd'hui, de mater les rébellions suscitées en Navarre par la politique religieuse de sa mère et encouragées en sous-main par l'Espagne, qui en confie le commandement au comte de Luxe afin de déstabiliser la maison d'Albret. Dans cette mission de confiance, autant diplomatique que militaire, l'héritier du trône ne tarde pas à faire preuve, certes de fermeté, mais aussi de qualités de conciliateur. Sachant écouter les revendications de ses futurs sujets, il leur montre qu'il les comprend et les invite à reconsidérer leur position qui, trop française ou trop espagnole, leur fait courir le risque d'être absorbés par l'un ou l'autre royaume et de perdre ainsi leur autonomie et leurs « fors », ces droits et coutumes auxquels ils sont tant attachés. Ce premier geste du futur Henri IV, tout à la fois expédition militaire et campagne politique, marie déjà les deux vertus sur lesquelles il entend s'appuyer pour un jour gouverner, non pas seulement la Navarre française, mais la France entière : autorité et tolérance. Prenant acte des initiatives de son fils, Jeanne d'Albret s'en vient à Saint-Palais pour présider la séance des états de Navarre et y annonce qu'elle pardonne aux insurgés, à l'exception de trois meneurs qui sont pendus. La nouvelle de cette clémence conforte la réputation d'Henri, de même que l'épisode de Lectoure. Dans cette ville où il devait se rendre mais où il arriva en avance, personne n'était là pour le recevoir. À défaut, il embaucha une troupe de mendiants pour composer son service d'honneur, lançant aux consuls, enfin venus à sa rencontre : « Qu'auriez-vous dépensé pour m'accueillir ? Au moins six cents livres. Eh bien, donnez cette somme à ces bonnes gens, demain vous serez mes convives. »

Ceci n'est cependant qu'un amuse-gueule, puisque, durant l'hiver 1568, l'ensemble des troupes protestantes, commandées par Coligny et Condé, se reforme à Niort. L'heure d'agir vient de sonner. Henri, qui a pris quelques vacances à Nérac et refusé de suivre à Paris l'émissaire de Catherine de Médicis, les rejoint à La Rochelle, qui fait fonction de « nouvelle Amsterdam ». Tandis que sa mère rédige ses « mémoires », qui sont en réalité une déclaration politique à l'usage des réformés de France, il fait son apprentissage militaire, recevant le baptême du feu avec un courage qui n'échappe à personne. Pas même à Agrippa d'Aubigné qui vantera sans réserve sa bravoure. Hélas, au mois de mars 1569, tous trois essuient une défaite à Jarnac : Condé, tombé dans la mêlée, est tué à bout portant par Montesquiou. Peu après cette mémorable bataille, Coligny fait sonner la retraite et envoie Montgomery, l'homme que hait Catherine de Médicis pour avoir tué Henri II en tournoi, lever de nouvelles troupes dans les pays protestants, afin de poursuivre la lutte le moment venu.

Son oncle Condé disparu, Henri devient alors, à quinze ans, le chef de l'armée protestante : une prouesse, même si la vie est plus courte à cette époque qu'à la nôtre et la majorité plus précoce. À Marignan, son grand-oncle François Ier n'était guère vieux, mais il avait tout de même vingt ans. Avec cinq ans de moins, le prince de Béarn bat tous les records et pourrait s'écrier, quelque soixante-dix ans avant le Cid de Corneille :

« Je suis jeune, il est vrai ; mais aux âmes bien nées,

La valeur n'attend point le nombre des années. »

À ceux que son âge pourrait tromper, il montre rapidement, avec l'appui de l'expérimenté Coligny, que son sens de la stratégie est aussi aigu que la discipline qu'il fait régner parmi la troupe, durant toute cette période qu'on a appelée « la longue marche ». Les soldats disent de lui : « Il nous commandait avec une gentillesse, un charme, une grâce qui donnaient envie de lui obéir. » Ils apprennent aussi que, s'il excelle à leur taper sur l'épaule, à rire ou trinquer avec eux, ils n'ont qu'un seul chef, lui-même. « À bon entendeur salut », l'armée protestante a un maître et on lui obéit, tandis qu'en face on commence à le redouter. À compter de ce jour, le conflit dégénère en guérilla d'escarmouches. Les batailles de La Roche-l'Abeille, de Moncontour ou d'Arnay-le-Duc en constituent les points d'orgue. Henri passe désormais ses journées à cheval et ses nuits au bivouac, de la Saintonge au Languedoc ou de la Guyenne à l'Auvergne, vivant avec la troupe, dont il partage dans la bonne humeur l'ordinaire et l'inconfort, tout en apprenant à mieux connaître ces peuples qui, un jour, seront ses sujets. Cette vie d'aventures dure toute l'année 1570, au cours de laquelle les reîtres protestants ravagent les campagnes catholiques, imités par les mercenaires catholiques sur les terres protestantes. Henri a beau demander que l'on respecte les paysans, il n'est guère entendu. Tous ses contemporains ont cependant souligné son intérêt pour « le pauvre peuple », victime traditionnelle des guerres, civiles plus particulièrement.

Les troupes protestantes finissant par avoir l'avantage, la régente Catherine est contrainte de reculer et signe la paix de Saint-Germain-en-Laye, le 8 août 1570 : les réformés obtiennent, outre la liberté de conscience, la jouissance de quatre villes stratégiques, La Charité, Cognac, Montauban et La Rochelle. C'est dans cette dernière qu'Henri, à l'automne 1570, l'année de ses dix-sept ans, prend ses quartiers avec sa mère et les principaux chefs du parti protestant. Est-ce la paix retrouvée ? Sans doute. Du moins le croit-on ou feint-on de le croire, ce qui permet au prince de Béarn de prendre enfin un peu de repos qu'il utilise en chassant, avec sa chienne Pistolle, la préférée de sa meute, tandis que Jeanne d'Albret met en place un collège appelé à devenir l'Université française du calvinisme. L'éducation de son fils n'étant pas officiellement achevée, elle lui donne comme précepteur l'humaniste Florent Chrestien qui, plus tard, entrera dans l'histoire comme antagoniste de Ronsard et auteur de *La Satire Ménippée*. Chacun veut croire en l'avenir, même si la reine de Navarre est formelle lorsqu'elle écrit à Catherine de Médicis : « Nous mourrons tous plutôt que de quitter Dieu et notre religion, laquelle nous ne pouvons tenir sans exercice, non plus qu'un corps ne saurait vivre sans boire et manger. »

Cette paix, au reste, a un gage, le mariage d'Henri avec Marguerite de Valois, tel que le

93

défunt roi Henri II l'avait souhaité pour servir sa politique, quinze ans plus tôt. Sa veuve Catherine de Médicis y consent, « pour le repos général de tout le royaume », dans l'espoir que la petite Catherine de Bourbon soit, à son tour, donnée au duc d'Anjou, le futur Henri III. Car cette union caressée n'a pas seulement pour but de renforcer les liens unissant la maison de Valois et la maison d'Albret, la dynastie de France et celle de Navarre, mais bien la réconciliation de tout un peuple qui se fait la guerre depuis trop longtemps. Il est évident que si l'héritier de la couronne de Navarre avait épousé une princesse protestante – la reine Élisabeth d'Angleterre, un temps envisagée, bien qu'elle ait vingt ans de plus que lui –, la guerre aurait été inévitable. Il convient donc de tout mettre en œuvre dans le sens de la sagesse et de la paix des peuples. Signe de bonne volonté, Catherine de Médicis rend à Jeanne d'Albret la ville de Lectoure et fait démolir, à Paris, la croix qui avait été érigée à l'emplacement de la maison d'un marchand protestant, rasée après sa condamnation à mort.

C'est à Pau, lieu symbolique s'il en est, que Jeanne d'Albret fait part à ses sujets de l'acceptation du mariage de son fils avec la princesse royale de France, après avoir effectué avec lui une tournée en Guyenne, à l'automne 1571. Pour mieux sceller cette réconciliation avec la régente, la reine de Navarre rejoint la Cour au mois de janvier suivant, accompagnée des plus grands noms de la noblesse de Béarn : Biron et La Force. Elle rencontre Catherine de Médicis à

Chenonceau, ce bijou architectural que la Florentine a ravi naguère à Diane de Poitiers. De là, les deux femmes gagnent Blois, puis Tours et enfin Paris, où commencent les épineuses négociations concernant les détails de ce mariage souhaité ardemment par l'une et l'autre, mais de façon différente, voire divergente : Marguerite se convertira-t-elle au protestantisme ? Henri devra-t-il ou non entrer dans l'Église ? Qui célébrera l'union ? Dans quel culte seront élevés leurs enfants ? Rivalisant de ruse et d'hypocrisie, tout en se targuant de leurs bonnes intentions, ces deux femmes d'État ne se font guère d'illusions. Le contrat est enfin signé le 11 avril 1572, après que la Sorbonne eut levé les dernières difficultés liées au cousinage des promis.

Jeanne d'Albret attend désormais son fils qui doit la rejoindre. Mais celui-ci souffre d'une indisposition qui l'oblige à demeurer alité à Nérac. Une fois guéri, il doit attendre la fin des crues de printemps qui rendent les routes impraticables et, rapporte la tradition, il se console de ce repos forcé dans les bras de la fille du jardinier du château, nommée Fleurette. À l'heure où il se met enfin en route, la reine de Navarre n'est plus qu'une ombre fantomatique, minée par la tuberculose qui, depuis quelques années, l'a terriblement affaiblie et que seules semblent soulager les eaux des Pyrénées, épuisée de surcroît par ses incessants voyages, ses longues veilles, les interminables conférences qu'elle tint pratiquement jusqu'à son dernier jour, et enfin par les préparatifs du mariage qu'elle a supervisés jusqu'au bout. Le 9 juin, après quatre jours d'agonie, une pleurésie met fin à l'existence de cette femme dure mais à bien des égards remarquable, injustement baptisée « gant empoisonné » par Alexandre Dumas dans *La Reine Margot.* Elle rend son dernier soupir en terre ennemie, loin de son cher royaume de Navarre, en l'hôtel de Condé, à l'emplacement de l'actuelle rue Jean-Jacques-Rousseau dans le Ier arrondissement, à proximité de la demeure de Catherine de Médicis, domiciliée, elle, à l'hôtel de Soissons, à l'emplacement des actuelles Halles. La souveraine de Béarn, qu'Agrippa d'Aubigné a dépeinte comme « n'ayant de femme que le sexe, l'âme entière aux choses viriles, l'esprit puissant aux grandes affaires et le cœur invincible aux grandes adversités », n'avait que quarante-trois ans et, selon la religion à laquelle appartiennent les Français, on pleure ou on se réjouit de sa disparition.

C'est à Chaunay, en Poitou, où il fait étape, qu'Henri apprend la mort de sa mère. À dix-neuf ans à peine, il devient le roi Henri III de Navarre, prince souverain de Béarn, coprince d'Andorre, duc d'Albret, duc de Vendôme, duc de Beaumont, comte de Soissons, comte de Foix, de Bigorre, d'Aure, de Périgord, de Limoges, de Gaure, de Bazas, de Marsan, de Tursan, de Gabardan, de Rodez, du Rouergue et de Marle. En bref, vassal du roi de France pour cette mosaïque d'états, à l'exception du Béarn, pour lequel il n'a d'hommage à rendre qu'à Dieu, puisque sa Navarre, placée sous l'autorité du roi d'Espagne, n'est qu'un bien virtuel, un mirage, un paradigme. Fort de cette qualité et en grand habit de deuil – mais sans avoir assisté aux funérailles de Jeanne d'Albret célébrées à Vendôme –, il parvient en Île-de-France avec les quelque neuf cents gentilshommes de sa suite. Accueilli le 8 juillet à Palaiseau par ses cousins Bourbon et Condé, puis à Paris intra muros par le corps de ville, qui le reçoit à l'entrée du faubourg Saint-Jacques, il est conscient qu'une page vient de se tourner et qu'un nouvel acte de sa destinée est en train de s'écrire, pour l'heure celui de son mariage. N'est-ce pas, en substance, ce que sa mère lui a écrit avant de s'éteindre : « Je vous prie de regarder à trois choses, d'accommoder votre grâce, de parler hardiment, et même en lieux où vous serez appelé à part. Car notez que vous imprimerez à votre arrivée l'opinion que l'on aura de vous ci-après. Et accoutumez vos cheveux à se relever. »

Pendant la bataille de Lépante, Cervantès est trois fois blessé. Sa main deux ans durant continuera de saigner...

Un physique agréable n'exclut pas un caractère direct, voire brutal. C'est le cas de Miguel de Cervantès, qui n'a rien d'un courtisan. C'est un bel homme aux cheveux châtains, au front haut, aux « yeux joyeux », au nez aquilin, à la bouche finement dessinée, à la barbe dorée, aux muscles souples et au corps délié. Il a tout pour plaire mais rêve d'en découdre. Or, une rumeur stupéfie le monde : on dit que Philippe II, Venise et le pape, effrayés par l'expansionnisme de l'Empire turc, ont décidé de réagir par voie de mer. Miguel s'engage dans l'aventure de cette vaste contre-offensive ; il ira combattre les infidèles.

Déjà, en revêtant son uniforme d'arquebusier, il comprend qu'il a trouvé sa tenue de héros : fraise, justaucorps de peau, chemise rouge à manches gigot, rubans jaunes et rouges sur la culotte fendue, haut-de-chausses rouge, souliers à boucles, casque d'acier et longue épée au côté. Ce dandysme guerrier, ce faste des couleurs font appeler les arquebusiers des « papagayos » – des perroquets. Mais quand, le 14 août 1571 lors du *Te deum*, Cervantès aperçoit le chef de l'armée don Juan d'Autriche, fils de Charles Quint, beau héros blond vêtu de brocard écarlate, il se rend compte qu'en matière d'élégance il vient d'être largement dépassé.

Le 16 septembre, la flotte chrétienne quitte Messine et appareille. Le spectacle est grandiose : des galères qui avancent au rythme des avirons géants frappant la surface des flots, des patrouilleurs par centaines, des escorteurs, des galiotes de combat. Debout à la proue du *Real*, le vaisseau amiral, on voit de loin comme une apparition : c'est, irradié par les rayons du soleil, don Juan d'Autriche, ce chef charismatique qui, dans son armure incrustée d'or, domine et dirige une flotte de 308 bateaux armés de 1 800 canons et transportant 28 000 soldats. Miguel de Cervantès, du haut de son bâtiment d'assaut *La Marquesa,* remarque avec amusement la présence papale au beau milieu de cet arsenal de guerre. En effet, sur le pont d'un brigantin, le nonce romain ne cesse de distribuer des signes de croix destinés à protéger les marins de la flotte qui défile devant lui tandis qu'on entend, ça et là, s'élever de certains navires les implorations des franciscains, les murmures des capucins et les prières des jésuites.

À Corfou où la flotte fait escale, Cervantès y attrape la malaria. Il tient à peine sur ses jambes mais quand on tente de le décourager de combattre et que certains veulent même l'empêcher de s'embarquer à nouveau, le fier Espagnol se rebelle et s'indigne : « Quoi ? Que va-t-on dire de moi ? On dira que je n'ai pas fait mon devoir ! Je préfère mourir en combattant pour Dieu et mon roi que de me soucier de ma santé. »

Quand commence la bataille de Lépante, Miguel de Cervantès devient deux hommes à la fois : le combattant éveillé attentif à tous les périls, depuis les déversements de chaux vive jusqu'aux jets de flèches empoisonnées, mais aussi l'écrivain en alerte à qui rien ne doit échapper parce que sa vocation comme son devoir sont de restituer les images fortes de ce théâtre du danger, captées au milieu du battement des tambours, du chant clair des trompettes et du tonnerre de l'artillerie. Miguel de Cervantès est un parfait « reporter » de guerre et le meilleur des envoyés spéciaux. Soudain, entre les nappes de feu et les hurlements de douleur, une scène insoutenable lui apparaît : c'est une galère qui commence à couler. Il voit se peindre l'effroi sur le visage des rameurs, ferrés à leur banc. Il entend la clameur de leur épouvante. Rapidité et cruauté inouïes caractérisent cette terrible bataille, où les soldats d'Allah, enfiévrés par le haschich, écorchent leurs victimes avec un acharnement morbide. Cela n'a même pas duré dix minutes, mais soixante-quinze des cent hommes qui se trouvaient sur la proue du *Real* ont péri. L'extrême tension de l'observation ne suffit pas à vous rendre invincible. Cervantès est trois fois blessé : deux plaies à la poitrine provoquées par des tirs d'arquebuse et la main gauche éclatée par une balle. Même s'il est élevé, après le victorieux combat, au statut de soldat privilégié, la main de l'écrivain, deux ans durant, continuera de saigner...

C'est alors que les musulmans apprennent la mort d'Ali Pasha. L'effet de cette nouvelle dévastatrice et le soudain regain du courage des soldats chrétiens se conjuguent pour abattre définitivement les derniers bastions turcs. Cette fois, c'est fait ; les musulmans s'effondrent et les chrétiens se livrent au pillage des galères ennemies. Quand, le soir, quittant une mer striée de fleuves de sang, la flotte chrétienne regagne la terre, elle laisse derrière elle une armada de navires en feu. Cervantès n'oubliera jamais. Et il écrira : « En ce jour, toutes les nations du monde furent désabusées de l'erreur qui leur faisait croire les Turcs invincibles sur mer. »

Né avec le Siècle d'or, Cervantès a consacré les dernières années de sa vie à l'écriture après avoir combattu au nom du catholicisme et avoir servi en tant que commissionnaire. Avant la bataille de Lépante, il fréquenta l'université et accompagna à Rome le cardinal Acquaviva, légat du pape. Après la bataille de Lépante, il fut fait prisonnier et passa cinq ans au bagne d'Alger. De retour en Espagne, il se maria et trouva un emploi de fonctionnaire. Il se lança ensuite dans différents trafics qui le conduisirent en prison. Il commença sa carrière littéraire en 1558 avec un roman pastoral dans le goût du temps. S'il n'a pas été totalement reconnu par ses contemporains, il est parmi les auteurs de l'époque qui ont créé le roman moderne et donné naissance au héros problématique. Son Don Quichotte de la Mancha a ouvert les voies de la thématique de l'absurde et reste un modèle de littérature burlesque. Cervantès, qui sous Charles IX fut surnommé « le Manchot de Lépante », eut ce mot : « J'ai perdu la main gauche pour la gloire de la droite. »

D'heureux hasards donnent à penser qu'il existe une certaine symétrie dans les destins des génies. Ainsi William Shakespeare et Miguel de Cervantès seraient décédés à la même date : le 23 avril 1616. Mais il y a tout de même entre ces deux morts fameuses un léger décalage horaire, comme le rappelle Henri Pigaillem dans son *Petit Dictionnaire de la mort* : « Ne croyons pas pour autant qu'ils sont morts le même jour ! L'Angleterre, résistant aux innovations du continent, vivait encore avec le calendrier julien, tandis que l'Espagne avait de longue date adopté le grégorien. De sorte que Cervantès a devancé Shakespeare de onze jours au paradis. »

6

LES NOCES DE SANG

> « La fortune, qui ne laisse jamais une
> félicité entière aux humains, changea
> bientôt cet heureux état de triomphe et
> de noces en un tout contraire. »
>
> Marguerite de Valois

En l'hôtel de Soissons, en ce mois de juillet 1572
où la chaleur estivale épuise les cœurs et énerve
les esprits, une très jeune et très jolie jeune fille,
dans sa chambre de l'étage noble, lit et relit avec
plaisir une lettre d'amour que son galant lui a
adressée le matin même. Couchée sur son lit, elle
soupire en pensant à ce beau jeune homme si
bien fait qui, depuis le mois de juin, ne cesse de
lui faire des propositions entre deux portes, de lui
envoyer des œillades pendant les contredanses
et de lui mander d'innombrables billets dans
lesquels il ne peut dissimuler sa flamme. « S'il y
en eut jamais une au monde parfaite en beauté,
c'est elle », a écrit Brantôme dont le jugement sur
les femmes est entièrement digne de confiance.
« Toutes celles qui sont, qui seront et jamais ont
été, près de la sienne sont laides et ne sont point
beautés. On la prendra toujours pour une déesse
du ciel plus que pour une princesse de la terre.
Beaux accoutrements et belles parures n'osèrent
jamais entreprendre de couvrir sa belle gorge ni
son beau sein, craignant de faire tort à la vue du

monde qui se passait sur un si bel objet. Car jamais n'en fut vue une si belle ni si blanche, si pleine si charnue, qu'elle montrait si plein et si découverte que la plupart des courtisans en mouraient, voire des dames que j'ai vues, de ses plus privées, avec licence la baiser par un grand ravissement. »

Don Juan d'Autriche ne l'a-t-elle pas déclarée plus désirable qu'un royaume ? Paris s'est enamouré de cette déesse, tout autant que, là-bas en Guyenne, un obscur gentilhomme, Michel de Montaigne, qui lui dédiera plus tard un des plus importants chapitres de ses *Essais*. Il est vrai que cette brune opulente, au teint pâle et aux yeux en amande, à la bouche vermeille et à la gorge généreuse, ne laisse personne indifférent, qu'elle soit dans son lit en chemise légère, laissant entrevoir, à travers ses draps de mousseline noire, sa peau satinée, ou en robe de cour brodée d'innombrables pierreries, les soirs de bals ou de réception. Qu'elle danse, qu'elle marche ou qu'elle caracole à cheval avec une aisance de grande cavalière, elle arrache sur son passage des soupirs à tous les jeunes hommes, et même aux moins jeunes, toujours princesse dans ses gestes les plus simples, mais en même temps femme, terriblement femme. Tous ses contemporains ont souligné son charme exceptionnel, l'extrême gentillesse qu'elle prodigue aux plus humbles, son sens artistique plaisant aux poètes et aux musiciens, et un humour ravageur qui dénote autant une réelle intelligence qu'un entraînant amour de la vie. Comme l'a noté Brantôme, encore et toujours hypnotisé : « Il faut dire quelque chose de sa belle âme qui est si bien logée en si beau corps. Or, si elle a porté belle dès sa naissance, elle a su bien garder et entretenir, car elle se plaît fort aux lettres et à la lecture, et ayant été jeune, et en son âge parfait. Aussi peut-on dire d'elle que c'est la princesse, voire la dame qui soit au monde la plus éloquente et la mieux disante, qui a le plus bel air de parler et le plus agréable qu'on saurait voir. » Ronsard lui-même ne l'a-t-il pas baptisée « la perle de France » ?

Reine de la mode et des modes, épistolière hors pair, excellente joueuse de luth, elle a dans ses veines tout à la fois le sang des Valois et celui des Médicis, qui fascinera tant les Français, Alexandre Dumas en tête. Est-elle encore vierge en cette aube de sa dix-huitième année ? Il est bien difficile de l'affirmer, la rumeur lui prêtant déjà autant d'amants qu'elle compte d'années. En fait, il en va toujours ainsi en France, pays où lorsqu'une femme est attirante, l'opinion publique masculine en fait aussitôt une putain, faute de ne pouvoir lui faire l'amour, comme ce sera le cas plus tard de Marie-Antoinette ou de Joséphine de Beauharnais. Sans être certes un modèle de vertu, celle que l'histoire va retenir sous le nom de Margot ne fut probablement pas la nymphomane si souvent décrite – dénombrant à douze ans déjà ses amants par dizaines, parmi lesquels son propre frère Alençon ! – mais une femme délicieusement légère dont le cœur battit la chamade à plusieurs reprises. Qui oserait la juger, à l'exception des hommes d'Église qui reçurent les confessions de cette ardente catholique ? Quoi qu'il en soit, elle parviendra à apprivoiser son mari, dont elle saura se faire un ami, et c'est incontestablement elle qui le dégrossira de son apparence un peu rustique pour l'initier à la vie de cour.

Au moment donc où Marguerite de Valois, l'une des deux filles du défunt roi Henri II et de Catherine de Médicis, relit pour la centième fois le petit mot du beau blond qui l'a séduite, Henri de Guise, sa mère et son frère, le roi Charles IX, forcent la porte de sa chambre et se ruent sur elle pour la frapper sans ménagement. Ils ajoutent aux coups les menaces et les insultes, de celles qu'on croirait cantonnées aux Halles toutes proches et dont on s'étonne toujours que l'illustre descendante de la prestigieuse dynastie des Médicis, qui a donné tant de papes et de protecteurs des arts, en maîtrise aussi bien le sens : « Drouine ! Sac de nuit ! Blanchisseuse de tuyaux de pipe ! » Lorsque, au bout de quelques minutes, l'orage se calme, la princesse Marguerite, hoquetant et pleurant, apprend que sa liaison avec le duc de Guise vient d'être découverte par les espions de sa mère et de son frère, et qu'il lui faut y mettre fin à l'heure où son mariage avec le roi de Navarre va être célébré, symbole visible de la pacification du royaume. Comme toutes les filles de France, nées de parents royaux ou paysans, elle doit se soumettre et promettre de ne plus revoir son galant. Sa famille, du reste, s'empressera de le marier à Catherine de Clèves, veuve du prince de Porsian, dont la sœur, Marie, devient à peu près au même moment l'épouse d'Henri de Condé, le 10 août, quelques jours à peine avant le mariage de Marguerite avec le roi de Navarre.

Pourtant, ce morceau de roi ne plaît pas à Navarre, à qui il est destiné. Henri n'est en rien amoureux de sa cousine, mais a pleinement conscience de l'intérêt stratégique de cette union. Il a ainsi coutume de dire, devant les réticences du souverain pontife hésitant à accorder sa dispense : « Si Monsieur le pape fait trop la bête, je prendrai moi-même Margot par la main et la mènerai épouser en plein prêche. » Il ajoute, lucide : « La Cour a son chancelier, son secrétaire, son trésorier, son fol et moi je serai le cocu. » Intuition partagée du reste, puisque Marguerite a pris son futur en horreur et ne cesse de pleurer du soir au matin. Raison de plus pour presser la cérémonie, juge Catherine de Médicis, qui sent mieux que quiconque la singulière ambiance de cet été si particulier, où l'imposante suite du roi de Navarre, errant en bandes dans les couloirs du Louvre ou les ruelles de Paris, semble toujours sur le qui-vive, rendant tangible la tension entre catholiques et protestants, entre Béarnais et Français.

Chacun ne porte-t-il pas, instinctivement, la main au pommeau de son épée lorsque les regards se font plus menaçants ? Charles IX n'est pas le seul à vouloir en découdre avec sa sœur. L'agressivité suinte des murs et le feu couve sous la cendre. Il suffirait d'une étincelle pour embraser la ville, officiellement en fête pourtant, en raison du futur mariage. Et l'Espagne n'a pas son pareil pour jeter de l'huile sur le feu, sa victoire récente à Lépante face aux Turcs prouvant d'évidence que Dieu se déclare en faveur du catholicisme ! Pressons, pressons donc, se disent Catherine de Médicis et Charles IX en une fuite en avant dont ils sont coutumiers, persuadés que plus vite le mariage sera célébré, plus tôt seront réglés les problèmes.

Ainsi, le dimanche 17 août, les fiançailles sont-elles célébrées au Louvre, sous la forme d'une bénédiction donnée par le cardinal de Bourbon, suivie d'un grand banquet et d'un bal, qui dure jusqu'au petit matin. Après quoi Marguerite, pour ne pas résider sous le même toit que son futur époux, prend ses quartiers chez l'archevêque de Paris, à côté de Notre-Dame. Elle y réside jusqu'au lendemain, jour de son mariage. Le 18, Paris se presse pour voir passer le grand cortège royal : c'est le spectacle de la saison, d'autant que, les futurs époux étant de religion différente, la cérémonie ne va pas être célébrée à l'intérieur du sanctuaire, mais à l'extérieur, où une vaste estrade a été dressée, tendue de riches tapisseries. La foule retient son souffle lorsque celle qui, pour le peuple, va devenir « la reine Margot » sort de l'archevêché, couronnée. Sa robe à vertugadin est constellée de pierreries et un long manteau bleu étoilé, que portent ses dames d'honneur, lui sert de traîne. Le cardinal de Bourbon, encore lui, reçoit le consentement des époux, puis le frère de Marguerite, le duc d'Anjou, futur Henri III, accompagne sa sœur à l'autel pour une messe à laquelle son mari n'assiste pas. Il attend la fin de la céré-monie – quatre heures durant – à l'évêché, avec sa suite de gentilshommes protestants.

Enfin, la mariée sort de la cathédrale, toujours au bras de son frère. Celui-ci la remet officielle-ment à son cousin et mari qui lui donne alors son premier baiser, au grand contentement du bon peuple applaudissant à tout rompre. Il ne reste plus à la Cour qu'à se diriger vers le palais de la Cité, où un grand banquet est offert, suivi d'un bal. À minuit, comme d'usage, laissant les invités continuer à danser, Henri et Marguerite se reti-rent discrètement et gagnent la chambre qui leur a été préparée au-dessus, dans laquelle ils consom-ment leur union par la chair. Comment cette nuit se déroula-t-elle ? On l'ignore, aucun des deux n'ayant laissé de confidences. Pas même Margue-rite qui, pourtant, écrira par la suite de spirituels *Mémoires*. C'est un fait, ils ne s'aimèrent jamais, mais l'un comme l'autre aimaient l'amour, et tout au moins le plaisir. Sans nul doute le mariage fut à plusieurs reprises consommé avec une aisance et un naturel qui, probablement, surprirent ces jeunes gens de dix-huit ans, en dépit du prétendu manque d'hygiène par lequel Marguerite allait expliquer pourquoi elle fut rebutée par « le bouc puant » qu'on lui avait donné pour époux.

Selon l'usage encore, on ne les réveille que fort tard, le lendemain, pour les conduire au Louvre où les attendent d'autres banquets, d'autres bals et même d'autres tournois, malgré le précédent fâcheux qui causa, quelques années plus tôt, la mort du roi Henri II, à l'occasion justement du mariage de son autre fille, la duchesse de Lorraine. Tout au long des festivités, ils ne manquent ni les concerts, ni les saynètes constituant à cette époque l'embryon du théâtre classique ou baroque, ni même les inévitables courses de bagues où les rois Charles et Henri font très virilement montre de leur adresse. La princesse de France est devenue la reine de Navarre, au grand soulagement des observateurs les plus avertis, persuadés à la fin des réjouissances d'avoir évité le pire. Hélas, à peine les fêtes s'achèvent-elles que l'horreur prend le relais, avec le déroulement d'un drame terrifiant, que nul n'aurait pu prédire, transformant, pour reprendre l'expression de Lorca, cette union princière en « noces de sang ».

Le vendredi 22 août 1572 au matin, en effet, alors que nombre de gentilshommes huguenots quittent Paris ou se préparent à le quitter pour rentrer chez eux, l'amiral de Coligny, sortant du Conseil, est renversé par un coup de feu, tiré par une arquebuse depuis la maison d'une créature des Guise, Charles de Maurevert, qui aussitôt s'enfuit. Certes, le mentor du roi de Navarre n'est que blessé au bras et à la main. Le geste paraît celui d'un fanatique isolé, seulement désireux de souiller cette semaine de liesse. Charles IX, du reste, apprenant la nouvelle alors qu'il joue à la paume, ne paraît-il pas très étonné et ne jette-t-il pas sa raquette de rage ? Et n'ordonne-t-il pas de fermer immédiatement les portes de Paris, pour empêcher le coupable de s'enfuir ? Ne rend-il pas visite à Coligny auquel il souhaite un prompt rétablissement ? Pourtant, les protestants ne l'entendent pas de cette oreille. Se sentant en danger, ils se réunissent le soir même de l'attentat pour savoir quel parti prendre : rester à Paris ou quitter une ville lourde de menaces pour leur sécurité.

Le roi de Navarre ayant reçu des assurances de son beau-frère, ses amis décident de demeurer sur place, sans mesurer cependant la détermination de leurs adversaires catholiques, la haine du peuple de Paris à leur endroit ni l'ambiguïté des sentiments de la reine mère et du jeune roi. Au fond d'eux-mêmes, ils craignent que s'ils ne prennent pas l'initiative d'une offensive généralisée, ce seront peut-être les huguenots qui le feront. En clair, tuer ou être tué, voilà le dilemme auquel on commence à croire. À qui imputer la responsabilité de ce qui se trame ? Au peuple de Paris d'abord, qui, spontanément, l'après-midi même du 22 août, sort les armes cachées. À Henri de Guise ensuite, véritable maître de la ville par son influence, qui rassemble ses troupes d'assassins. Au roi Charles IX également, manipulé par Gondi, son conseiller, et qui, vertement sommé de choisir entre le massacre des protestants et celui des catholiques à l'énoncé d'un prétendu « complot », cède bientôt par faiblesse autant que par manque évident de maturité. La crise de nerfs qu'il laisse éclater après avoir donné son accord le montre, qui se soldera par cette exclamation pathétique : « Tuez-les tous pour qu'il n'en reste pas un seul pour me le reprocher ! » Responsabilité à Catherine de Médicis enfin, qui aurait tout prémédité ou du moins l'assassinat de Coligny dont elle ne supporte plus l'ascendant qu'il exerce sur son

113

fils. Les historiens ne sont toujours pas d'accord sur la manière dont s'est ourdi le massacre le plus emblématique de l'histoire de France et qui n'est peut-être dû qu'à un malheureux enchaînement de circonstances dans une situation éminemment explosive. Au-delà des passions religieuses, n'y a-t-il pas dans Paris des milliers de paysans, chassés par la disette et qui, à bout de ressources, sont prêts à tout, y compris à tuer, pour grappiller de quoi vivre ?

Quoi qu'il en soit, à minuit, après que le tocsin eut sonné à Saint-Germain-l'Auxerrois, la destruction « préventive » des protestants est décidée au Louvre et, pour leur plus grand malheur, extrêmement bien organisée. Partout en effet, le 24 août 1572, des assassins masqués, connaissant parfaitement la géographie de la capitale endormie, se glissent aux points les plus stratégiques, en commençant, symboliquement, par la maison de Coligny, que, cette fois, on ne rate pas. Pendant trois jours, sont ainsi sauvagement décimés des milliers de protestants, hommes, femmes, enfants sans distinction d'âge, de rang ou de situation. Ils sont non seulement massacrés, mais torturés, horriblement mutilés, dépecés et traînés dans les rues par le peuple – on voit même des enfants tuant d'autres enfants ! – pour être enfin jetés dans la Seine qui, selon les témoins de l'époque, charrie des eaux rougies par le sang. Que dire encore du sort réservé aux dépouilles – comme si l'assassinat n'était pas suffisant ! violées, coupées en morceaux, éviscérées, émasculées, écrasées ou brûlées ? Ce déchaînement de violence inouï, dans une nation qui vient de vivre, pendant deux générations, le raffinement de la Renaissance, fait de surcroît tache d'huile, puisqu'il se répand en province où d'autres massacres sont signalés à Orléans, Lyon, Angers ou Troyes.

Violence paroxysmique de l'intolérance absolue, sur laquelle le futur Henri IV va méditer. Mais aussi, plus prosaïquement, appât du gain, règlements de comptes en tout genre, vengeances et exutoires, les motivations des assassins ne sont pas toujours religieuses ni philosophiques. Combien, en effet, profitent de cette occasion pour éliminer un rival, se venger d'un procès, dérober une bourse ou violer en toute impunité ?

Quelles qu'en soient les vraies raisons, cette effroyable tuerie surprend jusqu'au sommet de l'État, où l'on ne s'attendait pas à de tels débordements. Ainsi, le 27 août, Charles IX, effaré, ordonne-t-il de faire « cesser la sédition et dire par ses hérauts, aux carrefours de la ville de Paris, que chacun devait s'arrêter et laisser en paix toutes personnes sans plus tuer ». Il éteint l'incendie par lui-même allumé et qui le traumatisera, le hantera même jusqu'à la fin de sa courte vie. Il était temps ! Certains protestants n'allaient plus pouvoir demeurer cachés plus longtemps dans des réduits de fortune, comme le jeune Maximilien de Béthune, le futur Sully, à peine âgé de douze ans, réfugié sous les combles du Collège de Bourgogne !

Il s'en est même fallu de peu que le jeune marié, le roi de Navarre, n'y laissât la vie s'il n'avait été veillé par ses proches, comme allait le raconter la

115

reine Margot : « Le roi, mon mari, qui s'était mis au lit, me demanda que je m'en allasse coucher, ce que je fis, et trouvai son lit entouré de trente ou quarante huguenots que je ne connaissais point encore ; car il y avait fort peu de temps que j'étais mariée. Toute la nuit, ils ne firent que parler de l'accident qui était advenu à Monsieur l'amiral. » Les assassins s'en seraient-ils pris à Henri qui, effectivement, haïssait Guise ? Il est difficile de l'affirmer, mais il est certain que, selon la reine Margot, dont la loyauté envers son mari est parfaite, le lendemain, on tenta de forcer la porte de leur chambre et la jeune femme vit périr certains serviteurs de son mari à trois pas d'elle, ignorant que le roi de Navarre et Condé venaient d'être conduits chez Charles IX sous bonne garde, pour y être épargnés de justesse. Au reste, elle parvint à sauver la vie d'un certain nombre de proches de son époux, parmi lesquels son ancien gouverneur devenu le premier gentilhomme de sa chambre, Miossens. L'anecdote du roi de Navarre réfugié sous les jupes de sa femme ne semble être qu'une légende, qui permit à Brantôme de rimer ces vers gaillards :

« Fameux vertugadin d'une charmante reine,
Tu défends un honneur qui se défend sans peine
Mais la gloire est plus grande en un plus noble emploi.
Tu sauves un héros en recélant un roi. »

Mais ce n'est pas tout : au terme de ce qu'il est convenu d'appeler désormais « le massacre de la

116

Saint-Barthélemy » – « jour terrible, jour qui n'a pas existé », s'écriera Montaigne pour en conjurer l'horreur, et que Voltaire commémorera à sa manière, en restant alité à cette date ! –, Henri, de même qu'un des rares survivants de sa maison, le prince de Condé, est sommé par Charles IX d'abjurer la foi calviniste, faute de quoi il ne peut, désormais, assurer sa sécurité. À la surprise de la Cour, le roi de Navarre, « doux comme un agneau » selon la fameuse expression d'Agrippa d'Aubigné, accepte non seulement de se plier à cet ordre sans discuter, mais encore de signer l'édit rétablissant le catholicisme dans ses états béarnais et navarrais au mois d'octobre suivant. Cette « bonne volonté » lui vaut de recevoir bientôt du pape l'absolution complète de ses « erreurs » passées. Bien sûr, il ne voit là rien d'autre qu'une palinodie, un geste politique lui permettant de sauver sa peau, de donner le change et de gagner du temps. Mais ce geste montre combien ce très jeune homme sait déjà dissimuler ses sentiments et s'adapter à toutes les situations, en grand politique.

Du reste, Bernard d'Arros, son représentant dans le Sud, sait parfaitement lire entre les lignes et met la plus mauvaise volonté du monde à appliquer les ordres de son maître, sachant que « le prince était captif et qu'il n'avait serviteur autour de soi qui ne lui fût un espion ». Il est certain que, au fond de lui-même, Henri a déjà intégré l'idée que le catholicisme et le protestantisme ne sont que deux manières complémentaires de servir Dieu, l'une comme l'autre mènent au salut : « Il y a plusieurs chambres dans la maison du Père. » Reste qu'il lui faut assister au siège de La Rochelle, ville protestante entre toutes, qui résiste à l'armée royale. Cette dernière couleuvre est tout de même difficile à avaler, encore qu'il se sorte assez facilement de ce dilemme en participant plus que modérément à l'exercice, comme en témoigne un chroniqueur : « Avec son arquebuse de Milan, douce, légère et dorée d'or moulu, il s'enfuyait devant le siège, rifler et folâtrer dans sa chambre. »

Malgré son habileté politique, le coup n'en est pas moins rude. Désormais orphelin de père et de mère, marié à une femme qu'il n'aime pas, prisonnier, ou tout au moins otage d'une Cour qui se méfie de lui, éloigné de ses états et privé de ses amis les plus proches, dont la plupart ont péri dans le massacre – Goulard de Beauvoir, Lavardin, Barbier de Francourt, La Rochefoucauld –, il n'a jamais été aussi seul de sa vie, comme il le confiera plus tard, trahissant l'inévitable culpabilité qu'il ressent : « Furent massacrés ceux qui m'avaient accompagné à Paris, dont la plupart n'avaient pas bougé de leurs maisons durant les troubles. Entre autres fut tué Beauvois, qui m'avait gouverné depuis l'âge de neuf ans. Vous pouvez penser quel regret ce me fut, voyant mourir ceux qui étaient venus à ma simple parole et sans autre assurance que le roi m'avait faite, me faisant honneur de m'écrire que je le vinsse trouver et m'assurant qu'il me tiendrait comme frère. Et ce déplaisir me fut tel que j'eusse voulu les racheter de ma propre vie, puisqu'ils perdaient la leur à mon occasion.

Et même les voyant tués jusqu'au chevet de mon lit, je demeurai seul, dénué d'amis. »

Même si la personnalité du futur Henri IV n'est pas encore totalement constituée, il est incontestable que la Saint-Barthélemy va forger son âme et son esprit. De ce jour commence une longue maturation vers cette politique de tolérance qu'il mettra en œuvre seul contre tous et qui lui coûtera la vie, comme elle coûtera son trône à un de ses petits-fils à qui on ne le compare jamais. Et pourtant ! Le roi d'Angleterre Jacques II, dernier souverain de la dynastie des Stuart, monarque catholique dans un pays protestant, tentera en vain de transférer l'édit de Nantes outre-Manche. S'il ne laissera pas sa tête dans l'aventure, à l'instar de son père Charles Ier, il n'en sera pas moins forcé à un long exil qui s'achèvera à Saint-Germain-en-Laye. Les gentilshommes de sa maison y importeront une nouvelle manière d'être tolérant, ou tout au moins de pousser les autres à l'être : la franc-maçonnerie, qui va fleurir au beau temps des Lumières.

Le roi de Navarre n'écrira-t-il pas un jour : « La religion se plante au cœur des hommes par la force de la doctrine et la persuasion, et se confirme par l'exemple de vie et non par le glaive » ? Cette admirable maxime conserve, quatre siècles plus tard, une singulière actualité ! Et sans doute comprend-il, avec d'autres, certes peu nombreux, que la conséquence de cette effroyable et insensée tragédie de la Saint-Barthélemy est double. La première est positive pour la reine mère, puisque, de ce jour, le protestantisme est en régression en

France. La seconde est infiniment négative pour la Couronne, complice indigne : le pape Grégoire XIII ne craignit pas de féliciter publiquement Charles IX pour avoir ordonné le massacre !

À vingt ans, Lope de Vega s'engage dans l'Invincible Armada. Il écrira autant de livres qu'il engendrera d'enfants.

Le duel sur les mers dure depuis vingt ans entre les Anglais, qui agissent comme des pirates, et les Espagnols, qui voient leurs galions chargés d'or pris à l'abordage, au retour de l'empire des Indes. Après maintes escarmouches marines, l'affrontement atteint son sommet avec l'exploit de Francis Drake qui, dans le Pacifique en 1577, intercepte à la hauteur du détroit de Magellan l'argent du Pérou que la flotte espagnole convoyait à Panama. Élisabeth Ire approuve ce coup d'éclat digne du plus grand des forbans quand elle se rend en personne à bord du vaisseau de Drake, *La Biche d'or,* pour l'armer chevalier. Aux protestations de l'ambassadeur d'Espagne, la reine d'Angleterre rétorque : « L'usage de la mer et de l'air est commun à tous, l'Océan ne peut appartenir à aucun peuple. »

Une fois ces mots prononcés, la détermination de l'Espagne est définitive : lancer contre l'Angleterre une « Invincible Armada » pour envahir l'ennemi et maîtriser l'Atlantique. Comme le raconte Suzanne Varga dans sa remarquable biographie de Lope de Vega, « l'Espagne possédait tous les atouts de la victoire : Philippe II, venant de monter sur le trône du Portugal, disposait des deux flottes les plus puissantes du monde ainsi que d'un des plus

121

grands navigateurs de l'histoire en la personne de don Alvaro de Bazan, marquis de Santa Cruz, qui avait mené avec succès l'expédition des Açores où Lope avait connu sa première expérience militaire. Santa Cruz proposait de monter une opération punitive contre la Grande-Bretagne. Une flotte aborderait les côtes du sud et une armée serait débarquée pour s'emparer de la capitale. Cette opération qui en finirait avec la piraterie anglaise aurait aussi l'avantage de rétablir l'autorité de Philippe II sur les Pays-Bas protestants qui, révoltés contre l'Espagne depuis 1568, bénéficiaient dans leur résistance de l'appui des forces anglaises ; et elles pourraient venger, du même coup, l'indignation provoquée par l'exécution de la reine catholique Marie Stuart, survenue le 18 février 1587.

Mais l'odyssée de l'Invincible Armada commence par une terrible tempête, le plus mauvais des présages. La première victime en est le vaisseau qui transportait l'essentiel du ravitaillement : ses voiles sont déchirées, ses mâts sont brisés et sa précieuse cargaison de vivres inondée. Seul l'écrivain Lope de Vega demeure impavide dans ce piteux début d'aventure : « Lope fut ému par la beauté furieuse de cette tempête, mais pas ébranlé par les assauts et les tourments qui en résultèrent puisqu'il songea à en récupérer littéralement les manifestations et les signes : "le bruit des vagues pendant l'épouvantable tempête", écrit-il dans

La Filomena, "remplaçait pour moi le doux murmure des ruisseaux. C'était la vapeur de la foudre enflammée qui rappelait au poète l'air embaumé des fleurs ; le fracas de l'artillerie, le ramage des oiseaux". En effet, comme isolé, s'abstrayant dans l'écriture – "entre les mâts, les voiles et les cordages, j'exerçais ma plume", dit-il –, il restera fondamentalement en marge des tribulations et des quelques tragiques épisodes de cette laborieuse expédition guerrière. Car le trophée qu'il en rapportera – un poème épique aux gigantesques proportions, remanié par la suite – ne laisse assurément aucun doute sur la nature de ses principales activités. Il s'agit de *La Beauté d'Angélique*, œuvre lyrique et barbare d'inspiration orlandienne, où les douloureuses péripéties de la séparation amoureuse, de la jalousie, de la concupiscence, des enivrements sensuels se mêlent à l'enthousiasme patriotique, à l'héroïsme, y font jeu égal avec les détonations des bouches à feu et l'odeur de la poudre. »

De cette aventure héroïque et brutale, Lope de Vega garda une image forte : une forêt de mâts et de vergues surgissant des flots d'émeraude, comme se mouvant sur la mer ; des vaisseaux qui avançaient toutes voiles dehors et donnaient à penser « que les ondes frémissaient sous leur poids et que le vent s'épuisait à les guider ». Il fut également très frappé par un autre épisode, pathétique, de l'histoire de l'Invincible Armada. Le 14 août, alors que l'Armada s'était malencontreusement engagée dans le piège sans retour du chenal de la mer de Norvège, constatant que l'eau potable allait manquer à bord de ses vaisseaux, l'amiral duc de Medina Sidonia donna cet ordre affreux à ses équipages : « Jetez à la mer tous les animaux, les mules et les chevaux, faute de pouvoir leur donner à boire. » Quel déchirant spectacle quand l'on vit ces pauvres bêtes, haletantes, nager lamentablement vers les navires comme pour demander du secours à ceux-là mêmes qui venaient de les sacrifier !

Né à Madrid le 22 novembre 1562, Lope de Vega est un enfant précoce avant de devenir un élève doué. Après une première expérience militaire, il découvre les milieux littéraires madrilènes et, à son retour de l'aventure désastreuse, mais pour lui féconde, de l'Invincible Armada, il connaît à Valence une période poétique fort brillante, y redécouvrant les romances, ces compositions poétiques chantées, qu'il remet au goût du jour. C'est là aussi qu'il est célébré pour ses succès au théâtre et salué pour son magnifique roman pastoral *L'Arcadie,* écrit lors d'un séjour à Tolède auprès du duc d'Albe.

Lope de Vega est devenu un écrivain mythique de son vivant. Il a éprouvé toutes les ardeurs amoureuses, militaires et mystiques. Même après avoir été ordonné prêtre à cinquante et un ans, il succombe à une ultime passion pour une femme mariée dont il aura une fille, Antonia Clara. Il est l'auteur de mille cinq cents pièces, du premier opéra espagnol, a créé la *Comedia nueva* en trois mille vers, a écrit en cent jours une dizaine d'épopées et des milliers de poèmes et a inventé avec Cervantès le genre de la nouvelle. Il signe des œuvres extrêmement savantes mais les agence de telle manière qu'elles soient accessibles à tous. Il a engendré autant d'enfants qu'il a écrit de livres : « Ma plume se jette sur le papier comme l'homme se jette sur la femme. »

7

LES AVENTURES
DU NOUVEL AMADIS

« Un acte vaut cinq dires. »
Henri de Navarre

Aux Tuileries, en ce printemps de l'année 1573, les préparatifs du bal vont bon train. Ce vaste palais, greffé en retour d'équerre, suivant les plans de Philibert Delorme, sur la « galerie du bord de l'eau » ajoutée, côté Seine, au Louvre de François Ier, est loin d'être terminé ; mais son architecture, tout imprégnée des derniers fastes de la Renaissance, clame déjà la splendeur de la cour des Valois et la suprématie de leur dynastie sur ces « Grands » du royaume encore bien turbulents et sur un pays où, depuis des années, règne la guerre civile. Au rez-de-chaussée du palais pourtant, divers commerçants ont ouvert boutique : la résidence royale surplombe ce qu'on appellerait aujourd'hui un « centre commercial ».

Tant pour affirmer l'autorité de l'État que pour surveiller tout son monde, la reine Catherine réunit la haute noblesse du royaume dans de fastueuses manifestations signées du savoir-faire Médicis. Dans la grande salle de l'étage noble, des milliers de bougies illuminent la foule des courtisans, les hommes portant culotte bouffante, avec braguettes extravagantes, pourpoint serré, barbe pointue et petit chapeau à plumes, les femmes en longues robes chatoyantes, la gorge largement découverte jusqu'à la pointe du téton, les cheveux à l'anglaise et le sourire de mise. Les buffets sont somptueux, la musique de qualité, les vêtements étincelant de soie et de pierreries, chacun rivalisant pour éblouir et surpasser en splendeur ses rivaux. Dans cette ambiance florentine, où chacun s'épie, se mesure, s'observe, où les dagues affûtées à la ceinture peuvent, d'un moment à l'autre, jaillir et plonger dans le cœur de l'adversaire, les conversations fusent, tandis que les complots s'ourdissent dans l'ombre. Malgré tout, devant l'imposante reine mère, toujours de noir vêtue depuis la mort de son mari tant aimé, même si ce ne fut point réciproque, on fait bonne mesure. Et puisqu'on est là pour s'amuser, on s'amuse, la danse n'étant que le prélude à d'autres plaisirs, qui se consommeront plus tard, dans le cœur de la nuit.

De la tribune, les musiciens font pleuvoir sur l'assistance un flot de notes permettant de danser rondes et gaillardes. Les femmes et les hommes se frôlent, se touchent ou se prennent carrément par la taille – et parfois même plus bas ! La liberté de mœurs est à peu près totale depuis que la reine fait régner son « escadron volant », c'est-à-dire sa petite armée de jeunes et délurées jolies femmes, qui ont certes la mission d'espionner les hommes, mais aussi de les retenir pour les empêcher de s'assassiner entre eux. Soudain, les regards se tournent vers la très belle reine Margot qui, donnant le poing à l'un de ses galants, virevolte au milieu du bal, sans la moindre gêne, elle qui passe pour la meilleure danseuse du royaume. Henri, son mari, est-il jaloux ? Pas le moins du monde, tout occupé qu'il est à tenir de galants propos à quelque rivale qui, après une plaisanterie plutôt leste glissée à son oreille, éclate d'un rire perlé qui finit par se perdre dans le brouhaha général. Plus complices qu'on ne l'a cru en leur temps, Marguerite et Henri ne se dissimulent rien, comme elle le rapporte dans ses *Mémoires* : « Il m'a toujours parlé de ses amours aussi librement qu'à une sœur, connaissant bien que je n'en étais aucunement jalouse, ne désirant que son contentement. »

Depuis la Saint-Barthélemy, le jeune roi de Navarre est ici, retenu dans cette prison dorée, qu'il ne peut quitter qu'à ses risques et périls. En cas de tentative de fuite, il sait que sa sécurité ne saurait être assurée et qu'une bande de spadassins lui ferait aussitôt la peau sans état d'âme. Il n'a donc rien à faire qu'à prendre du bon temps, ce dont il ne se prive pas. À l'exception de partir, il peut faire ce qu'il veut : boire, manger, dormir, rire et courir les filles, arts dans lesquels il est devenu un expert reconnu. Villegomblain l'écrit joliment dans ses mémoires : « Il aimait la confrontation des gens qui étaient d'humeur gaie et joviale, qui aimaient à se moquer, comme lui, étant en perpétuel mouvement d'exercice, soit à la chasse, soit à la paume ou à la balle forcée ou, s'il faisait mauvais temps, voir ribler et folâtrer dans sa chambre. Il aimait les fous, toutes ces diversités de passer son temps et de le faire passer à tous ceux qui le visitaient et allaient voir, le firent rechercher au bien vouloir presque de toute la jeunesse de la Cour. »

Naturellement, se comportant ainsi – rien de plus naturel à son âge –, il ne fait que donner le change, de même qu'il assiste quotidiennement à la messe, selon le culte romain. Au fond de lui-même pourtant, il désapprouve totalement les célébrations papistes, dont il déteste le faste, la richesse et l'emphase, auxquels il n'a pas été habitué. Dans l'ombre, il attend son heure, sachant qu'elle viendra un jour, puisqu'il se sait né sous une bonne étoile, lui à qui Nostradamus a prédit le trône de France il n'y a pas si longtemps – ce qu'il évite de rappeler, il va sans dire. Lâchant enfin sa belle, qu'il retrouvera plus tard, le roi de Navarre tient à présent, à voix basse, des propos plus graves avec celui dont il est devenu l'ami intime tout au long de ces années de haute ambiguïté : son cousin François, le duc d'Alençon, dernier fils d'Henri II et de Catherine de Médicis. Prince charmant s'il en fût, mais aussi turbulent, comploteur-né, qui lui aussi aspire au trône puisque, à ce jour, aucun de ses frères, ni le défunt François II, ni l'actuel roi Charles IX (à l'exception d'un bâtard), ni le duc d'Anjou, devenu depuis peu roi de Pologne, n'a réussi à avoir d'enfants. Ce qui fait de lui le deuxième héritier du trône.

Plutôt malingre, le teint sombre – on raconte que du sang noir coulerait dans celui des Médicis –, ce « petit moricaud n'est que guerre et tempête dans son cerveau », comme le dit sa propre mère. Il a le même âge qu'Henri. L'un et l'autre ne rêvent que plaies et bosses, aventures romanesques, chevauchées fantastiques et conquêtes féminines, allant jusqu'à partager ensemble les faveurs de la très désirable Charlotte de Beaune, baronne de Sauve, qui leur fait alternativement les honneurs de son lit, même s'il est notoire qu'elle espionne pour le compte de la régente. Charles IX a refusé à son cadet la lieutenance générale du royaume, abandonnée par le duc d'Anjou, et l'a donc rangé parmi ses adversaires, faisant aussi de lui le complice de son cousin, le roi de Navarre. Ensemble, ils tentent à présent de mettre en œuvre une énième conspiration, dont l'esprit rappelle ce que fut jadis, au temps de Louis XI, la « Ligue du Bien public ».

Que trament-ils, dans ce complot que l'histoire retiendra sous la pittoresque appellation de « complot des Malcontents » ? Profitant du déplacement de la Cour pour accompagner le duc d'Anjou, nouveau roi de Pologne, jusqu'à la frontière, les deux conjurés décident de lui fausser compagnie entre Soissons et Compiègne et de rejoindre avec quelques complices – l'inévitable Condé, les ducs de Bouillon et de Montmorency, le comte de Turenne – l'armée de Ludovic de Nassau, prince rhénan protestant. À quelle fin ? Le savent-ils eux-mêmes ? Veulent-ils profiter de cette troupe pour prendre le pouvoir ou peser sur celui-ci ? Cette manière baroque d'agir, qui nous paraît aujourd'hui absurde, fut en tout cas très prisée des princes de France jusqu'à la Fronde. Aussi, tandis que les Parisiens, fascinés, admirent le brillant cortège des nobles polonais venus quérir leur nouveau roi, les comploteurs se préparent-ils à s'esquiver.

Hélas, la reine Margot a vent du projet et, aussitôt, le dénonce à sa mère qui convoque les coupables et leur fait signer des aveux, dûment extirpés, avant de les assigner à résidence, pendant un mois, au château de Vincennes, à titre de leçon, tandis que, pour l'exemple, sont décapités en place de Grève les comtes de Coconas et de La Mole, ce dernier passant pour être l'amant de Marguerite. Ce premier échec ne les décourage nullement. Alors que, le 30 mai 1574, se meurt Charles IX, épuisé par les ravages de la petite vérole, il a malgré tout le temps de convoquer son cousin Henri pour lui dire : « Mon frère, vous perdez un bon maître et un bon ami. » Pourtant, le jour même de ses funérailles, ils tentent à nouveau de prendre le large et sont à nouveau arrêtés. Comme il se doit, ils sont vertement réprimandés par la reine mère, d'autant plus réactive qu'elle exerce une fois de plus la régence en l'absence du nouveau roi, qui règne depuis quelques mois sur la Pologne. Vivement pressé de revenir mais retenu par ses nouveaux sujets qui entendent le garder, ce dernier doit s'enfuir de nuit, avec un petit groupe de fidèles. Cependant, une fois franchie la frontière du Saint Empire romain germanique, il prend tout son temps pour gagner la France, ayant décidé de s'offrir un détour par Venise. Quand enfin il consent à entrer dans le royaume, via la Provence, le duc d'Alençon et le roi de Navarre, plus surveillés que jamais,

132

reçoivent mission d'aller l'accueillir. Ils obtempèrent cette fois sans difficulté, comme des écoliers soumis ; ils échappent même miraculeusement à la mort lors du naufrage de leur bateau sur le Rhône, dans lequel périssent une cinquantaine de courtisans.

Sous l'égide d'un nouveau jeune souverain, sacré à Reims sous le nom d'Henri III et marié le lendemain à la princesse Louise de Vaudémont, de la maison de Lorraine, la vie de cour reprend ses droits. Revenus à Paris, Navarre et Alençon y jouent pleinement leur rôle de « princes de la jeunesse », cette fois avec une décontraction plus réelle, puisque le nouveau roi apprécie beaucoup son beau-frère et cousin qui, à ses côtés, participe à toutes les manifestations officielles. L'ambiance du Louvre demeure cependant très tendue. En coulisse, chacun reste sur ses gardes, à l'affût d'une tentative de meurtre toujours possible. Sans compter les menaces d'empoisonnement ou d'envoûtement dans une Cour où beaucoup fréquentent d'inquiétants bouilleurs d'herbes ou s'adonnent à la sorcellerie. Au reste, Alençon n'est-il pas à présent l'héritier du trône, celui vers qui se tournent tous les regards, autour de qui se nouent les intrigues les plus folles, y compris celle d'un mariage avec Élisabeth d'Angleterre afin de régner, un jour, sur les deux royaumes, avec l'accord des protestants et l'aide des princes allemands ? Henri mesure parfaitement ce climat, qui écrit : « Nous sommes prêts à nous couper la gorge les uns les autres. Nous portons dagues, jacques de mailles et bien souvent la cuirassine sous la cape » ! Même s'il continue de jouer les parfaits courtisans, la menace qui pèse en permanence sur sa sécurité le conforte dans l'idée de prendre le large, profitant d'un relâchement, grâce à la faveur royale, de la surveillance dont il se sait l'objet. Comme l'écrit en effet Villegomblain : « À force de sourire et d'esprit, il avait retrouvé sa pleine liberté, en sorte qu'il lui était possible d'aller et venir où il lui plaisait. »

Aussi les deux jeunes gens recommencent-ils à comploter, échafaudant un plan d'autant mieux conçu cette fois que le parti protestant comprend vite l'intérêt qu'il y a de dresser Alençon contre Henri III, c'est-à-dire d'instaurer la zizanie au sommet de l'État. Le 15 septembre 1575, le duc d'Alençon parvient à quitter discrètement la Cour dans la voiture d'une de ses maîtresses et, par la porte Saint-Honoré, fuit Paris à la tête de trois cents hommes d'armes, pour s'établir à Dreux, d'où il nargue le roi son frère. Convoqué par la reine mère, Henri feint de tout ignorer et fait profil bas. Il n'avoue bien sûr pas que, selon ce qui a été secrètement convenu, il doit retrouver Alençon dès qu'il le pourra. Comédien-né, le roi de Navarre proteste de son innocence, mais laisse son écuyer, Agrippa d'Aubigné, tisser patiemment le fil de son évasion définitive de la cour de France, où il a certes pris du bon temps pendant trois ans mais où il s'étiole à petit feu.

À l'heure où l'armée protestante se reconstitue, rendant la guerre inéluctable, il sait que ses partisans l'attendent et qu'il ne doit pas les décevoir, tel Achille, réfugié dans le gynécée à l'heure où se prépare la guerre de Troie, même si aucun Ulysse ne vient l'y chercher. À l'aube de son vingt-deuxième anniversaire, le destin lui donne un rendez-vous qu'il ne saurait manquer, à condition cependant que l'affaire soit bien organisée. Il n'a plus droit à l'échec s'il veut prendre la tête de ce mouvement issu de la Saint-Barthélemy et au sein duquel les provinces protestantes, depuis la réunion de Millau, tenue en 1573, commencent à se fédérer. Elles appellent, sinon à la sécession d'avec un État français catholique et répressif, du moins à l'affirmation de leur particularisme religieux défendu jusque-là par Henri de Condé, à défaut d'Henri de Navarre, retenu à la Cour.

Avec une intelligence consommée, le jeune roi de Navarre prend l'habitude de découcher et, au moment où l'on s'avise de son absence, de reparaître au Louvre dès le lendemain matin, rejoignant la famille royale à la messe, au vu et au su de tous. Une fois, deux fois, trois fois il réitère ce stratagème, si bien que nul ne s'inquiète plus de ses absences répétées. Le 3 février 1576 enfin, il s'en va chasser dans l'épaisse forêt de Senlis, considérée comme le berceau de la couronne de France depuis qu'Hugues Capet y a été élu roi ; accompagné de son carré d'amis les plus fidèles, Lavardin, Miossens et Sainte-Colombe, il leur promet « la plus belle chasse de leur vie ». Il a pu facilement semer les espions de la régente, grâce à des complicités locales, qu'ont achetées Roquelaure et d'Aubigné, lequel, en le retrouvant, fouette son courage en lui disant : « Sire, le chemin de la

135

honte, c'est Paris ; ceux de la gloire sont partout ailleurs. Il est temps de sortir des ongles de vos geôliers pour vous jeter dans le sein de vos vrais amis et bons serviteurs. » Henri a appris dans Plutarque que César franchissant le Rubicon s'était écrié : « *Alea jacta est !* » S'il ne trouve pas lui-même de mot historique pour répondre à son écuyer, il acquiesce de la tête et prend au grand galop le chemin de l'Ouest, contournant Paris par les champs et les bois, pour se diriger vers Poissy, où il franchit la Seine.

À franc étrier, il se dirige ensuite vers Alençon, sur ses propres terres, où il prend ses quartiers au château de Saint-Paterne, chez son ami d'Ozé, le bien-nommé, où plus de deux cents gentils-hommes de ses amis le rejoignent en quelques jours, chantant avec lui ce psaume de la Bible, cher aux calvinistes :

« Seigneur, le roi s'éjouira
D'avoir eu délivrance
Par ta grande puissance. »

Cette jonction opérée, à la tête d'une petite armée à qui personne n'oserait chercher noise, Henri file, via Baugé, sur Saumur, où il réside quelque temps, savourant l'ivresse d'être enfin libre d'aller où il lui plaît, de galoper à son aise, de rire avec ses proches. En Poitou, il attend le résultat des négociations de son complice Alençon avec le roi son frère, qui aboutissent à la paix de Beaulieu-les-Loches, signée au mois de mai, au couvent dont la haute maison à escalier donne aujourd'hui sur l'impasse Viantaise. Les protes-tants y gagnent un certain nombre de droits.

Après avoir rejoint Thouars puis Niort, où, le 13 juin, il abjure le catholicisme pour la troisième fois et réaffirme sa fidélité à la religion de sa mère, ce qui lui vaut d'être excommunié par le pape – mais il s'en moque : que valent les menaces d'un homme qui a célébré une messe d'action de grâces pour se réjouir de la Saint-Barthélemy ? –, rien ne l'empêche plus de faire son entrée officielle à La Rochelle, le 20 juin, en compagnie de Catherine, sa sœur bien-aimée, qu'il retrouve à cette occasion, heureux de voir en elle une alliée aussi fidèle que sage. De La Rochelle, qui fait toujours office de capitale du protestantisme, il sillonne ses états, où il est accueilli comme le Messie.

Si son cousin – et rival ! – Condé est encore considéré comme le chef des protestants, Henri se voit proclamé protecteur de l'Union des protestants de France, titre qui va devenir, quelques années plus tard, au terme de l'assemblée de La Rochelle, celui de « premier prince du sang » et, après l'assemblée de Montauban, « protecteur des Églises réformées ». À vingt-trois ans, le voici enfin libre, libre de gouverner ses états à sa guise, libre de fédérer derrière lui le parti protestant, libre enfin d'assumer son destin et de vivre sa vie de souverain, non pas à Pau où il est né, mais à Nérac dont il a fait sa résidence. Ce château est sans doute le plus agréable de son patrimoine, le plus stratégique aussi, situé à peu près au centre de ses terres, celui aussi où, jadis, sa grand-mère Marguerite, la sœur chérie de François Ier, reçut Calvin et Clément Marot. Celui où, naguère, sa mère Jeanne d'Albret tint elle aussi sa cour, dans la douceur de cette Gascogne soleilleuse, terroir de joyeuse vie, de bonne chère et de franche gaieté, malgré les injonctions des pasteurs réformés tentant sans grand succès de rendre plus rigides les mœurs de ce peuple du Sud résolument hostile à l'austérité, à commencer par leur prince. Avec les quelque quatre-vingt mille livres que lui rapporte annuellement son patrimoine, auxquels s'ajoutent les quarante mille livres de sa charge de gouverneur et amiral de Guyenne, que la paix de Beaulieu lui a restituée, il peut vivre sur un grand pied. Lui qui, par tempérament, se contenterait de peu, il tient plus par politique que par penchant personnel à régir une maison royale composée d'une multitude de domestiques, de pages et d'officiers, parmi lesquels un gentilhomme de la chambre, un maître d'hôtel, un maître de la garde-robe, un aumônier, un grand argentier et même, comme il se doit, un fou, Thomieu, qui amusera la cour jusqu'à sa mort, survenue en 1586, le privant du bonheur de voir son maître ceindre la couronne de France.

Ponctuée par des périodes de paix, qui succèdent aux périodes de guerre, s'ouvre alors une nouvelle ère de quatorze années pendant laquelle le roi de Navarre, « prince à cheval » selon l'heureuse formule de Janine Garrisson, apprend à devenir un homme vrai en toutes circonstances et un souverain éclairé, gouvernant sagement ses états dispersés, fédérant le parti protestant, sans jamais attenter à l'unité de cette France sur laquelle il régnera un jour, et entretenant avec son souverain une correspondance faite d'estime réciproque. C'est sur ce point que le futur Henri IV demeure le plus inattendu. Alors que sa popularité est réelle, de même que l'attachement que lui portent ses sujets et vassaux, à aucun moment il ne cherche à constituer à son profit un royaume protestant qui amputerait la France de ses provinces du Sud, ces « provinces unies du Midi » en référence aux Provinces-Unies du Nord, ce qui eût été parfaitement possible ! Est-ce parce qu'il a déjà l'intuition de son destin futur ? Ou parce que, fils d'un Bourbon, il est aussi un Capétien soucieux de ne pas démembrer un royaume qui, depuis Clovis, écrit son histoire dans le sens de l'unité ? Il y a sans doute des deux chez un homme qui a toujours su et saura toujours composer, réunir les contraires, rassembler ce qui est épars au royaume des Lis. Cela explique, une fois de plus, pourquoi les Français de la république demeurent fidèles au souvenir de celui qui, jusqu'au bout, aura refusé de disloquer la Nation.

Au terme de cette longue mue, le jeune homme intrépide laisse place à un sage souverain, prêt à ceindre une autre couronne, autrement plus prestigieuse, celle de la France. Il va lui donner sa dernière dynastie, les Bourbons, celle de la plénitude de la monarchie capétienne et, in extremis, de sa fin, incarnant ainsi le « souverain légitime » qu'a décrit Jean Bodin, dans sa *République* publiée cette même année 1576, qu'il a lue et qu'il relira. Il fait son miel de cette quête de l'unicité française, mais aussi de sa spécificité, par laquelle la

139

France restera toujours fondamentalement différente des autres, avec son goût marqué pour l'homogénéité, malgré ses formidables différences régionales, sa passion de l'ordre, malgré le côté volontiers rebelle ou tout au moins contestataire de ses habitants, sa fascination, enfin, pour un pouvoir fort, malgré un besoin inné d'être révolutionnaire. Ce tropisme va bientôt aboutir à la naissance de la monarchie absolue, à l'initiative justement de ce roi de Navarre souriant et à l'écoute des autres, qui mystérieusement perçoit, mieux que quiconque, ce qu'attendent les Français, qu'ils soient du Nord ou du Sud : ils aspirent à devenir les sujets d'une couronne autoritaire mais pacificatrice. La traversée du désert est cependant loin d'être achevée et il reste encore bien des obstacles à franchir avant de toucher au but. Mais que n'attendrait-on pas d'un homme qui, selon ses contemporains, est capable de demeurer quinze heures à cheval ?

À l'île de Ré, en 1587, un amour d'été donne à Henri l'un de ses premiers bâtards, « Gédéon Monsieur ».

Certains ignorent ou oublient qu'Henri de Navarre vécut à La Rochelle dès 1557, alors qu'il était âgé d'à peine quatre ans, et qu'il s'installa durablement avec sa mère Jeanne d'Albret sur les rives de l'Atlantique. L'auteur des *Grandes Heures de l'île de Ré,* Bernard Guillonneau, de l'académie des belles-lettres de La Rochelle, nous apprend en effet que, en dépit de fréquents déplacements, Henri IV tint dans cette ville jusqu'en 1589, c'est-à-dire pendant trente-deux ans, ce que les agents du fisc appelleraient aujourd'hui « son principal établissement ». Pierre Dez, agrégé de l'université, dans son *Histoire des protestants et de l'Église réformée de l'île de Ré,* est laconique sur le sujet : « Selon la tradition, Henri IV vint plusieurs fois dans l'île et Sully avait une maison à Saint-Martin. » En revanche, les érudits locaux, comme le père Jaillot dans ses *Recherches curieuses,* n'ont pas peur d'entrer dans les détails : « Le Roy de Navarre dont le tempérament était porté à l'amour ne laissoit pas au milieu des grandes affaires de fréquenter les dames et d'avoir mesme avec elles autant d'aventures qu'il pouvait. » Ainsi, à l'âge de dix-huit ans, Henri fit scandale en devenant l'amant de la femme de Pierre de Martines, professeur de grec et d'hébreu au Collège de La Rochelle. Cette liaison nous est confirmée dans les

141

Mémoires de Bassompierre : « Étant dans sa première jeunesse, à La Rochelle, Henri IV débaucha une bourgeoise nommée dame Martines, de laquelle il eut un fils qui mourut. Les ministres et le consistoire lui en firent de publiques remontrances au prêche. »

Après l'épouse de son professeur de grec, la même année Henri de Navarre séduisit Isabelle, une bourgeoise de la ville, mariée à un armateur. C'est avec un fol entrain que Daniel Bernard dans ses *Magayantes* offre sa chronique des amours royales : « Ces deux affaires érotico-politiques contribuèrent à asseoir sa réputation de Vert-Galant dans tout le royaume. Le jeune Henri comprit très vite qu'il était tombé dans le monde comme dans un verger odorant et multicolore, où aucun fruit ne lui était défendu, et que tout ceci lui plaisait énormément... Sous le prétexte de tapoter du clavecin, il se rapprocha d'Esther, la fille aînée d'un avocat rochelais... Ce soir-là, la leçon de piano n'avait pas dépassé les trois première notes, que notre Vert-Galant avait déjà disparu sous les jupes d'Esther. Son père, entré pour saluer le roi, resta figé devant le spectacle. Puis, s'étant avancé, gifla la jeune oie blanche. Henri, la barbiche en bataille, se redressa et demanda pourquoi il frappait, ainsi, sa fille :

— Sire, reprit le seigneur de Boislembert, père de la jeune fille, je l'ai giflée parce qu'elle a manqué de respect à Votre Majesté.

La liaison d'Esther et d'Henri se poursuivit néanmoins et en novembre elle apprit au roi qu'elle était enceinte. Le 7 août suivant, elle mit au monde un fils, qu'Henri de Navarre prénomma Gédéon. Il naquit dans l'île, à Saint-Martin, et ce petit Rétais fut le premier des nombreux enfants d'Henri IV. Entre Esther et Henri, la liaison dura ce que durent les roses : l'espace d'un été. » La vie de l'enfant fut elle aussi fort brève puisqu'il mourut quinze mois et demi après sa naissance dans l'île de Ré. Selon toute vraisemblance, c'est également dans l'île qu'il passa les quinze mois de sa courte existence, en nourrice chez la dame Marguerite Berthelot.

Cet épisode de la vie amoureuse d'Henri prouve à quel point le roi de Navarre est infidèle. C'est en effet durant cette liaison avec Esther de Boislembert et quelques mois après la naissance de Gédéon, qu'il adresse, avec une flagrante mauvaise foi, une lettre passionnée à sa favorite officielle de l'époque, Diane d'Andoins, comtesse de Guiche, dite « la belle Corisande », alors à Coutras. La lettre s'achève par ces mots : « Croyez ma fidélité être blanche et hors de tache ; il n'en fut jamais sa pareille ; si cela vous porte contentement, vivez heureuse. »

8

L'AMOUR ET L'AMBITION

« Mon laquais vous aura dit le désir que j'ai d'être en votre bonne grâce ; je continuerai toute ma vie en ce désir. »

Henri de Navarre
à Corisande d'Andoins

À Nérac, en cet automne de l'année 1583, les cors annoncent le retour de la chasse royale. Chacun, au château, de s'affairer, valets en livrée prêts à exécuter les ordres du souverain, palefreniers prêts à soigner les chevaux fourbus par une équipée commencée à l'aube, marmitons prêts à dépecer le gibier apporté qui, rôti ou en sauce selon le cas, sera servi le soir même, au dîner où le roi et sa cour feront bombance. Autour d'une longue table illuminée de chandelles, on dévorera les quartiers de viande déposés, selon l'usage ancien, sur de larges tranches de pain faisant encore office d'assiettes. Pas d'assiettes donc, ni de ces fourches qu'on n'appelle pas encore fourchettes ! La verte cour de Navarre affecte de mépriser les mœurs de celle des Valois-Médicis. Diable ! Ici l'on mange avec les doigts, sans fausse honte, comme en dansant on caresse en public le téton des dames.

La horde des cavaliers et celle des chiens aboyant à tout rompre stoppe enfin sa course folle dans un nuage de poussière, de cris et de rires.

L'animation est à son comble lorsque Henri, descendant de sa monture, se voit entouré par ses gens, certains récupérant les faucons, d'autres les chiens, tandis qu'il commence à raconter ses exploits cynégétiques, sa passion absolue. N'a-t-il pas l'habitude de passer plusieurs jours hors de Nérac dès qu'il s'agit de courre le cerf ou le sanglier, logeant chez l'habitant, en toute simplicité, parfois même chez son meunier du moulin de Barbastre ? Aucun souverain ne fut jamais si proche de son peuple ; aucun peut-être ne fut jamais, il est vrai, aussi mobile. Soudain, le roi de Navarre aperçoit sa mie qui l'attend dans la galerie ajourée de ce château dominant la Baïse, où l'on se baigne l'été. L'ordonnance un peu sévère de ce bâtiment, un quadrilatère parfait flanqué de six hautes tours, est adoucie par un beau jardin garni de fontaines, de lauriers, de cyprès et d'orangers.

Ébloui à chaque regard par cette jeune brune aux yeux noirs, aux traits réguliers, à la taille élancée et bien prise, si élégante dans ses atours mordorés, en communion avec les couleurs de l'automne, il ôte aussitôt son chapeau, lui adresse mille signes d'amitié et, ventre à terre, comme un jeune cerf, court dans les escaliers pour la rejoindre, l'attraper par la taille, lui prodiguant à présent mille caresses, mille baisers et mille agaceries. Elle tente de le repousser en riant, se dégage, se laisse saisir, refuse puis accepte ses lèvres, cède enfin à ses désirs, tout en se disant, comme Armide : « Il est en mon pouvoir. » Celui d'une magicienne qui, chaque soir, fait du roi de Navarre ce qu'elle veut, elle que chacun salue bien bas, puisqu'elle est la véritable reine de ce pays où l'on ne connaît pas l'autre, « la reine Margot », demeurée à Paris depuis l'évasion de 1576. Cette dame, dont l'extraordinaire distinction frappe ceux qui l'approchent, surtout lorsque, selon la mode du temps, elle se rend à la messe suivie d'un Maure, d'un nain et d'un laquais tenant en laisse un barbet, c'est Corisande d'Andoins, comtesse de Guiche, la femme qui va révéler le futur Henri IV à lui-même. Celle qui, à l'instar de l'une de ses tantes, Diane de Poitiers, avec Henri II, le façonnera et fera de lui le grand roi humaniste, bien dans son corps comme dans sa tête. Elle est incontestablement, après quelques passades, le premier des trois grands amours de sa vie.

Où se sont-ils vus pour la première fois ? Au château de Pau, en 1568, lorsque, en présence de Jeanne d'Albret et d'Henri, elle épousa Philibert de Gramont, comte de Guiche. Mais Henri n'avait pas encore quinze ans et elle quatorze ; on ne peut donc pas affirmer que l'héritier du royaume de Navarre apprécia sa beauté, même s'ils avaient un point commun : leurs pères respectifs, Paul d'Andoins et Antoine de Bourbon, étaient tous deux morts au siège de Rouen.

Quatorze ans plus tard, en 1582, fatigué de ses incessants déplacements à cheval sur l'ensemble du Sud-Ouest, Henri, suivant les recommandations de ses médecins, partit prendre les eaux dans les Pyrénées, comme l'avait souvent fait sa mère et comme allait bientôt le faire l'élite de l'Europe, sur les conseils de Montaigne et de quelques autres. Là, au château de Pau, sa sœur Catherine, qui exerçait en son nom la fonction de lieutenant-général pour le Béarn, lui présenta cette amie très chère, avec en tête, naturellement, l'idée de le sortir de la solitude. Aussitôt, ce fut le coup de foudre pour cette fille de la meilleure noblesse du Béarn, qui le surnomma bientôt « Petiot » – c'est-à-dire, en gascon, « mon petit », avec une forte connotation de tendresse. S'est-elle forcée pour lui céder parce qu'il était son roi et qu'elle n'avait pas le choix ? Non car, fidèle lectrice, elle aussi, d'*Amadis de Gaule,* elle attendait depuis longtemps qu'un preux chevalier vînt l'arracher à sa solitude et à son ennui, elle qui avait, par instinct romanesque, troqué son prénom de Diane pour celui de Corisande.

Il avait vingt-huit ans ; elle en avait vingt-sept. Ils s'aimèrent sans se poser de questions, séduite qu'elle fut par celui qu'un ambassadeur a décrit ainsi : « Il n'est pas grand, mais il est bien fait ; il a les cheveux châtain-roux, l'esprit vif et hardi comme celui de sa mère. Il est agréable, familier au demeurant et très aimable dans ses manières, libéral à ce qu'on dit, aimant fort la chasse et y dépensant tout son temps. Ses sentiments sont assez élevés. » Certes, il n'est pas très soigné de sa personne – et ne le sera du reste jamais, ni dans son hygiène corporelle ni dans la manière de s'habiller –, ce qui ne fait pas de lui une exception en son temps. Il a en sa faveur d'aimer les femmes à la folie. Celle-là en particulier, ce qu'elle comprend la première fois qu'il lui fait l'amour et qu'elle mesure, jour après jour, lorsqu'elle lit les lettres qu'il lui adresse : « Votre esclave vous baise mille fois les mains… Dieu sait quel regret m'est de partir d'ici sans aller vous baiser les mains, mon cœur, je suis au grabat… n'ayant rien sur le cœur qu'un violent désir de vous voir. » C'est dans une de ses missives, écrite à La Rochelle le 17 juin 1586, que Marcel Proust verra plus tard l'un des plus beaux textes de la littérature française :

« J'arrivai hier au soir de Marans : ah, que je vous y souhaitais ! C'est le lieu le plus selon votre humeur que j'aie jamais vu. C'est une île renfermée de marais bocageux, où de cent en cent pas il y a des canaux pour aller charger le bois par bateaux ; l'eau claire, peu coulante ; les canaux de toutes largeurs, des bateaux de toutes grandeurs ; parmi ces déserts, mille jardins où l'on ne va que par bateau. L'île a deux lieues de tour, ainsi environnée. Passe une rivière au pied du château, au milieu du bourg, qui est aussi logeable que Pau. Cette rivière s'étend en deux bras qui portent non seulement de grands bateaux, mais des navires de cinquante tonneaux y viennent : il n'y a que deux lieues jusqu'à la mer. Certes, c'est un canal et non une rivière. Infinis moulins et métairies insulées ; tant de sortes d'oiseaux qui chantent de toute sorte ; de ceux de mer, je vous en envoie des plumes. De poissons, c'est une monstruosité que la quantité, la grandeur et le prix : une grande carpe, trois sols, et cinq, un brochet. C'est un lieu de grand trafic ; tout par bateaux ; la terre très pleine de blés et très beaux. L'on y peut être plaisamment en paix et sûrement en guerre. L'on s'y peut réjouir avec ce que l'on aime et plaindre une absence. Ah, qu'il fait y bon chanter ! Je pars jeudi pour aller à Pons où je serai plus près de vous ; mais je n'y ferai guère de séjour. Mon âme, tenez-moi en votre bonne grâce ; croyez ma fidélité être blanche et hors de tache ; il n'en fut jamais sa pareille ; si cela vous porte contentement, vivez heureuse. Votre esclave vous adore violemment. Je te baise, mon cœur, un million de fois les mains. »

Déjà, lorsqu'il était retenu à la cour de France, Henri avait eu tout le temps nécessaire pour parfaire son apprentissage de l'amour, en ce temps béni où ni les hommes ni les femmes n'avaient froid aux yeux, où le sexe n'était pas une honte mais un accomplissement. La reine Margot elle-même, dans ses *Mémoires*, écrit de son mari que « son naturel était de se plaire parmi les femmes ». Il n'échappe pas non plus à son futur ministre Sully qu'il n'était jamais autant lui-même que « lorsqu'il rencontrait de belles filles et femmes qui le regardaient et s'en entendait louer ». Bien sûr, il est toujours des grincheux, tel Péréfixe, pour s'en désoler : « Il se laisse prendre aux appâts de certaines demoiselles de la Cour dont on dit que cette reine Catherine de Médicis se servait pour amuser les princes et les seigneurs pour découvrir toutes leurs pensées. Depuis ce temps-là, comme les vices contractés à l'entrée de la jeunesse accompagnent ordinairement les hommes jusqu'au tombeau, la passion des femmes fut le faible et le penchant de notre Henri et peut-être la cause de son dernier malheur. Car Dieu punit tôt ou tard ceux qui s'abandonnent à cette passion criminelle. »

Le futur « Vert-Galant » a-t-il été déniaisé par quelque membre de cet « escadron volant » que la reine régente avait constitué pour espionner ses plus illustres sujets, un essaim de belles, expertes et peu farouches demoiselles faisant tourner les têtes des seigneurs de la Cour ? Sans doute et probablement très tôt, comme ses cousins Charles IX et Alençon, très portés eux aussi sur les femmes. Henri III s'entendra parfaitement avec Henri et partagera même avec lui certaines conceptions de l'État, contrairement à une légende tenace qui le tient pour futile.

Peu fidèle par tempérament, quelques mois après son mariage avec Marguerite de Valois, le roi de Navarre avait eu une assez longue liaison avec Charlotte de Beaune, baronne de Sauve, sa première maîtresse officielle, petite-fille du surin-tendant des Finances de François Iᵉʳ, Jacques de Semblançay, et espionne attitrée de Catherine de Médicis. Il en semblait très épris, même s'il dut la partager avec le duc d'Alençon, son cousin complice. Avec cette femme, dont Brantôme nous assure qu'il apprécia « la cuisse longue et la fesse alerte » de même que « les tétins fermes et blancs, emplissant bien la main du gentilhomme », il fit son éducation sexuelle, laissant Margot faire de même avec son amant La Mole. Mais il eut aussi d'autres liaisons, avec la délurée Victoire d'Ayala ou avec la demoiselle de Rebours, fille d'honneur de son épouse Margot, dont l'histoire a retenu le surnom qu'il lui avait donné, « la petite Tignonville ». Tout cela avec la complicité d'Agrippa d'Aubigné : « Celui-ci assez vicieux en grandes choses, et qui peut-être n'eût refusé ce service par caprice à un sien compagnon, se banda tellement contre le nom et l'effet de maquereau qu'il nommait "vice de besace" que les caresses démesurées de son maître ou les infinies supplications, jusqu'à joindre les mains devant lui à genoux, ne le purent émouvoir. » Le fidèle écuyer, qui dès l'âge de quinze ans servait dans l'armée protestante avant de devenir le serviteur le plus fidèle d'Henri, résista-t-il autant aux ordres de son maître ? Tous deux eussent été particulièrement étonnés s'ils avaient appris que la petite-fille du premier, Françoise d'Aubigné, allait un jour devenir, non seulement la maîtresse du petit-fils du second, Louis XIV, mais encore son épouse morganatique, sous le nom de marquise de Maintenon !

Dans un texte romancé, *La Confession du sieur de Sancy*, Agrippa d'Aubigné racontera bientôt par le menu les amours du roi de Navarre et les multiples maladies vénériennes qu'il attrapa dans cet exercice, avec Fleurette, la fille du jardinier de Nérac, avec Martine, la fille de son médecin, avec la dame d'Allous, la demoiselle de Luc qui, enceinte de lui, se laissa mourir de faim, avec la dame de Cambefort qui, dit-on, se jeta par la fenêtre le jour où il l'abandonna, ou avec Françoise de Montmorency, dame d'atour de la reine

Margot. Et que dire, naturellement, de toutes celles qu'on ne connaît pas, bourgeoises heureuses de s'encanailler avec un premier prince du sang aussi ardent et vigoureux, servantes du palais ou catins troussées dans les auberges mal famées où les jeunes princes descendaient parfois, pour ne pas parler des paysannes culbutées pendant les campagnes militaires ni, plus tard encore, des abbesses des faubourgs de Paris. Toutes ces liaisons – et les textes qui relatent ces hauts faits – firent rapidement du fils de Jeanne d'Albret un héros de Boccace, dont les aventures sont contées dans les dîners d'hommes et souvent enjolivées, quand elles ne sont pas simplement inventées.

Quoi qu'il en soit, le « Vert-Galant », ainsi que le surnomment bientôt ses sujets, incarne l'idéal français par excellence. Celui d'un chef d'État couvert de femmes, qui va servir de modèle à ses successeurs, y compris ceux des deux empires et des cinq républiques. Napoléon III ou Félix Faure, pour ne citer qu'eux, s'inspirèrent grandement de son exemple. N'allait-il pas être du reste le successeur du dernier prince d'une dynastie finissante, Henri III, et sa dynastie n'allait-elle pas cesser de régner avec un Bourbon n'ayant jamais couru le jupon, Louis XVI ? Véritable chevalier, c'est toujours à une femme qu'il écrit avant la bataille, tant pour se donner du cœur que par respect de l'ancienne tradition de la courtoisie. La lettre qu'il adresse le 31 août 1590 à Mme de La Roche-Guyon, dont il est épris à cette époque, en témoigne avec éloquence : « Ma Maîtresse, je vous écris ce mot le jour de la veille de la bataille. L'issue en est en la main de Dieu, qui en a déjà ordonné ce qui en doit advenir et ce qu'il connaît être expédient pour sa gloire et pour le salut de mon peuple. Si je la perds, vous ne me reverrez jamais car je ne suis pas homme qui fuit ou qui recule. Bien vous puis-je assurer que si j'y meurs, ma pénultième pensée sera à vous, et ma dernière sera à Dieu, auquel je vous recommande et moi aussi. »

Pour l'heure, c'est dans les bras de la si belle et si charmante Corisande qu'il peut enfin goûter aux plaisirs de la chair comme à ceux de l'esprit, puisque la comtesse de Guiche est aussi belle qu'intelligente, ainsi qu'en témoignent tous ceux qui ont fréquenté ses châteaux d'Hagetmau, de Bidache ou de Guiche, où elle tient sa cour. Grâce à l'influence de cette musicienne et poétesse, Nérac devient « l'Athènes de la Gascogne », que son amant vient de faire somptueusement remeubler avec tout ce qui, jusque-là, garnissait le château de Pau. Michel de Montaigne, gentilhomme de la chambre du roi de Navarre et donc familier de la petite cour de Nérac, ne surnommera-t-il pas la jeune femme « la Grande Corisande », en hommage à sa culture, lui qui lui dédia les sonnets de La Boétie : « J'ai voulu que ces vers, en quelque lieu qu'ils se vissent, portassent votre nom en tête, pour l'honneur que ce leur sera d'avoir pour guide cette grande Corisande d'Andoins. Ce présent m'a semblé vous être propre, d'autant qu'il est peu de dames en France qui jugent mieux, et se servent plus à propos que vous, de la poésie ; et puis qu'il n'en est point qui la puissent rendre vive et animée, comme vous faites par ces beaux et riches accords de quoi, parmi un million d'autres beautés, nature vous a étrennée. »

Ces lignes en disent assez en un temps où les femmes n'ont aucun droit ni aucun pouvoir, sauf celui de séduire et de plaire ! Qu'importe donc qu'elle soit catholique. Aimer une femme de l'autre religion, c'est adhérer une fois de plus au concept de tolérance, de respect de l'autre. Il est incontestable, en effet, qu'au contact de Corisande d'Andoins, comtesse de Guiche, proie facile puisque prématurément veuve, le roi de Navarre mûrit à vue d'œil, prend de l'assurance, en un mot se fait homme, au sens physique comme psychologique, moral et intellectuel. Dévouée, patiente, constante, c'est bien elle qui le forme, le conseille, l'incite à prendre les bonnes décisions, à un moment où, comme dans une gigantesque partie de cartes, chacun s'interroge sur le bon atout à jouer. Comme lui, elle est béarnaise de cœur et son amitié l'aide à s'ancrer la certitude qu'il est le défenseur de cet État reçu en héritage et qu'il ne peut transmettre qu'à l'enfant qu'il aura peut-être un jour.

N'engage-t-elle pas ses diamants pour lui venir en aide, lorsque Henri est à court d'argent pour lever des troupes ? N'effectue-t-elle pas, pour le compte de son amant, des missions diplomatiques secrètes ? Ne fait-elle pas office, à Nérac, de maîtresse de maison, séduisant les partisans du roi et lui attirant de ce fait de nouvelles sympathies ? « Il n'y a que deux choses de quoi je ne douterai jamais, lui écrit-il encore, votre amour et votre fidélité. » Il lui remboursera, un jour, quelque vingt mille livres, une somme énorme pour l'époque. Certes, elle n'y perdra rien puisque, grâce à elle, les Gramont lieront leur destin à la maison de Bourbon, qui fera d'eux des ducs, et même des princes de Bidache, avant de briller dans le Paris de l'âge classique, des Lumières puis du romantisme, où l'un de ses descendants, Agénor de Gramont, sera l'amant de la véritable « Dame aux camélias » inspirant le personnage d'Armand Duval, à Dumas. Au fil des mois, le corps de Corisande devient un refuge, son esprit, une lumière. La maîtresse du roi de Navarre est sa confidente, son inspiratrice, celle en qui il a totalement confiance et qu'il songe à épouser, puisque le miracle du protestantisme est qu'il permet le divorce. Il a entretenu Turenne et d'Aubigné de ce projet. Auprès d'elle, il n'est plus seul, lui qui a si peu connu son père et dont la mère est si froide. Toute sa correspondance l'atteste pendant les années que dure leur liaison. Celle-ci s'achève, semble-t-il, en 1589. Cet incorrigible séducteur, dont le cœur d'étoupe s'enflamme à la vue d'un joli minois, d'une croupe bien galbée ou d'un sein généreux, ne sait pas résister à la tentation, surtout lorsqu'elle prend l'apparence d'une belle Rochelaise, Esther Imbert, fille du bailli d'Aunis, qu'il honore de ses faveurs en même temps que Corisande.

Comme François Ier et comme Charles VII avant lui, Henri sait qu'un homme d'État n'avance qu'avec l'aide des femmes. Jeanne d'Albret, sa mère, Catherine de Bourbon, sa sœur, Corisande de Guiche sont autant d'auxiliaires qui lui permettent de forger son destin, tout au long d'une décennie de métamorphoses successives qui font du roi de Navarre tour à tour un allié ou un adversaire de la monarchie française, une menace ou un recours, un interlocuteur privilégié ou un ennemi déclaré. C'est ainsi qu'en 1578 Catherine de Médicis vient en personne à Nérac pour négocier avec son gendre, à qui elle ramène son épouse, la reine Margot. Cette dernière s'aperçoit bien vite que sa place est occupée par Françoise de Montmorency-Fosseux, dite « la petite Fosseuse », puis par Corisande de Guiche, avec lesquelles l'épouse légitime apprend vite à composer. La cohabitation à Nérac entre la fille du galant Henri II et le fils de l'austère Jeanne d'Albret fournit à la reine Margot la trame d'un petit roman, *La Ruelle mal assortie*, dans lequel elle ne dissimule ni ses fredaines ni celles de son mari, qui ne sont pas du goût des pasteurs calvinistes de la maison du roi, outrés par ces mœurs débridées et par le luxe tapageur que Marguerite introduit à la cour de Nérac, accompagnée de ses trente-trois filles d'honneur si peu farouches. Elle prend plaisir à décrire, dans ses *Mémoires,* les bals, les parties de cartes et les banquets qu'elle y organise chaque soir, évoquant cette « cour si belle et si plaisante que nous n'envions point celle de France, moi avec bon nombre de dames, et le roi mon mari étant suivi d'une belle troupe de seigneurs et de gentilshommes, aussi honnêtes gens que les plus galants que j'ai vus (dont) il n'y avait rien à regretter, sinon qu'ils étaient huguenots ».

Le roi et la reine se trompent sans même chercher à se cacher. Chacun sait que Marguerite est devenue la maîtresse du beau Turenne, compagnon d'armes de son mari, et que celui-ci n'y trouve rien à redire. Elle le remplacera bientôt par Jacques de Harlay de Champvallon, grand écuyer de son frère dont elle est tombée follement amoureuse. Cela suscitera le fameux scandale resté dans toutes les mémoires, le 7 août 1583 au bal de la reine Margot.

Ce soir-là, Henri III, ulcéré par les rumeurs dont bruit la cour et en proie à une violente crise de mysticisme, interpelle sa sœur au beau milieu de la fête donnée au Louvre dans la salle des Cariatides : « Madame ! » D'un geste définitif, il a interrompu les musiciens. Dans un déluge d'injures, il énumère la liste des amants de Margot depuis son mariage avec Henri de Navarre, sans oublier Champvallon, et conclut, cinglant, devant l'assistance médusée et sa sœur pâle comme la mort sous ses fards : « Vous n'avez que faire ici. Allez rejoindre votre mari et partez demain. »

Malgré cette scène d'une violence inouïe, elle continuera à écrire à son amant : « J'ai de la passion et de la patience. Je vis jusqu'à l'amour, j'aime jusqu'à la mort. »

Chassée de la cour par son frère, sortant ainsi de la vie d'Henri de Navarre, elle restera cependant jusqu'à son dernier jour une grande amoureuse. Pour autant, la reine Margot ne sera pas la nymphomane assoiffée de sexe que la légende a décrite, mais bien une femme artiste et intellectuelle, vivant entourée de musiciens, de savants et d'écrivains que Shakespeare mettra en scène dans ses *Peines d'amour perdues*. Elle tentera de jouer un rôle politique dans les affaires de son temps, tout en restant en bons termes avec son mari, comme une « bonne sœur ». Sur ordre d'Henri III, elle sera reléguée à la forteresse d'Usson dès 1586, en Auvergne, où elle demeurera près de vingt ans.

Quant au roi de Navarre, après les fécondes aventures de l'île de Ré, la nature lui prouve encore qu'au-delà du seul plaisir pris entre deux draps, il peut donner la vie : une de ses passades, « la Fosseuse », met au monde un petit bâtard.

Cette liberté retrouvée était la bienvenue : ses états à peine regagnés, Henri a eu besoin de toutes ses facultés pour remettre de l'ordre dans ces territoires dispersés où, faute d'autorité, l'anarchie avait régné toute la durée de sa longue absence. Sa première mission fut d'écraser les bandes organisées de pillards qui terrorisaient la région, de réinstaurer la paix dans ses comtés et d'encourager l'agriculture, l'élevage et le commerce, plus ou moins tombés à l'abandon en son absence. Il y parvint en quelques années, montrant par là, outre son grand attachement à la paysannerie, son intérêt pour les questions économiques, ce qui fera de lui une exception dans la galerie des rois de France, jusqu'à Louis-Philippe tout au moins. Sillonnant sans cesse ses états, de Bayonne à Rodez et de Pau à Limoges, discutant directement avec les villageois comme avec ses officiers, il continue, chaque jour, à s'informer, à écouter, à réfléchir, à approuver ou à sanctionner, à féliciter ou à admonester, toujours juste, toujours ferme, toujours déterminé mais jamais brutal, conscient d'incarner l'autorité et non l'autoritarisme. En fait, cet homme qui, selon la conception de l'époque, est roi par la grâce de Dieu se comporte tel un homme politique élu par ses compatriotes et tenu de légitimer leur choix par ses actes, qu'il doit eux-mêmes justifier. C'est un des aspects remarquablement modernes de son pré-règne.

Une anecdote résume parfaitement l'image qu'il donne de lui à ses sujets : s'étant un soir perdu lors de l'un de ses déplacements, il demande l'hospitalité au charbonnier Étienne Saint-Vincent. N'ayant pas reconnu le roi, celui-ci lui fait goûter un cuissot de sanglier qu'il a lui-même braconné dans les forêts de « *lou grand naz* » (le grand nez, c'est-à-dire le roi de Navarre). Le lendemain, il prend son hôte en croupe pour, lui dit-il, le présenter au roi, qu'il reconnaîtra, lui assure-t-il, à ce qu'il sera le seul à garder son chapeau devant la compagnie. Et effectivement, à Nérac, tous s'inclinent devant lui. Henri dit alors à son compagnon :

— Eh bien, charbonnier, reconnais-tu ton roi ?
— Eh, je ne sais, car à l'évidence, c'est ou toi ou moi, puisque nous sommes seuls couverts.

Et Henri de rire, tandis que l'autre lui lance :

— En tout cas n'oublie pas de me commander ton charbon à l'avenir.

La bonne humeur qu'il répand sur son passage n'empêche pas les fanatiques de le poursuivre et il n'est pas rare qu'on essaye d'attenter à sa vie, comme à Eauze, en Armagnac, où il manque une première fois d'être assassiné. Il n'échappe à l'embuscade qu'en tirant ses pistolets et en luttant pied à pied contre ses agresseurs.

Le parti catholique s'est en effet radicalisé sous l'influence de son chef, le duc de Guise, dit « le Balafré », qui, depuis 1576, a réactivé la « Ligue », puissante association de moines, bourgeois et soldats unis par un fanatisme exacerbé et constituant une redoutable et violente machine de guerre contre les huguenots. La France est désormais sous l'emprise concurrente des « trois Henri », le roi, Guise et Navarre, et chacun sait que, dans ce triptyque, il y en a un de trop. Évidemment Guise ou Navarre : l'un comme l'autre lorgnent vers la succession des lis, le premier en tant que descendant de Charlemagne, le second en tant que descendant de saint Louis. Et c'est bien à une sourde lutte d'influence que se livrent les deux prétendants, oscillant entre les artifices de la séduction et les rapports de force. À Guise Paris, au Béarnais les provinces. À Guise les catholiques, au Béarnais les protestants. À Guise la Sorbonne et le roi d'Espagne, au Béarnais les pasteurs et la reine d'Angleterre. Lequel des deux sera le prochain roi ? Chacun prend ses positions, en attendant la nouvelle paix ou la nouvelle trêve, qui, irrémédiablement, sera suivie d'une autre guerre. L'armée catholique s'empare-t-elle de La Réole ? Henri fond sur Cahors qu'il conquiert au printemps 1580, mais en marquant sa différence puisque, au terme de la bataille, il interdit le pillage, preuve d'un humanisme inconnu en son temps. Il réitère à Mont-de-Marsan, l'année suivante. Mais sa mansuétude ne fait pas de lui un stratège au rabais, même s'il essuie de-ci de-là quelques échecs. Plus que jamais, il s'impose comme un redoutable adversaire sur le terrain.

La tension s'accroît car, entretemps, le statut du Béarnais a évolué par un enchaînement des circonstances : depuis la mort prématurée du duc d'Alençon le 10 juin 1584, à l'âge de vingt-neuf ans, il est devenu, selon la loi salique, l'héritier du trône de France, dans la mesure où Henri III et la reine Louise sont manifestement incapables d'enfanter. Aussi le roi de France et celui de Navarre, forts de leur ancienne amitié, entament-ils une correspondance suivie dans laquelle, sans se voiler la face, ils prennent, l'un comme l'autre, toute la mesure d'une situation qui les dépasse et dans laquelle ils ne peuvent que voir la volonté divine. Le roi de France a d'ailleurs déjà déclaré devant sa cour, après le décès de son frère : « Aujourd'hui je reconnais le roi de Navarre pour mon seul et unique héritier. C'est un prince bien né et de bon naturel. Le mien a toujours été de l'aimer, et je sais qu'il m'aime. Il est un peu colère et piquant, mais le fond en est bon. Je m'assure que mes humeurs lui plairont et que nous nous accommoderons bien ensemble. »

C'est dans cet esprit qu'Henri III envoie à son beau-frère celui que la rumeur baptise « l'Archimignon », le duc d'Épernon, pour l'informer qu'il le considère comme son héritier, à la double condition qu'il reprenne sa place à la Cour et qu'il abjure le protestantisme. La situation est particulièrement fausse et explosive : les catholiques sont terrorisés à l'idée d'avoir prochainement pour roi un réformé, tandis que les protestants se demandent avec angoisse si, pour ceindre la couronne, leur chef se prépare à les sacrifier.

Quelques mois après ce rapprochement, Henri III, contraint par les Guise de signer le traité de Nemours, déclare la guerre à son beau-frère et met hors la loi l'ensemble des protestants du royaume. Le roi de Navarre reçoit cette nouvelle avec une telle tristesse qu'on dit qu'en une nuit sa moustache se mit à blanchir. Il est pourtant obligé de reprendre le combat, puisque ce ne sont pas moins de trois armées que les catholiques français envoient contre les protestants à l'automne 1586, après l'échec d'une ultime négociation entre Catherine de Médicis et son gendre. C'est la fameuse entrevue de Saint-Brice, telle que la raconte un témoin :

> « Catherine lui parut si âgée qu'il lui fit, ému, une profonde révérence. Elle le serra dans ses bras, l'étreignit, la larme à l'œil et, à ce moment, Navarre sentit qu'elle le tâtait pour voir si, sous le pourpoint, il portait sa cotte de maille... Il éclata de rire, soulagé de la retrouver pareille à elle-même ; se déboutonnant, il lui montra sa poitrine nue :

— Voyez ? Madame, je ne sers personne à couvert. [...]

— Eh bien ! Mon fils, ferons-nous quelque chose de bon ? Dites-nous ce que vous désirez pour cela.

— Madame, je ne demande rien et ne suis venu que pour recevoir vos commandements.

— Là, là, faites quelque ouverture ! Voulez-vous être la cause de la ruine de ce royaume ? Personne autre que vous, après le roi, n'a plus d'intérêt à sa conservation. [...]

— Madame, ni vous ni le roi ne l'avez cru, car vous avez dressé huit armées contre moi.

— Quelles armées ? Mon fils, vous vous abusez. Pensez-vous que, si le roi eût voulu vous ruiner, il ne l'eût pas fait ? Le roi vous aime et vous honore et désire vous voir auprès de lui et vous embrasser comme un frère.

— Madame, le roi qui m'est comme un père, au lieu de me nourrir comme son enfant, m'a fait la guerre comme un loup, et, quant à vous, Madame, vous me l'avez faite comme une lionne. [...]

— Faisons une trêve pour quelque temps pendant lequel vous conférerez avec vos ministres afin de faciliter une bonne paix. Mais pour obtenir cette paix, il faut que vous redeveniez catholique.

— Ah ! Madame, répondit insolemment Navarre, je me plains de votre âge qui fait tort à votre mémoire... Je suis fidèle à moi, ne le sauriez-vous pas ?

— Oh ! Je sais surtout que vous n'êtes pas le maître chez vous ; vous ne faites pas ce que vous voulez...

— Je ne fais pas ce que je veux ni ce que je peux, mais ce que je dois.

L'inflexible Béarnais baisa la royale main toujours belle et se retira. »

Henri de Navarre remporte une éclatante victoire le 20 octobre 1587 à Coutras, contre le duc de Joyeuse et son frère, tués dans l'affrontement ainsi que quelque deux mille cavaliers : l'armée catholique y est décimée dans sa quasi-totalité. Henri fait à nouveau grâce aux vaincus, puis dépose leurs drapeaux à Pau, au pied de la comtesse de Guiche, la nouvelle Vénus du nouveau Mars. Encore a-t-il le génie, à l'issue de cette boucherie, de feindre de croire qu'il a battu la Ligue et non les troupes royales, s'écriant : « Je suis bien marri qu'en cette journée je ne puis faire différence des bons et naturels Français d'avec les partisans d'adhérents de la Ligue. »

Coutras, la première grande bataille qu'il remporte seul, constitue un tournant dans la vie du roi de Navarre, mais aussi du futur Henri IV qui gagne là, comme Bonaparte à Marengo, ses galons de grand capitaine devant l'histoire. Avec une science consommée de la stratégie, passant une partie du combat à diriger ses troupes et l'autre à batailler lui-même, il galvanise ses hommes, dont Condé à qui il lance : « Souvenez-vous que vous êtes du sang des Bourbons. Je vous ferai voir que je suis votre aîné. » Il s'entend répondre : « Nous nous montrerons bons cadets. » Sur le terrain sanglant, coiffé pour la première fois de son casque à panache blanc, il impose pleinement son autorité et incarne désormais le recours, celui à qui Dieu accorde la victoire, comme l'écrit si bien Agrippa d'Aubigné :

« Vois deux camps dont l'un prie et soupire en s'armant,
L'autre, présomptueux, menace en blasphémant.
O Coutras ! Combien tôt cette petite plaine
Est de cinq mille morts et de vengeance pleine ! »

« La voici l'heureuse journée
Que Dieu a faite à plein désir
Par nous soit joie démenée
Et prenons en elle plaisir. »

Ce déchaînement de violence correspond-il bien à la volonté divine ? s'interroge le vainqueur. En contemplant les dépouilles, à commencer par celles du duc de Joyeuse et de son frère, le futur Henri IV, au plus profond de lui-même, ne le croit pas : « Il me fâche fort du sang qui se répand. » En son for intérieur, il est néanmoins convaincu que c'est grâce à sa foi que le succès lui a souri, ainsi qu'il l'écrit à Corisande : « Dirais-je, comme David, que celui qui m'a donné jusqu'ici victoire sur mes ennemis me rendra cette affaire facile ? Ainsi soit-il par sa grâce. » Sa piété n'empêche pas les ligueurs parisiens, propageant une hystérie délirante, de le considérer comme « l'Antéchrist ». Un certain Ravaillac, qui, pour l'heure, se morfond à Angoulême, ne l'oubliera pas ! Henri hausse les épaules lorsque le nouveau pape Sixte Quint l'excommunie à son tour et surtout fulmine une bulle destinée à le déchoir de ses droits à la couronne de France, invoquant l'éternelle aberration de la fille aînée de l'Église dirigée par un calviniste, d'un corps catholique doté d'une tête protestante. À cette diatribe, Henri répond noblement, par une adresse solennelle, qu'il conclut d'une belle leçon d'éthique stigmatisant ceux qui « se sont oubliés de leur devoir et ont passé les bornes de leur vocation, confondant le temporel et le spirituel ».

Ce style, très moderne, démontre que le roi de Navarre, certes aidé par son conseiller Duplessis-Mornay, manie aussi bien la plume que l'épée – c'est une de ses nombreuses ressemblances avec son grand-oncle François Ier. Lorsqu'ils ne sont pas en campagne, les deux camps se livrent à une autre bataille de pamphlets, de libelles, de satires et autres lettres, peut-être plus décisives dans l'opinion publique que les sanglantes chevauchées des guerres de religion. Par ses appels répétés aux consciences individuelles, au jugement de chacun, mais aussi à l'autorité monarchique de la force du droit divin ou à celle de la hiérarchie catholique, Henri anticipe l'avènement de la raison et des Lumières.

Ainsi en est-il, au printemps 1588, de sa nouvelle adresse aux trois états du royaume, les états généraux, réunis à Blois pour la seconde fois par Henri III à l'heure où son armée campe jusque sur les bords de la Loire. Henri IV prône une fois de plus la voie de la sagesse, tout en fixant déjà son programme de gouvernement si le destin devait le conduire sur le trône de France. Extraordinaire déclaration, dans laquelle, avec un sens consommé de la pédagogie et un incontestable génie de l'image, il manifeste sa différence et affiche son bon sens, tout au long d'une savante métaphore médicale sur les analogies entre le corps humain et celui de la Nation :

« N'est-ce pas une misère qu'il n'y ait si petit ni si grand en ce royaume qui ne voie le mal, qui ne crie contre les armes, qui ne les nomme la fièvre continue et mortelle de cet État et néanmoins jusqu'ici, nul n'a ouvert la bouche pour y trouver le remède ? Qu'en toute cette assemblée de Blois nul n'ait osé prononcer le sacré mot de paix, ce mot dans l'effet duquel consiste le bien de ce royaume ? Nous avons tous assez fait et souffert de mal. Nous avons été quatre ans ivres, insensés et furieux, n'est-ce pas assez ? J'appelle donc avec moi tous ceux qui auront ce saint désir de la paix, de quelque condition et qualité qu'ils puissent être, espérant que si Dieu bénit mon dessein, autant comme je montre de hardiesse à l'entreprise, autant aurai-je de fidélité, après en avoir vu la fin, rendant à mon roi mon obéissance, à mon pays mon devoir, et à moi-même mon repos et mon contentement dans la liberté de tous les gens de bien... Notre État est extrêmement malade ; chacun le voit par tous les signes. On juge que la cause du mal est la guerre civile, maladie presque incurable de laquelle nul État n'échappa jamais ; ou, s'il en est relevé, si cette apoplexie ne l'a emporté du tout, elle s'est au moins terminée en paralysie, en la perte entière de la moitié du corps. Quel remède ? Nul autre que la paix, qui fait l'ordre au cœur de ce royaume qui, par l'ordre, chasse les désobéissances et malignes humeurs, purge les corrompues et les emplit de bon sang, de bonnes volontés ; qui, en somme, le fait vivre. C'est la paix qu'il faut demander à Dieu, pour son seul remède, pour sa seule guérison, qui en cherche d'autre, au lieu de le guérir, le veut empoisonner. Je vous conjure donc tous, par cet écrit, autant catholiques, serviteurs du roi monseigneur, comme ceux qui ne le sont pas. Je vous appelle comme Français. Je vous somme que vous ayez pitié de cet État, de vous-même qui, le sapant par le pied, ne vous sauverez jamais, que la ruine ne vous en accable ; de moi encore, que vous contraignez par la force à voir, à souffrir, à faire des choses que, sans les armes, je mourrais mille fois plutôt que de voir, de souffrir et de faire ; je vous conjure de dépouiller à ce coup les misérables aigreurs de guerre et de violences pour reprendre les haleines de paix et d'union, les volontés d'obéissance et d'ordre, les esprits de concorde, par laquelle les moindres États deviennent puissants, et par laquelle le nôtre a si longtemps fleuri le premier royaume de ceux de la chrétienté. »

Durant toutes ces péripéties, le roi de Navarre s'est constitué une cohorte d'amis proches qu'on appellerait de nos jours une « équipe de campagne ». La tolérance y est déjà de mise : catholiques pour certains, protestants pour les autres, ils sont capables de dépasser leurs préjugés pour se fondre totalement derrière un chef charismatique qui, toujours à cheval, les entraîne quotidiennement d'une province à l'autre dans un perpétuel déploiement de bonne humeur et de franche camaraderie. Cette douzaine de nobles issus de ses diverses terres (Béarn, Gascogne, Navarre, Armagnac, Périgord, Limousin…) sont jeunes, valeureux au combat et réfléchis dans la pratique des affaires. Ils bénéficient de toute sa confiance et sont prêts à mourir pour lui, ou tout au moins à accourir à ses appels, qu'il formule toujours d'une façon très particulière, tel celui-ci à Batz : « Mon Faucheur, mets des ailes à ta meilleure bête ; j'ai dit à Montespan de crever la sienne. Pourquoi ? Tu le sauras de moi à Nérac ; hâte, cours, viens, vole » ; ou cet autre à Fervaques : « À cheval, car je veux voir à ce coup-ci de quel poil sont les oisons de Normandie. Rejoins-moi à Alençon. »

Les principaux sont Henri d'Albret de Miossens, son premier gentilhomme, François de Montesquiou, son chef d'état-major, Bernard de Xaintrailles, son capitaine des gardes, Jean de Durfort, vicomte de Duras, son chambellan, et Agrippa d'Aubigné, son écuyer. Armand de Gontaut-Biron est son diplomate, François de Ségur son trésorier et, parmi ses capitaines, on compte Antoine de Roquelaure, Jean de Beaumanoir de Lavardin et Henri de La Tour, vicomte de Turenne, ainsi qu'un jeune page nommé Maximilien de Béthune. Tous se préparent, sans le savoir, à entrer dans l'histoire de France derrière leur maître. En attendant, c'est bien avec eux qu'Henri gouverne, non seulement ses terres, mais encore la Guyenne qu'il administre au nom du roi et qu'il semble avoir faite sienne. Ainsi se trouve-t-il le maître d'un grand quart sud-ouest de la France, dans lequel il apprend son métier de roi, avec un talent et une modération constante appréciés des catholiques comme des protestants. Loin de vouloir s'y tailler un royaume à sa mesure, il préfère, malgré ses ambitions, en faire le laboratoire de la politique qu'il appliquera, l'heure venue, à l'ensemble de la France. Aussi, à aucun moment, il ne rompt le dialogue avec Henri III, sans toutefois s'aventurer au-delà de la frontière avec le royaume de France, pour ne pas se retrouver à nouveau l'otage de sa redoutable belle-mère qu'il ne rencontre qu'au sein de ses propres états.

À sa place, un homme pressé aurait choisi la rupture et fait sécession. Homme avisé, il préfère attendre que le fruit mûr tombe tout seul, sachant d'instinct qu'il ne faut jamais forcer le destin, mais le vivre au moment opportun. Prudent toutefois, il n'en poursuit pas moins d'intenses relations diplomatiques avec la reine d'Angleterre et les princes allemands protestants, dont il comprend qu'il aura besoin un jour et avec lesquels il correspond en latin, puisqu'il ne connaît ni l'anglais ni l'allemand. Il fédère ainsi une manière de « contre-ligue » de la Réforme qui pourra jouer en sa faveur à point nommé. Même si, chaque jour que Dieu fait, il se réclame en faveur de la paix, sans mentir ni aux autres ni à lui-même. Ce chef de guerre consommé demeure en effet persuadé – et le sera jusqu'à son dernier jour – que la guerre, qu'il aime pourtant mener, n'est jamais un but en soi, mais un moyen, et le dernier à utiliser lorsque toute négociation est devenue impossible. C'est ce que penseront plus tard Fénelon puis Voltaire, qui s'inspireront de son exemple, mieux, le revendiqueront.

Cette conviction, il l'a formellement émise, dès 1576, en adressant à l'assemblée générale des états généraux à Blois, à laquelle Henri III l'a convié mais où il s'est bien gardé de se rendre, cette observation si rarement formulée en son temps : « Il y en a qui sont décidés à troubler l'exécution des états. Mais ces états, ne les avons-nous pas souhaités pour le rétablissement de ce royaume ? Tous, maintenant, gentilshommes, ecclésiastiques, marchands, laboureurs, s'accordent pour leur demander l'observation de la paix, que le sceptre soit affermi, le peuple remis en bon repos et tranquillité. Nous avons battu nos frères en diverses batailles, nous ne les avons jamais pu abattre. Nous les avons enivrés de vin aux noces, nous leur avons coupé la tête en dormant et, à peu de jours de là, nous les avons vus de nos yeux ressusciter aussi fort qu'auparavant. Il s'agit maintenant de les gagner par la douceur et la persuasion. »

Magnifique texte qui montre combien, plus que

tout autre, il a mesuré tout au long de ces années formatrices l'étendue des dommages de la guerre qui détruit les cultures, ravage les terres et obère le budget des états.

Duplessis-Mornay écrit alors, à propos du roi de Navarre : « Ce prince n'est pas né pour céder au désespoir. » Il s'adresse à Michel de Montaigne, gentilhomme de la chambre du roi de Navarre, qui, en 1588, vient de publier *Les Essais*. La paix occupe une large part de ses réflexions, comme de nombre d'intellectuels de son temps, Pasquier, Amyot ou La Noue, qui, s'appuyant sur une tradition héritée de la Renaissance, dénoncent de plus en plus vivement la guerre, surtout la guerre civile. Il semblerait que les artistes ne soient pas en reste, puisque quantité de dessins ou de gravures répandent un peu partout l'image de la Ligue sous les traits d'un dragon ou d'une gorgone coiffée de serpents, en bref d'une créature diabolique... en attente d'un nouveau saint Michel pour la terrasser. Si Henri ne connaissait pas son devoir, nul doute que tous ces écrits et cette imagerie viendraient le lui rappeler, comme le font son entourage, sa famille, ses soldats, ses Églises et ses sujets, mais surtout – et plus surprenant – le roi de France en personne qui bientôt, et sans doute au pire moment de son règne, lui tend la main.

Né dans un château mais élevé chez les bûcherons, à six ans il ne sait pas encore un mot de français mais parle déjà couramment le latin. Maire de Bordeaux et familier d'Henri IV, il signe ses *Essais* Michel de Montaigne.

C'est Pierre Eyquem, le père de Montaigne, qui fait franchir à sa famille le pas décisif de la bourgeoisie à la noblesse en devenant en 1519 seigneur de Montaigne. Il a combattu aux côtés de François Ier durant les guerres d'Italie. À son retour, en 1528, il épouse Antoinette de Louppes, riche descendante des Lopez, juifs portugais installés à Bordeaux et à Toulouse. Après avoir mis au monde deux enfants, qui mourront prématurément, elle accouche le 28 février 1533 d'un fils, le futur écrivain. Sur l'acte de naissance, le nom d'Eyquem n'apparaît pas et l'enfant hérite du beau nom de Michel de Montaigne. Son père est déjà déterminé sur l'éducation qu'il recevra et son idée est des plus originales : il confie d'abord le bébé en nourrice chez de pauvres bûcherons, non seulement pour que son fils s'affermisse dans « la frugalité et l'austérité » mais aussi pour l'habituer à aimer le peuple au détriment des puissants, à « regarder plutôt vers celui qui tend les bras que vers celui qui tourne le dos ». Il lui offre ensuite une éducation de « bon sauvage » au fin fond de la forêt, si bien que Michel à six ans ne sait toujours pas un mot de français mais parle le plus pur des latins. Son père a toujours rêvé pour lui des plus hautes destinées. La musique adoucissant les mœurs, il le fait, chaque matin, réveiller par un joueur de luth ou un virtuose de l'archer. Comme l'a si bien écrit Stefan Zweig, « aucun fils des rois Bourbon, aucun rejeton d'empereur Habsbourg n'a jamais été élevé avec autant d'égards que ce petit-fils d'un marchand de poissons gascon et d'un courtier juif ».

À vingt ans, son éducation est achevée. Le front haut, les sourcils bien dessinés, le regard vif et la barbe fine, Michel est séduisant mais souffre de sa taille qu'il estime au-dessous de la moyenne. Il préférerait « une belle prestance et une majesté corporelle ». Il compense ce complexe par l'équitation : « Depuis mon premier âge, je n'ai aimé que d'aller à cheval ; à pied, je me crotte jusqu'aux fesses » ! En octobre 1562, en pleine guerre civile, il se rend avec l'armée royale à Rouen, pour reprendre la ville aux protestants. Il a trente ans. Au cours d'une cérémonie sur la place du marché, trois indigènes venus du Brésil sont présentés à Charles IX. Alors qu'un membre de la suite du roi questionne l'un des Indiens sur ce qui l'étonne le plus en France, le bon sauvage répond avec une grande sagesse : « Deux choses, d'abord que de grands hommes portant barbe, forts et armés, obéissent à un enfant. (Il est vrai que le roi Charles IX a alors douze ans.) Et ensuite, que les mendiants de la ville, "décharnés de faim et de pauvreté", n'égorgent pas sur le champ leurs compatriotes pleins et gorgés de toutes sortes de commodités. » Vivement frappé par la scène, Montaigne leur consacrera un chapitre de ses *Essais,* ironiquement intitulé « Des cannibales ». Il y donne une vision spontanée et prémonitoire de la lutte des classes.

C'est lors d'un séjour à Rome que Montaigne reçoit une grande nouvelle : il vient d'être élu pour deux ans maire de Bordeaux. Et Henri III dans une lettre le presse de rejoindre ce nouveau poste : « Vous ferez chose qui me sera très agréable, et le contraire me déplairait grandement. » Souple et ferme à la fois, le nouvel édile fera merveille, sachant mener sans dommage, outre sa fonction d'élu, son travail d'écrivain. La transparence est déjà son mot d'ordre : « Le maire et Montaigne ont toujours été deux, d'une séparation bien claire », ajoute-t-il dans ses corrections à la seconde édition des *Essais.*

Quand il est réélu pour un mandat de deux ans, commence alors sa carrière de conciliateur. Un rôle où il excelle. Ainsi reçoit-il chez lui en 1584 le roi de Navarre, héritier du trône et futur Henri IV. Plus de quarante gentilshommes logent au château avec leurs valets de chambre, pages et soldats. Très proche du maréchal de Matignon, ministre tout dévoué à Henri III, Montaigne le soutient l'année suivante afin d'empêcher que Bordeaux ne tombe aux mains des ligueurs, ennemis d'Henri III autant que du protestant Navarre. Il va œuvrer considérablement afin de créer ce climat de confiance qui aboutira à l'alliance entre les deux Henri. Au moment où il met au point le livre III des *Essais,* il parachève la conciliation définitive, recevant Henri de Navarre une nouvelle fois chez lui à Montaigne. Il prouve ainsi que les grands écrivains peuvent être d'excellents conseillers pour les princes, qui rêvent même d'endosser leur costume. Cela n'a pas échappé à Alfred de Vigny : « Les princes font des livres à présent, tant ils sentent que le pouvoir est là. » Lucide, Michel de Montaigne saura dire aux tenants du trône, Henri III puis Henri IV, comment il convient d'être roi : « Un roi doit pouvoir répondre, comme Iphicrates répondit à l'orateur qui le pressait en son invective de cette manière : Et bien qu'es-tu, pour faire tant le brave ? Es-tu homme d'armes ? Es-tu archer ? Es-tu piquier ? – Je ne suis rien de tout cela, mais je suis celui qui sait commander à tous ceux-là. »

En 1590, quand Henri IV accède au trône de France, l'écrivain refuse de le suivre à la cour. Il laisse la place aux plus jeunes et se contente d'adresser au roi une sublime lettre, à la fois testament politique et ébauche d'un programme d'avenir et de réconciliation pour le nouveau souverain. Faisant subtilement allusion à la conversion du roi au catholicisme – c'était le plus cher de ses vœux –, Montaigne écrit : « Un grand conquérant du temps passé se vante d'avoir donné autant d'occasions à ses ennemis subjugués de l'aimer qu'à ses amis. »

Au soir de sa vie, à cinquante-cinq ans, Montaigne retourne dans la pénombre de son cabinet de travail. Mais il est illuminé par une joie intérieure. À Paris, il a rencontré une admiratrice de ses *Essais,* Mlle de Gournay ; il l'appelle sa « fille d'alliance ». N'est-elle pas aussi son ultime amour ?

9

UN DESTIN SCELLÉ

« Il est temps, Sire, que vous fassiez
l'amour à toute la chrétienté, et particulièrement à la France. »

Duplessis-Mornay
(à Henri de Navarre)

Le château de Plessis-les-Tours est encore
empreint des noirs souvenirs de Louis XI qui,
selon la tradition, avant d'y finir lugubrement sa
vie, avait aménagé dans ses caves les sinistres
cages nommées ses « fillettes », dans lesquelles il
faisait enfermer ses opposants. C'est une tout
autre réunion qui, le 30 avril 1589, y attire un
grand concours de gentes dames et de gentilshommes, tous revêtus de leurs plus beaux atours.
Malgré le printemps qui pointe, il fait encore bien
froid dans cette vaste demeure de brique et de
pierre. Pour l'égayer, on l'a parée d'orangers en
pots, de tapisseries du garde-meuble de la
Couronne et de grands feux illuminant les vastes
cheminées devant lesquelles les femmes viennent
se chauffer. Des musiciens animent le lieu, de
même que les innombrables serviteurs en livrée
portant d'appétissants plateaux chargés de pièces
de gibiers de toutes sortes, d'entremets variés et
d'exquises pâtisseries, d'autres les suivant avec
des hanaps emplis des vins les plus rares, de cidre
ou de bière, d'eau aussi pour les plus tempérés.

Ce ballet coloré et odorant annonce que le banquet va être bientôt servi, se dit-on, dès que les deux hommes qu'on attend daigneront paraître.

Une corne d'argent retentit et, suivis d'un imposant service d'ordre, ils arrivent enfin, ces deux rois autour desquels chacun fait respectueusement cercle, avec une grande curiosité, puisque cela fait déjà treize ans qu'ils ne se sont vus. L'un est grand, un mètre quatre-vingt-cinq, ce qui est assez rare pour l'époque ; l'autre atteint à peine un mètre soixante-cinq, ce qui correspond à la taille courante, même s'il passe pour petit. Aussi arbore-t-il un chapeau à large bord couronné de plumes destiné à agrandir sa silhouette, tandis que l'autre est coiffé d'un petit chapeau « à la polonaise », perché haut sur la tête, avec aigrette et diamants. Si tous deux portent la barbe pointue à la mode, le premier est revêtu d'un étincelant pourpoint, de chausses de fine soie ainsi que d'un somptueux manteau de brocart dont les parements sont constellés de joyaux, tandis que le second est vêtu en soldat, avec une cuirasse, toujours un peu débraillé pour le reste de sa tenue, selon son habitude. Le premier, qui ne jouit pas d'une bonne santé, est plutôt pâle, affublé d'un gros nez et d'un bas de visage affaissé qu'une mouche posée sous les lèvres tente d'affiner, de même que de précieuses boucles d'oreilles en perles ; le second a au contraire une mine de sanguin, des traits taillés en lame de couteau, un nez aquilin. Il ne porte aucun bijou.

Le premier est manifestement un citadin, peu habitué à l'exercice, le second un campagnard, cavalier émérite et expert dans le maniement des armes. Accoutumé à demeurer avec ses favoris dans son palais du Louvre, le premier n'a pratiquement aucun rapport avec le peuple, ce qui n'est pas le cas du second, voyageur infatigable, qui loge à l'occasion chez ses sujets, parle avec eux, les écoute et, de ce fait, connaît leurs besoins et leurs désirs. Si tous deux sont lettrés et fins causeurs, l'un affiche un grand air d'élégance distante rappelant qu'il est non seulement un Valois mais aussi un Médicis, contrairement à l'autre qui, bien que Bourbon, aime à faire valoir la rusticité des Albret et l'aspect beaucoup plus chaleureux de sa personnalité.

On a souvent dit du premier qu'il était un héros shakespearien en raison de son goût prononcé pour l'exagération, le travestissement, la dévotion morbide et la sexualité équivoque. Ces traits composent un personnage fascinant qui incarne parfaitement le crépuscule d'un règne, d'une époque et d'une dynastie. L'autre, son exact opposé, est une réplique vivante d'Amadis de Gaule auquel il s'identifie depuis sa jeunesse. Mesuré, viril, une foi tempérée par la rigueur calviniste, une sexualité franchement vouée aux femmes, un humour de tous les instants, toute sa personnalité annonce l'aurore d'une nouvelle ère. L'un est catholique, l'autre « parpaillot » : ils représentent, aux yeux des deux cours assemblées sur fond de troupes, l'essence du clivage dont souffre la France. Fascinante est cette rencontre au sommet, jusque-là fort improbable, entre Henri III, roi de France, et son cousin et beau-frère Henri III, roi de Navarre, de deux ans son cadet et devenu son successeur depuis la mort du duc d'Alençon qui a sonné l'extinction prochaine de la maison de Valois.

Un témoin raconte : « Toute la noblesse était dans le parc, avec une multitude de peuple curieux de voir cette entrevue. Aussitôt que le roi de Navarre fut entré dans le château, on alla avertir le roi, lequel s'achemina le long du jeu de paille-mail, cependant que le roi de Navarre et les siens descendaient l'escalier par lequel on sortait du château pour entrer dans le parc. Au pied des marches, le grand prieur de France, depuis appelé le comte d'Auvergne, assisté de MM. de Sourdis, de Liancourt et autres chevaliers des ordres du roi, le reçurent et l'accompagnèrent pour aller vers Sa Majesté, au bruit que les archers firent criant : "Place, place, voici le roi." La presse se fendit et, sitôt que le roi de Navarre vit sa Majesté, il s'inclina et le roi vint l'embrasser. » Cette réunion de Plessis-les-Tours est une rencontre de compromis, à l'heure où les positions catholiques et protestantes se sont furieusement radicalisées sous la pression de la Ligue qui, à Paris, en la personne du duc de Guise, outré par la défaite de Coutras, s'est mise à dicter sa conduite au roi. Plus même, à entretenir un climat de folie insurrectionnelle qui, après la journée des barricades du 12 mai, a conduit Henri III, à présent inquiet pour sa sécurité, à quitter la ville pour se retirer à Blois, lui que les Parisiens appellent désormais « Henri de Valois » ou « Henri, naguère roi de France ».

Outrepassant ses droits, la Ligue, en effet, se comporte aujourd'hui comme si le roi n'était plus ou, pis, comme si la France n'avait plus de roi, sinon un pantin qu'elle peut manœuvrer comme elle le veut. Cela arrive parfois dans cette ville à la tête folle : la Fronde, un jour, la Commune, un autre, prétendront comme la Ligue gouverner seules la France. Mais, plus grave, au-delà de la déliquescence programmée de l'État monarchique, c'est l'intégrité territoriale de la Nation qui est en cause, avec le risque de voir se constituer, au sud, un royaume protestant sous l'autorité du roi de Navarre, à l'est, un état lorrain catholique, dirigé par Guise, et, entre les deux, des provinces indépendantes, telles la Picardie, donnée au duc d'Aumale, la Bourgogne au duc de Mayenne, la Bretagne au duc de Mercœur. Le vieil État capétien est-il destiné à finir comme une charogne dépecée à belles dents par une horde de loups affamés ? C'est ce qu'Henri III, garant de l'unité de la Nation, ne saurait tolérer sauf à se soustraire à ses responsabilités.

La première d'entre elle, c'est désormais une évidence, consiste à se rapprocher de celui qui partage les mêmes convictions que lui, le roi de Navarre – son adversaire sans doute, mais non son ennemi, contrairement au duc de Guise qui l'est assurément et dont la morgue ne connaît plus de limites. C'est ce que lui conseillent ses proches ; c'est ce qu'il pense au plus profond de lui-même. Voilà pourquoi, à Blois, après avoir renvoyé les ministres trop proches de Guise, il a convoqué les états généraux, où a été lue, dans la

185

confusion générale, la proclamation du roi de Navarre qui, au même moment, présidait l'assemblée des Églises calvinistes à La Rochelle. Aucune solution n'ayant été trouvée, Henri III, le 23 décembre 1588, prit la résolution de se débarrasser de l'arrogant duc de Guise en le faisant assassiner, solution certes peu chrétienne, mais qui permit la disparition de l'incontrôlable chef des catholiques les plus intransigeants. Henri apprit la mort de son ennemi par un mot d'Épernon avec, pour preuve absolue, une des bagues que le Balafré portait au moment de sa mort et que lui avait offerte la veille sa maîtresse, qui n'était autre que Mme de Sauve, l'ancienne bonne amie du roi de Navarre.

— Enfin, je suis roi, confia Henri III à sa mère, en contemplant au sol le corps de son ennemi.

Ce crime audacieux achevait une année qui avait déjà vu la mort, cette fois naturelle, du prince de Condé, chef des protestants les plus implacables. Une autre commençait, marquée le 5 janvier par la mort de Catherine de Médicis elle-même, une souveraine qui, après avoir longtemps cherché la paix, avait fini par en être l'obstacle principal. Les extrêmes à présent éliminés, le ciel semblait enfin s'éclaircir et l'alliance devenir possible entre le roi de France et le roi de Navarre. Les deux hommes – peut-être parce qu'ils étaient tellement différents ! – s'étaient, au fond, toujours estimés, même si l'histoire manqua d'en rester là, puisque, le 9 de ce même mois, Henri de Navarre fut victime, à Niort, d'une pleurésie si violente que, pendant quelques jours, ses proches le crurent perdu.

Il en réchappa pourtant et se donna le luxe de prendre Châtellerault au mois de mars suivant, puis Montbazon, avançant désormais ses pions en pleine lumière pour achever de convaincre Henri III, si besoin était, de conclure la paix au plus vite. Ce dernier y consent enfin en déclarant la trêve des combats, le 26 avril. Puisque les deux hommes sont si proches, il ne leur reste plus qu'à se rencontrer, ce que prépare un abondant échange de lettres, destiné à prouver au Béarnais qu'aucun guet-apens ne l'attend, mais bien de véritables retrouvailles. Ainsi la rencontre de Plessis-les-Tours, quatre jours plus tard, réunit-elle d'une manière totalement empirique, mais dans un réel désir de paix, les éléments les plus raisonnables du royaume. Le roi de Navarre l'écrit spirituellement à Duplessis-Mornay, après une première entrevue à Châtillon, qui a vu les deux Henri tomber dans les bras l'un de l'autre en pleurant : « La glace a été rompue, non sans nombre d'avertissements que, si j'y allais, j'étais mort. J'ai passé l'eau en me recommandant à Dieu, lequel par sa bonté ne m'a pas seulement préservé, mais fait paraître au visage une joie extrême ; au peuple un applaudissement non pareil, même criant : "Vivent les rois" ; de quoi j'étais bien marri. Il y a eu mille particularités que l'on peut dire remarquables. » Après treize années de séparations et de multiples guerres, une très vive émotion préside ce singulier retournement de situation.

Tandis que les « mignons » du roi, qui,

contrairement à la légende, n'ont rien d'efféminé et constituent plutôt sa garde prétorienne – François d'O, Jean-Louis de Nogaret de La Valette, duc d'Épernon, Anne de Batarnay de Joyeuse –, fraternisent avec les compagnons du roi de Navarre, les deux souverains, tout à leur joie d'avoir enfin conclu la paix, ne se quittent plus et devisent des journées entières, avant de présider force banquets roboratifs où chacun apprend à mieux connaître l'autre. Le passé est oublié, l'avenir seul compte. Il leur paraît radieux à l'un comme à l'autre, à l'heure où leurs ennemis ont disparu. Au terme de deux journées de liesse, les deux rois, suivis de leurs armées respectives, se dirigent vers Paris qui, depuis l'annonce de l'assassinat du duc de Guise, s'est barricadé derrière ses puissantes fortifications, le pouvoir étant désormais aux mains d'une Ligue se comportant de facto comme si la France était devenue une république théocratique, à l'image de certaines nations contemporaines. La progression des deux cours est rapide puisque, l'été venu, le long cortège reçoit la reddition de Pithiviers puis d'Étampes, où les deux Henri font leur entrée côte à côte, à cheval, ce jour où le second écrit à Corisande : « Nous verrons bientôt les cloches de Notre-Dame de Paris. » Progressant par l'ouest, l'armée est à présent à Poissy où l'ensemble des troupes opèrent leur jonction. À leur approche, les villages d'Île-de-France se vident, leurs habitants allant se réfugier avec leurs troupeaux dans cette capitale rebelle qu'Agrippa d'Aubigné contemple, depuis la colline de Suresnes, et que, coutumier de verts propos, il regrette de ne pouvoir forcer comme une fille : « J'avoue qu'il y a du royaume à bon escient d'être venu baiser cette belle ville et ne lui mettre pas la main au sein. »

Enfin aux portes de sa capitale, Henri III, fin juillet, prend ses quartiers à Saint-Cloud, dans le château de l'évêque de Paris, Pierre de Gondi, un modeste bâtiment qui n'est pas la somptueuse demeure que le frère cadet de Louis XIV fera édifier plus tard. C'est là que, le matin du 1er août, alors qu'il se trouve sur sa chaise percée, il accepte de recevoir le moine Jacques Clément, qui lui demande audience pour lui remettre un placet. En fait, c'est un couteau que ce jeune ecclésiastique de vingt-deux ans, en rupture de ban, extirpe de la manche de sa robe de bure, avec lequel il transperce le ventre du dernier Valois, qui s'écroule aussitôt. Henri III mettra cependant plusieurs heures à mourir, ce qui lui permet de recevoir nombre de visites, dont celle de son cousin, auquel il déclare prophétique-ment : « Mon frère, vous voyez comme vos ennemis et les miens m'ont traité. Il faut que vous preniez garde qu'ils ne vous en fassent autant. » La nuit du 2 août à 2 heures du matin, le roi rassemble les gentilshommes de sa cour pour, selon le témoi-gnage d'un contemporain, leur dire publiquement, en désignant son beau-frère et cousin : « Messieurs, approchez-vous et écoutez mes dernières inten-tions sur les choses que vous devez observer quand il plaira à Dieu de me faire partir de ce monde. Je vous prie comme mes amis et vous ordonne comme votre roi que vous reconnaissiez, après ma mort, mon frère que voilà ; que vous ayez la même affection et fidélité pour lui que vous avez toujours eue pour moi, et que, pour ma satisfaction et votre propre devoir, vous lui en prêtiez le serment en ma présence. Et vous, mon frère, que Dieu vous y assiste de sa divine providence, mais aussi vous prierai-je que vous gouverniez cet État et tous ces peuples qui sont sujets à votre légitime obéissance par leurs propres volontés, autant qu'ils y sont obligés par la force de leur devoir. »

Cet adoubement achevé et après force messes, Henri III reçoit les derniers sacrements et s'éteint au milieu des pleurs de son entourage – Manou, Châteauvieux, Clermont d'Entragues et Dampierre. En vertu de l'adage qui veut qu'en France le roi ne meurt jamais, Henri III de Navarre devient aussitôt le roi Henri IV. Si cette nouvelle ne fait qu'exaspérer davantage la population de Paris, excitée par la Ligue, l'annonce de la mort du souverain provoque une joie inouïe. Cela prouve à Henri, si besoin était, qu'il devra conquérir son royaume à la pointe de l'épée, puisque la capitale lui est plus fermée que jamais, malgré sa première déclaration solennelle, marquée du sceau de la prudence : « Nous, Henri, par la grâce de Dieu, roi de France et de Navarre, promettons et jurons en foi et parole de roi, par ces présentes signées de notre main, à tous nos bons et fidèles sujets, de maintenir et conserver en notre royaume la religion catholique, apostolique et romaine dans son entier, sans y innover ni changer autre chose. »

Non seulement la Ligue redouble de violence, mais décide encore de choisir elle-même son souverain, comme si elle en avait le droit. Dans un pays où la tradition exige que la couronne soit inaliénable, le cardinal de Bourbon, abbé de Saint-Germain-des-Prés et oncle d'Henri, celui qu'on fait désormais passer pour le bâtard de « Jeanne la Cruelle », est proclamé roi sous le nom de Charles X, avec la bénédiction du pape.

Le cardinal de Bourbon, toutefois, ne règne que peu de temps, puisqu'il s'éteint quelques semaines plus tard, sans avoir été ni véritablement reconnu par les Français ni sacré. Cette mort ranime les convoitises. Celles du roi d'Espagne, qui imagine de faire monter sur le trône sa fille Isabelle, celles du duc de Savoie ou du duc de Lorraine qui, en vertu de leur parenté avec Henri II, se voient très bien succéder à son dernier fils, sans parler du dernier des Guise qui pense les coiffer tous sur le poteau. Henri IV n'a plus le choix et doit désormais vaincre ou périr. Qu'importe qu'il soit un Bourbon et que son prédécesseur fût un Valois. Qu'importe qu'il soit protestant et que son prédécesseur fût catholique. Tous deux sont avant tout des Capétiens, dont la légitimité prend sa source dans l'histoire même de la Couronne. Leur devoir est d'écraser cette Ligue « républicaine » dans sa forme, contraire donc à l'unité de la Nation selon la conception de l'époque et dont le seul but est d'instaurer la guerre civile en France. Elle en détient les trois quarts du territoire, contrôlant, outre Paris, Marseille, Lyon, Toulouse, Rouen et Rennes, les principales provinces, l'Île-de-France, la Normandie, la Bretagne, la Bourgogne et la Champagne. De la Méditerranée à l'Atlantique, à la manière d'un cancer dont les métastases attaquent le corps social, elle se répand partout, sapant peu à peu l'autorité de la Couronne et minant son prestige.

Si le nouveau roi sait qu'il doit se battre, il ignore cependant qu'il lui faudra quatre longues années pour conquérir ce trône que la destinée lui a préparé et, tout au long de celles-ci, chevaucher, négocier, convaincre ou, lorsque ce sera inévitable, verser le sang, ce à quoi il se résigne d'avance. Désormais, il est prêt à régner sur cette France qu'il vient de recevoir en un héritage auquel il ne saurait se dérober, puisque c'est – il n'en doute pas une seule seconde – la divine Providence qui l'a porté à sa tête. Que les Parisiens le veuillent ou non, que cela plaise ou non aux catholiques, il compte bien être « un bon roi pour de bons Français », c'est-à-dire un souverain de l'équilibre pour des hommes de bonne volonté. C'est pourquoi, dans une déclaration du 4 août, celui qui de prince hérétique est devenu roi hérétique n'exclut aucune hypothèse, pas même celle de se convertir.

Il ne le dit certes pas clairement, mais se contente de laisser entendre qu'il est prêt, s'il le faut, à se laisser instruire dans la religion catholique. La porte n'est donc pas officiellement fermée ; elle est entr'ouverte, même si les successeurs de Sixte Quint, Grégoire XIV puis Clément VIII, s'empressent de renouveler son excommunication. Sans exclure l'épreuve de force, qu'il sait inévitable, Henri IV est prêt à un compromis, qui lui paraît l'indispensable corollaire de la paix qu'il veut imposer à ses sujets. Sans elle, son règne qui s'ouvre n'aurait aucun sens. À bon entendeur salut, le roi de France accepte de faire un pas vers la majorité de ses sujets, si ceux-ci font de même vers lui. Depuis l'origine, la monarchie française est fragile et le demeure. Seule la volonté de celui qui l'exerce peut la conserver en l'état. Ce principe, qu'ont appliqué Charlemagne, Saint Louis, Louis XI et François Ier, sera le sien, le fil conducteur de son action à venir, parce qu'il n'y a pas – et il ne peut y avoir – d'autre politique. « Je ne veux pas régner sur un cimetière », s'exclame le roi de France.

À la mort d'Ivan IV le Terrible, au terme d'un règne de trente-sept ans de bruit et de fureur, Boris Godounov obtient l'autonomie de l'Église russe. Henri de Navarre a alors trente et un ans.

Ivan IV, dit Ivan le Terrible, meurt en 1584, après trente-sept années d'un règne autoritaire. Pour son plus grand malheur, deux ans auparavant, il a tué son fils Ivan, son compagnon de combat et de débauche, à coups de bâton, lors d'une violente dispute. Depuis, le tsar terrible erre désespéré dans les appartements rouge et or de son palais, taraudé par les remords. À sa mort, c'est donc son autre fils qui monte sur le trône : Fédor. C'est un faible, marié à Irina, la sœur d'un des conseillers d'Ivan le Terrible, le coruscant Boris Godounov.

Qu'est-ce qui fait d'un simple mortel le favori du souverain ? Son autorité physique d'abord, son intelligence supérieure ensuite, son sens de la diplomatie face à son maître, sa grande imagination et son charme enfin. Sans oublier cette alliance mystérieuse de force de caractère et d'infinie souplesse, qui fait merveille à la cour d'un tyran où les clans familiaux s'affrontent avec férocité et où il s'agit d'être aussi séduisant que dangereux. Boris Godounov ne se contente pas d'être le seul à oser contredire Ivan le Terrible – et c'est ainsi que, à la stupéfaction générale, il a acquis sa confiance –, il a encore pris un énorme ascendant sur Fédor, le fils du tsar, son faible beau-frère, capricieux et colérique, simple d'esprit, qui le laissa finalement régner à sa place. La Moscovie vit alors sa pire période ; les cataclysmes s'abattent sur un pays ruiné au milieu des moissons perdues, des incendies, des pillages, des combats et même des actes de cannibalisme. C'est alors qu'on apprend que le tsarévitch Dimitri, né de la septième épouse d'Ivan le Terrible, a été trouvé mort dans la nuit au cours d'un incendie. La population est atterrée et l'on va même jusqu'à condamner au fouet et à l'exil la cloche coupable d'avoir sonné le tocsin. Était-ce un accident qui avait mis fin à la vie fragile de cet épileptique, ou Boris Godounov, *de facto* régent, l'avait-il fait assassiner, dans le but de n'avoir plus aucun obstacle à sa soif de pouvoir ?

Descendant d'une famille de boyards d'origine tartare qui a servi les princes de Moscou dès le XVIe siècle, Boris Godounov s'assure le soutien de l'Église russe en obtenant l'établissement du patriarcat de Moscou. Régent pendant sept ans, il stabilise le pays en liant plus étroitement les paysans à la glèbe, en interdisant le transfert des serfs, en brisant l'opposition des nobles de haut rang.

Quand enfin, le 17 février 1598, la Douma offre le trône à Boris, ce dernier, avec une grande subtilité, un sens avisé des retournements possibles de l'histoire et une fausse modestie consommée, se retire au couvent de Novodievitchi et demande à réfléchir. Au lieu de se précipiter comme un loup affamé sur la couronne qui lui est offerte, il a l'intelligence de ralentir le pas, rassurant ainsi les cinq cents délégués des états généraux qui l'ont élu tsar de Russie à l'unanimité, et attisant l'impatience d'un peuple avide de réjouissances. Le couronnement aura lieu mais la fête sera de courte durée. Boris Godounov, désormais au sommet, écarte ceux qui peuvent rivaliser avec lui, tels les Romanov et les Belski.

Le nouveau tsar poursuit une politique de rapprochement avec l'Occident, fondant notamment une école avec des enseignants venus de France et d'Allemagne. Il favorise l'expansion commerciale et organise la colonisation de la Sibérie tout en luttant contre les privilèges de la noblesse russe. Mais la confiance offerte au tsar élu s'émousse au moment où partout éclatent des troubles et s'intensifie la tension sociale exacerbée par la grande famine qui s'abat sur le pays. Boris Godounov, maintenant considéré comme un tsar coupable et un tsar maudit, ne peut dès lors empêcher un aventurier, Gregory Otrepiev, soutenu par la Pologne et prétendant être le frère de Dimitri, d'envahir la Russie. Ce « faux Dimitri » a fière allure. Il s'avance au-devant de son armée avec sa chevelure blond vénitien, sa croix pectorale en diamants et son incroyable assurance. Séduit, le châtelain de Sambor lui offre la main de sa fille. Après une longue marche de huit cents kilomètres et douze mois de combats, Outrepiev finit par entrer en vainqueur à Moscou sous l'astre radieux de juin 1605. Boris Godounov est mort deux mois plus tôt mais a eu le loisir, du haut de ses murs crénelés en son palais du Kremlin, de mesurer la progression de cet ennemi qui lui ressemble comme un frère. Lui aussi un imposteur fortuné ! Lui aussi un usurpateur audacieux !

10

LE TRÔNE À CONQUÉRIR

« Mes prédécesseurs vous ont donné
des paroles avec beaucoup d'apparat et
moi, avec une jaquette grise, je vous
donnerai les effets. Je suis gris pour le
dehors mais tout doré dedans. »

Henri IV

En cette mi-août 1589, debout sur les hauteurs
de Poissy, il contemple son armée. Sa silhouette
est déjà familière : il se tient au milieu de ses
compagnons d'armes, le plus simplement vêtu,
avec ses chausses et ses bas de laine, ses bottes
crottées, son éternelle cuirasse bien cabossée
par l'usage, son manteau pourpre déchiré par
endroits, sa longue écharpe blanche, symbole de
son parti, et son grand chapeau à plumes, repère
de ses soldats dans la bataille. À trente-cinq ans,
ses traits ont vieilli, sa moustache et sa barbe
sont devenues poivre et sel, presque blanches, de
même que ses cheveux qu'il porte mi-longs et
qu'il ne peigne que rarement. Avec son visage
allongé et émacié, à la peau tannée et rougie par
le froid et la chaleur en une décennie de vie
de camp, il est devenu un vieux faune. Seuls
demeurent le singulier éclat de son regard et la
chaleur de son sourire, qui ne laissent personne
indifférent, surtout pas les femmes, pressentant
qu'il est un amant ardent, ce qui leur permet

d'oublier qu'il est très rarement d'une hygiène irréprochable.

Pour l'heure, cependant, il ne sourit guère, puisqu'il constate qu'en quelques jours à peine son armée a fondu de moitié. Des quarante mille hommes qui s'étaient rassemblés sous son autorité et celle de son prédécesseur, il n'en reste que vingt mille, et encore ! Certains capitaines se posent à présent des questions et menacent de partir à leur tour. Ils ne veulent pas servir un roi qui n'est pas catholique, comme l'écrira son premier historiographe, Pierre Matthieu, quelques années plus tard : « Il voyait dans la même chambre les mêmes personnages enfonçant leurs chapeaux ou les jetant par terre, fermant les poings, faisant des vœux et des promesses desquels on entendait pour conclusion : plutôt mourir de mille morts et se rendre à toutes sortes d'ennemis que de souffrir un roi huguenot. » Henri est roi, mais, à cette heure, c'est un roi sans royaume ou presque, qui ne peut compter que sur le soutien de ses états éparpillés, du parti protestant et de quelques amis, parmi lesquels une poignée de parlementaires ayant fui Paris, placés sous l'autorité d'Achille de Harlay et naturellement de la reine d'Angleterre, Elisabeth, la fille d'Henri VIII, seule souveraine importante de confession réformée. Aussi, en plein cœur de cet été 1589, l'avenir de la monarchie en France semble bien compromis, ce qu'il confie par lettre à Rosny, le futur Sully : « Je n'ai pas un cheval sur lequel je puisse combattre, ni un harnais complet que je puisse endosser ; mes chemises sont toutes

200

déchirées ; mes pourpoints troués aux coudes. Ma marmite est souvent renversée et, depuis deux jours, je dîne et soupe chez les uns et les autres, mes pourvoyeurs disant n'avoir plus moyen de rien fournir à ma table, d'autant qu'il y a plus de six mois qu'ils n'ont pas reçu d'argent. »

À quelques lieues à peine de son camp, sa capitale est là, fermement décidée à lui résister, malgré les attaques qu'il mène avec succès dans ses faubourgs, comme il le raconte, sur ce ton qui lui est familier : « Je suis devant Paris, où Dieu m'assistera. La prenant, je pourrai commencer à sentir les effets de la Couronne. J'ai pris les ponts de Charenton et de Saint-Maur à coups de canon, et pendu tout ce qui était dedans. Hier je pris le faubourg de Paris, de force ; les ennemis y perdirent beaucoup et nous peu... Je fis brûler tous leurs moulins, comme j'ai fait de tous les autres côtés. Leur nécessité est grande, et fait que dans douze jours, ils soient secourus ou ils se rendront. » Mais, avec une armée qui décroît telle une marée descendante, comment continuer la lutte et avec quels moyens poursuivre le siège ? se demande-t-il à la fin d'une de ces échauffourées désormais inutiles. Comme il en a l'habitude lorsqu'il est confronté à des problèmes qui le dépassent, Henri regarde en silence les feux de bivouac qui s'allument un à un à l'entrée de la nuit. Ses amis se taisent : il réfléchit et il ne faut pas le déranger. Au bout d'un long moment, le Béarnais se tourne vers eux et leur annonce cette décision qui les stupéfie :

— Demain, à l'aube, nous abandonnons le siège de Paris et nous faisons route pour la Normandie.

Conclusion stratégique sage et cohérente. Henri n'a pas assez de troupes pour s'emparer de Paris et celles-ci ne sont pas assez mobilisées et motivées. Puisque l'Angleterre a promis des renforts, autant aller les attendre là où ils débarqueront, c'est-à-dire à Dieppe. Les trois parties de son armée, respectivement commandées par lui-même, Longueville et La Noue, y convergent à présent. L'accueil enthousiaste que le roi reçoit le console quelque peu de ses déboires parisiens et l'incite à lancer au corps de ville : « Mes amis, point de cérémonie, je ne demande que vos cœurs, bon pain, bon vin et bon visage d'hôte. »

Au même moment, prenant ce repli pour une faiblesse, le duc de Mayenne, dernier survivant des frères Guise et comme tel chef militaire de la Ligue, croit le moment décisif venu. Avec l'aide du roi d'Espagne, il mobilise quelque vingt-cinq mille soldats catholiques, qu'il exhorte à prendre par surprise l'armée calviniste de son rival, persuadé qu'à trois contre un elle ne tiendra pas longtemps.

Averti de l'arrivée de Mayenne, Henri, le 21 septembre, dispose alors ses forces près de Dieppe, autour du château d'Arques, de manière à attirer l'adversaire dans un piège, en contrebas. Il galvanise ses troupes avant la bataille avec les mots qui conviennent : « Mes compagnons, Dieu est pour nous, voici ses ennemis et les nôtres, voici votre roi. À eux ! Si vos cornettes vous manquent, ralliez-vous à mon panache blanc, vous le trouverez au chemin de la victoire et de l'honneur. » Comme prévu, Mayenne tombe dans le panneau et son assaut, mené du 15 au 27 septembre, tourne à la débâcle : sa cavalerie s'enlise et ses hommes sont tués un à un par les arquebusiers disposés en hauteur dans la tour du château ou taillés en pièces dans un certain nombre d'assauts furieux de celui qui, pour être devenu roi de France, continue de donner de lui-même au cœur de la mêlée jusqu'à mettre régulièrement sa vie en danger[1].

Une fois de plus, ce qu'il appelle « faire la guerre à la huguenote » a payé. Napoléon, plus tard, le surnommera « mon brave capitaine de cavalerie » en hommage à cette manière bien à

1. Comme nous le conte l'historien Lambert de la Douasnerie : « Louis de La Rochejaquelein, alors âgé de 15 à 18 ans, huguenot comme son père, doté d'une bonne tête et d'un cœur à toute épreuve, s'était lancé dans le sillage du Béarnais. Le futur Henri IV l'appelait "La Roche" et le voyait comme un ami. Après avoir été blessé à Arques, Henri lui avait écrit : "Vous savez que de vous j'estime tout bon, même les morceaux." Et sur un autre billet le prince lui montrait encore son attachement : "Je m'en remets à votre bonheur de jeunesse pour l'avoir vu germer non moins la prudence qu'en dévouement et porter fruits avant fleurs." Bon sang ne saurait mentir, Henri de La Rochejaquelein, le généralissime de vingt ans, était bien le digne descendant du compagnon d'Henri IV. On sait que "Monsieur Henri" cultivait la fine fleur du passé et qu'il devait bien connaître son ancêtre. Les lettres du Béarnais étaient conservées avec fierté par ses descendants. »

lui. Son appréciation immédiate du terrain, sa capacité de réaction, son audace entraînante font le reste. Il est vrai qu'il peut tenir longtemps sans manger ni dormir et conserver ses forces intactes jusqu'au moment de l'assaut qu'il lance le premier, en criant à ses compagnons stupéfaits : « À moi, messieurs, et faites comme vous m'allez voir faire. »

Rassemblant ses dernières forces, Mayenne tente, le 26, de reprendre la main, mais subit une nouvelle défaite. Profitant de son avantage et de l'arrivée des troupes dépêchées par Elisabeth Ire, Henri conquiert l'ensemble de la Normandie qu'il soumet à son autorité et prend ensuite ses quartiers à Tours, où il passe son premier hiver de roi de France. Au printemps de l'année 1590, les hostilités reprennent et Henri, après avoir inspecté ses troupes toute la nuit et remonté le moral des soldats, remporte un nouveau succès à Ivry, sur les bords de l'Eure, le 14 mars : les deux mille cinq cents cavaliers et les six mille fantassins du roi de France mettent en déroute les cinq mille cavaliers et les dix mille fantassins de Mayenne. Une bataille haute en couleur dans laquelle, une nouvelle fois, il se jette avec frénésie. N'est-il pas dans une forme éblouissante, lui qui, le lendemain de la victoire, après n'avoir dormi que quelques heures, s'offre le luxe d'aller chasser dans les environs avec une poignée de fidèles ? Des courriers officiels partent annoncer la nouvelle à toute l'Europe, tandis que des médailles sont frappées pour célébrer l'événement. Après Coutras, Arques, Ivry, celui qui apparaît à certains tel le « sauveur du royaume » commence à faire trembler les autres qui persistent à ne voir en lui que « l'Antéchrist ».

Cette victoire, de haute portée sur le plan militaire comme sur le plan politique, connaît un retentissement considérable et fait d'Henri IV, contrairement à François Ier, un souverain invincible. Il est le premier à s'en faire l'écho dans nombre de billets adressés à Corisande : « Nous sommes devant Vendôme que j'espère prendre demain et veux nettoyer les environs de Tours, devant que d'y aller... Dieu sera sur tout, par conséquent mes affaires vont bien... Je fais bien du chemin et vais comme Dieu me conduit, car je ne sais jamais ce que je dois faire au bout. Cependant, mes faits sont des miracles. » Chacun sait désormais qu'il veille, tout au long de ses campagnes, non seulement à ce que les églises demeurent intactes, mais encore à ce que les habitants des villes et des villages ne souffrent pas, dans la mesure du possible, des conséquences de la guerre. Parallèlement, il rassure les protestants en leur octroyant la liberté de culte, par l'édit de Mantes – qu'il ne faut pas confondre avec celui de Nantes, signé quelques années plus tard. À aucun moment, il n'insulte donc l'avenir. Une chanson témoigne des prouesses du souverain chevalier, qui commence à fasciner bien au-delà de son propre camp :

« Henri, premier roi de la terre,
Invincible chef de guerre... »

Ces deux victoires ne lui ouvrent pas pour autant les portes de la capitale qui, retranchée derrière ses murailles, se refuse toujours à lui, malgré l'encerclement à peu près total qu'il lui impose. À présent fort de troupes en suffisance, il peut instaurer un blocus absolu, destiné à affamer les habitants de la plus peuplée des cités du royaume. La population en est réduite, au bout de quelques mois, à dévorer tout ce qui lui tombe sous la main, pour finir par les chevaux, les chiens, les chats et les rats ; certains cas d'anthropophagie sont même recensés. S'il était insensible, Henri, qui a établi ses quartiers à Saint-Germain-en-Laye, le premier des châteaux royaux dont il a pris possession, pourrait appliquer sa logique, jusqu'au bout et attendre la reddition. Mais, dès le mois de juillet, il prend les Parisiens en pitié et laisse trois mille d'entre eux, parmi les plus malheureux, sortir librement de la ville. Le calviniste montre ainsi qu'il sait agir chrétiennement et le roi qu'il est, malgré ce que pensent de lui les Parisiens, capable de mansuétude. Il s'exclame un jour face aux émissaires de Mayenne : « Arrêtez-vous là, si je ne suis que le roi de Navarre, je n'aurais que faire de pacifier Paris et la France. Et toutefois sans m'amuser à cette formalité qui est contre ma dignité, sachez que je désire plus que tout autre de voir mon royaume en repos. Je suis le vrai père de mon peuple, mais je ressemble à cette vraie mère dans Salomon. J'aimerais quasi mieux, n'avoir point de Paris que de l'avoir tout ruiné et dissipé après la mort de tant de pauvres personnes. »

Ne fait-il pas placarder une proclamation dans laquelle il parle à la ville comme un amant à sa maîtresse ? « J'aime ma ville de Paris. C'est ma fille aînée, j'en suis jaloux. Je lui veux faire plus de bien, plus de grâce et de miséricorde qu'elle ne m'en demande. Je veux qu'elle m'en sache gré et qu'elle doive ce bien à ma clémence et non au duc de Mayenne, ni au roi d'Espagne. » Le 11 septembre, au faubourg Saint-Antoine, le roi tente une dernière manœuvre pour s'emparer de sa capitale, mais sans succès. Ce jour-là, il comprend que ce n'est pas par la lutte qu'il gagnera cette cité obstinée et qu'il lui faut trouver une autre solution. Est-ce un échec ? Pas vraiment puisque, au même moment, au bout de tant de mois, la résistance commence à décroître. De nombreux Parisiens se demandent à quoi les a conduits le fanatisme de la Sorbonne, sinon à la faim, à la misère et à la mort. Quatre années ont passé depuis la mort d'Henri III, quatre années que la France s'épuise dans une guerre civile qui n'en finit pas. Cela doit-il durer toujours, comme une malédiction biblique ? Le parti de ceux qui pensent le contraire grossit de jour en jour, quelle que soit leur religion. Certes, un certain nombre d'assassins, tapis dans l'ombre, cherchent à éliminer le roi, qui écrit alors à Corisande : « Dieu me donne la paix que je puisse jouir de quelques années de repos. Je vieillis fort. Il n'est pas croyable le nombre de gens que l'on met après moi pour me tuer, mais Dieu me gardera. » Malgré les fanatiques, beaucoup se prennent à envisager une probable réconciliation nationale, tous ceux qui ambitionnent simplement de vivre tranquillement, et dont se fait le porte-parole,

parmi d'autres, ce poète, auteur d'un long panégyrique :

« Chantons Henry notre grand prince
Tout le clergé de la province
Chante son nom de banc en banc
Prions que la paix il apporte
Afin que les trois lys qu'il porte
Ne soient plus entachés de sang. »

À quoi bon attendre ? L'invincible guerrier, qui
ne veut pas s'enfermer dans la situation où fut
jadis Charles VII, l'infortuné « roi de Bourges »,
finira bien par prendre Paris un jour, lui devant
qui les places fortes tombent les unes après les
autres ; ce n'est qu'une question de temps. Mais
faudra-il que toute sa population meure avant de
se rendre ? On estime que quarante-cinq mille
habitants de la capitale ont disparu pendant le
siège. Et puis, doit-on périr pour complaire à un
pape que personne ne connaît ici et qui prétend
s'immiscer dans la politique d'une nation volontiers gallicane, qui cultive soigneusement son
indépendance face à Rome ? Enfin, doit-on continuer à se battre pour les fanatiques de la Ligue,
dont l'action, jusque-là, n'a produit que ruine du
commerce, destruction des cultures et a empêché
la France d'aller de l'avant ? Telles sont les
réflexions de ceux qu'on nomme « le tiers parti »,
ceux, catholiques ou protestants, qui veulent en
finir. À la condition, toutefois, que le roi fasse un
geste, celui que, telle une fiancée désormais
consentante, la France attend avec de plus en
plus d'impatience, comme le chante le fou du feu

208

roi, Chicot, qui a lancé à son nouveau maître :
« Monsieur, mon ami, je vois bien que tout ce que
tu fais ne te servira de rien à la fin si tu ne te fais
catholique. »

Enfin, c'est au marquis d'O, mignon d'Henri III,
qu'on doit d'avoir suggéré au roi à la fois le rythme
et la voie : « Vous gagnerez plus en une heure de
messe que vous ne le pourriez en vingt batailles
gagnées et en vingt années de périls et de
labeurs. »

Le grand amour interdit d'Honoré d'Urfé pour sa belle-sœur Diane de Châteaumorand lui inspire *L'Astrée*, le premier roman moderne.

Honoré d'Urfé, issu d'une famille de la province du Forez, est un homme de plume et d'épée connu comme l'auteur de *L'Astrée,* le premier roman moderne. Ce roman pastoral fut publié de 1607 à 1627 : plus de cinq mille pages qui content l'épopée des amours contrariées d'Astrée et de Céladon, un berger de la vallée du Lignon, au temps des druides et des Gaulois. Ce premier grand roman classique contribua dans toute l'Europe à fixer l'idéal moderne du XVIIe siècle. Pour certains, c'est l'amour interdit d'Honoré d'Urfé pour sa belle-sœur Diane de Châteaumorand qui lui aurait inspiré ce chef-d'œuvre de la littérature. Honoré serait en effet tombé amoureux de l'épouse de son frère Anne vers 1584, à l'âge de dix-sept ans, à son retour du collège. L'annulation du mariage entre Anne et Diane ayant été opportunément prononcé en mai 1599, le futur auteur de *L'Astrée* peut alors épouser Diane le 15 février 1600. Il nous pose cette question essentielle : « Savez-vous bien ce que c'est qu'aimer, c'est mourir en soi pour revivre en autrui, c'est ne se point aimer que tant que l'on est agréable à la chose aimée, et bref, c'est une volonté de se transformer, s'il se peut, entièrement en elle. » Aussi, quand Henri IV tombait amoureux, afin de maîtriser tous les mouvements du cœur et toutes les subtilités des sentiments, ce sont les pages de *L'Astrée* d'Honoré d'Urfé qu'il se faisait lire toutes affaires cessantes. Hélas, le roi mourut avant d'avoir pu découvrir toutes les aventures de ce roman-fleuve, publié à la manière d'un feuilleton sur deux décennies.

Dans sa splendide propriété de La Bastie d'Urfé on peut voir aujourd'hui encore ce qui fut l'un des plus beaux cabinets de curiosités. On appelait ainsi un lieu ou une pièce où l'on entreposait et exposait des objets collectionnés avec un certain goût pour l'hétéroclisme et l'inédit : on y trouvait aussi bien des médailles, des antiquités, des objets d'histoire naturelle que des œuvres d'art. Ainsi s'y côtoyaient animaux empaillés, insectes séchés, herbiers, fossiles, coquillages, carapaces et squelettes. La plus célèbre de ces collections originales est celle du prince alchimiste Rodolphe II de Habsbourg épris d'ésotérisme et conseillé par Arcimboldo. Un inventaire de cette chambre de merveilles est dressé vers 1600. Honoré d'Urfé marche sur les traces de cet illustre personnage en aménageant dans sa demeure de La Bastie d'Urfé un cabinet de curiosités composé de livres, manuscrits, statues, objets de fouilles et choses diverses. L'écrivain, homme d'un goût parfait, faisait la chasse aux objets rares et aux livres précieux. Il avait acquis plusieurs antiquités en Italie et déniché d'exceptionnels manuscrits dans les abbayes.

11

« PARIS VAUT BIEN UNE MESSE »

> « Tous voudraient que je bandasse
> l'arc de mes affaires à la corde de leur
> passion. »
>
> Henri IV

Le 25 juillet 1593 en l'abbaye royale de Saint-Denis, l'élite du clergé de France s'est mise en frais pour paraître à son avantage. Depuis plusieurs jours, on s'est affairé pour que l'église soit nettoyée à fond et tendue des plus belles tapisseries qu'on a pu trouver dans le garde-meuble de la Couronne. Les chandeliers d'argent massif resplendissent, de même que les objets liturgiques en or ou en vermeil, et les milliers de cierges donnent à la nef un aspect quelque peu irréel, où évolue le complexe ballet des officiants, vêtus de rochets de dentelle précieuse, de soutanes de soie violette ou pourpre, et escortés d'enfants de chœur intimidés. Retentissent les voix angéliques de la maîtrise royale, qui font presque croire à la cour de France réunie qu'elle est ici aux portes du paradis, ou tout au moins de la Jérusalem céleste descendue du Ciel en cette occasion.

Saint-Denis, aux portes de Paris, à la fois halte traditionnelle des rois de France à leur retour du sacre et royale nécropole, constitue un des lieux essentiels de l'espace capétien. Chacun le sait bien lorsqu'il pénètre dans ce sanctuaire à nul autre semblable, surtout en ces jours de grandes festivités solennelles à l'occasion desquelles les bannières fleurdelisées flottent au vent. Alors, sur le parvis, le peuple assemblé communie dans l'enthousiasme de ses retrouvailles avec son roi, après avoir, lui aussi, mis la main à la pâte, comme l'a prescrit l'ordre formel de l'avant-veille : « nettoyer les rues et tendre partout pour la procession générale du lendemain ». À huit heures du matin, il y a déjà foule pour contempler l'événement tant attendu : le roi de France, revêtu d'un pourpoint, de chausses et de bas de satin blanc, manteau et chapeau noir, quitte le palais abbatial, entouré des grands officiers de sa maison et précédé des Suisses de sa garde, des archers écossais et des douze trompettes de son service d'honneur.

Dès qu'il paraît, la foule crie « Vive le roi ! » et le roi la salue avec sa bonhomie habituelle, avant de franchir le portail, où le reçoit l'archevêque de Bourges, Renaud de Beaune.

— Qui êtes-vous ? lui demande le prélat.

— Je suis le roi.

— Que demandez-vous ?

— Je demande à être reçu au giron de l'Église catholique, apostolique et romaine.

— Le voulez-vous ?

— Oui, je le veux et le désire.

L'archevêque conduit à présent le roi au pied de l'autel, devant lequel ce dernier s'agenouille, entouré de l'ensemble de ses prédécesseurs comme s'il avait voulu que ceux-ci fussent ses témoins. L'assemblée retient son souffle quand Henri, d'une voix assurée, prononce le serment, dont deux enfants de chœur lui présentent le texte : « Je proteste et jure devant la face de Dieu tout-puissant de vivre et mourir en la religion catholique, apostolique et romaine, de la protéger et défendre envers tous, au péril de mon sang et de ma vie, renonçant à toutes hérésies contraires à ladite Église catholique, apostolique et romaine. » L'archevêque lui donne alors l'absolution, le bénit, lui tend son anneau à baiser, le relève et le conduit au siège qui lui a été réservé, tendu de fleurs de lis d'or, sur lequel il s'assied et assiste à la messe chantée, avec l'ensemble des participants. À l'issue de la célébration, Henri IV, applaudi de toutes parts, quitte le sanctuaire pour présider le grand banquet prévu en son honneur, servi au palais abbatial voisin. Force libations y sont prodiguées à la santé du roi et au bonheur de la France. Dans l'après-midi, la Cour, à cheval ou en voiture, se rend à Montmartre où, dans la petite église Saint-Pierre, l'une des plus vieilles de la capitale, le souverain rend une nouvelle fois grâce à Dieu, avant de s'en retourner à Saint-Denis où il doit passer la nuit, puisqu'il n'a toujours pas mis les pieds à Paris. Mais, dès lors qu'il a abjuré, ce n'est plus qu'une question de temps. Les dames de Paris, du reste, ne viennent-elles pas, de plus en plus nombreuses, le contempler jouant à la paume à Saint-Denis ? Sa galanterie est réputée autant dans Paris que dans le reste du royaume et les langues vont bon train, comme l'évoque le chroniqueur Pierre de L'Estoile :

— Ma commère, est-ce le roi dont on parle tant, qu'on veut nous bailler ?

— Oui, c'est le roi.

— Il est bien plus beau que le nôtre de Paris. Il a le nez bien plus grand.

Lassé de s'enferrer dans un siège de Paris qui n'en finissait pas, Henri IV, après avoir laissé parler les armes, a fini par comprendre que son abjuration du protestantisme était la condition *sine qua non* de son accession au pouvoir. Sans cela, il ne serait qu'un roi vagabond, toujours occupé à colmater une brèche ici quand une autre s'ouvrirait ailleurs, tandis qu'au fil des années la France se déliterait inévitablement. *La Satire Ménippée*, un texte à la mode qui tente, par la voix de l'humour, de faire entrer la raison dans la tête des Français tout en faisant la promotion d'Henri, le résume bien : « Enfin, nous voulons avoir un roi pour avoir la paix ; mais nous ne voulons pas faire comme les grenouilles qui, s'ennuyant de leur roi paisible, élirent la cigogne qui les dévora toutes. Nous demandons un roi et chef naturel, non artificiel ; un roi déjà fait et non à faire... Le roi que nous demandons est déjà fait par la nature, né au vrai parterre des fleurs de lis de France, rejeton droit et verdoyant de la tige de saint Louis. Ceux qui parlent d'en faire un autre se trompent et ne sauraient en venir à bout. On peut faire des sceptres et des couronnes, mais non pas des rois pour les porter ; on peut faire une maison, mais non pas un arbre ou un rameau vert. Il faut que la nature le produise, par espace de temps, du suc et de la moelle de la terre, qui entretient la tige en sa sève et vigueur. On peut faire une jambe de bois, un bras de fer, un nez d'argent, mais non pas une tête. Aussi pouvons-nous faire des maréchaux à la douzaine, des pairs, des amiraux, des secrétaires et des conseillers d'État, mais de roi point. »

En lisant ces lignes, en réfléchissant seul ou avec ses conseillers, Henri a vite compris qu'il ne pourrait y échapper, même si, jusque-là, il a su gagner du temps et laisser aller les choses sans trop s'engager. Bien sûr, prendre la décision d'abjurer la religion de sa mère, celle dans laquelle il a été élevé, et de s'y tenir, n'a pas été facile. C'est pourquoi il a procédé par étapes depuis le mois de janvier de cette année 1593, où il a accepté de se faire instruire, comme il l'a alors fait savoir aux états généraux de la Ligue. Pendant six mois, les négociations sont allées bon train – y compris avec les autorités de Paris –, jusqu'à la conférence de Suresnes où les députés de la capitale et les conseillers du roi ont discuté pied à pied. Un accord ayant été trouvé, Henri IV, à qui l'ancien mignon d'Henri III, le marquis d'O, passé à son service, lui a dit un jour : « Sire, il ne faut plus tortignonner », annonce officiellement, le 16 mai, sa prochaine conversion. Cette nouvelle reçoit un accueil particulièrement favorable dans l'opinion publique, qui y voit à juste titre une avancée plus que significative, malgré les cris furieux poussés par la Sorbonne et les curés ligueurs le traitant en chaire de « vilain, voleur, sacrilège, noir, pendard, larron, vérolé, putier, violateur de vierges et de non-nains » ; ou encore par Mayenne, annonçant qu'il préférerait livrer Paris au Grand Turc qu'au Béarnais, et par les Espagnols, dont les troupes sont venues lui prêter main-forte, leur roi Philippe II, lui aussi gendre d'Henri II, lorgnant toujours vers le trône de France.

Tout cela a conduit Henri à effectuer, ce 16 juillet, le « saut périlleux », selon sa propre expression, par lequel, pour la énième fois, il changea de religion, après avoir, selon la légende, lancé la fameuse expression entrée avec lui dans l'histoire : « Paris vaut bien une messe. » Cette décision suscita l'infinie tristesse des protestants de France, dont témoigna la « Lettre au Roy » de Duplessis, ou cette lucide remarque d'un de ses jeunes conseillers, le futur Sully, qui joue un rôle croissant auprès de lui : « De vous conseiller d'aller à la messe, c'est chose que vous ne devez pas attendre de moi, étant de la religion. Mais bien vous dirai-je que c'est là le plus prompt et le plus facile moyen pour renverser tous les mono-poles et pour faire aller en fumée tous les plus malins projets. » Avant de réitérer plus franche-ment son conseil : « Sire, la couronne vaut bien une messe. » Mais avait-il vraiment le choix ? Cela faisait déjà longtemps qu'il avait compris que, dans une religion, c'est le fond qui compte et non la forme, que la pratique du pouvoir comporte une large part de compromission. L'important n'est pas de favoriser tel ou tel camp, mais de travailler à l'unité des Français. Henri IV n'est ni un idéologue, ni le champion d'une cause, hormis celle de la paix, mais l'homme de la synthèse, celui qui a toujours su que la politique n'aurait aucun sens si elle n'était pas l'art du possible.

Même certains pasteurs de ses proches, comme Bernard de Morlaas, Jean de Serres ou Jean-Baptiste Rotan, le poussent dans ce sens. Ambitionnait-il aussi de se reposer enfin ? Toujours en guerre, à cheval, sous la tente, toujours en mouvement. Cela, Sully l'a senti : « La lassitude et l'ennui d'avoir toujours eu l'armure sur le dos depuis l'âge de douze ans pour disputer sa vie et sa fortune ; la vie dure, âpre et languide qu'il avait écoulée pendant ce temps ; l'espérance et le désir d'une vie plus douce et agréable pour l'avenir. » Il faut parfois savoir se poser, ce que sait mieux que tout autre ce roi dont les spécialistes ont calculé que, tout au long de sa vie, il a parcouru la France pendant 5 597 jours, soit environ quinze années de sa vie !

Le reste ne fut qu'une formalité. À Saint-Denis, un concile national, dans lequel figuraient entre autres Renaud de Beaune, archevêque de Bourges, Jacques du Perron, évêque d'Évreux, et Benoît, curé de Saint-Eustache, rassembla autour de lui une vingtaine d'évêques qui « instruisirent » ce roi de bonne volonté, lequel reconnut ses erreurs passées et promit de respecter, à l'avenir, les préceptes de la vraie foi – un peu comme aujourd'hui un candidat à la présidence de la République s'engagerait, devant la nation, à tout ce qu'elle attend de lui. Encore que la plupart de ses instructeurs qui, article après article, l'éclairèrent sérieusement furent frappés par sa grande connaissance des sujets théologiques, tout autant que séduits par son agilité intellectuelle. Le surlendemain enfin, est célébrée la cérémonie de l'abjuration, qui fait désormais de lui un souverain catholique à part entière, un « roi très-chrétien ». C'est, pour lui comme pour le peuple, un grand moment d'émotion, car outre ce retournement de situation, ou, mieux, cet éclaircissement total du ciel politique, c'est bien la paix qui s'en trouve renforcée, puisqu'une trêve générale de trois mois est signée le 31 de ce même mois.

Bien sûr, certains, chez les catholiques comme chez protestants, n'y voient qu'une comédie, à commencer par les pasteurs qui, le soir même, viennent lui faire leurs adieux et qu'il embrasse en pleurant. Les pamphlets fleurissent dans la bouche des sceptiques :

« Tu fais le catholique
Mais c'est pour nous piper
Et comme un hypocrite,
Tâche à nous attraper,
Puis, sous bonne mine
Nous mettre en ruine. »

Mais, comme une digue d'eau s'ouvrant dans le désert – les protestants aiment ces allégories bibliques –, l'effet de l'adjuration de Saint-Denis est immédiat : provinces et bonnes villes se soumettent aussitôt au roi. Ses sujets arborent désormais l'écharpe blanche, symbole de ses partisans jadis, de la nation retrouvée aujourd'hui. Ce blanc, qui symbolise le Christ dont le roi très-chrétien est le représentant sur terre, sera associé sous la Révolution aux deux couleurs de Paris, le bleu de saint Martin et le rouge de saint Denis, pour former un jour la trilogie du drapeau républicain. « Vive le Roi », tel est le nouveau mot d'ordre fédérant les Français, à l'exception des ligueurs les plus acharnés qui s'enferment dans quelques bastions, mais dont leurs compatriotes dénoncent à présent l'attitude. Ainsi un tableau de Jacob Bunel (aujourd'hui au château de Pau) représente-t-il Henri en empereur antique, foulant à ses pieds un serpent symbolisant la Ligue. Seule, à Londres, Elisabeth Ire se lamente, s'écriant, comme les personnages de son protégé William Shakespeare : « Oh ! quelles douleurs. Oh ! quels regrets. »

Aussitôt, tout s'enchaîne : le 27 février 1594, Henri IV est sacré, non pas à Reims, tenu par la Ligue et trop proche des terres soumises aux Guise, mais à Chartres, conquise naguère au terme d'un siège difficile et dont la cathédrale est voisine de son cher duché de Vendôme. Il n'y aura qu'une ampoule, celle de Marmoutier, et de nouveaux sceptre, couronne et main de justice, fabriqués pour la circonstance, puisque la Ligue a confisqué les autres. Malgré l'aspect inédit du lieu, c'est avec tout le faste et toute la solennité requis que, en cette ville de Chartres où, six ans plus tôt, Henri III avait fait étape, fuyant Paris, le nouveau roi vit, à la manière d'une initiation, la très longue, très complexe et très impressionnante cérémonie du sacre, du couronnement et de l'intronisation, puisque ceux-ci en constituent les trois étapes essentielles. À l'issue de celle-ci, le fils de Jeanne d'Albret, revêtu de la tunique, de la dalmatique et du grand manteau royal, devient l'oint du Seigneur, dont la légitimité émane de Dieu et non des hommes, ce qui lui donne un statut semi-divin. Il est désormais difficile d'attenter à sa vie, sauf à en répondre non seulement devant les tribunaux des hommes, mais surtout devant celui du Ciel.

Si l'auditoire est très attentif à ce moment particulier où, conformément à la tradition, le roi prononce le serment de « chasser de sa juridiction et terres de sa sujétion, tous hérétiques dénoncés par l'Église », l'émotion n'en est pas moins à son comble. Quand la foule le voit avec la couronne, le sceptre et la main de justice, elle crie : « *Diva Rex in aeternum !* » Sont alors lâchés les oiseaux dans la nef, jetées les pièces d'or et conviés les scrofuleux à être touchés par le souverain. Ensuite, un grand banquet rassemble autour du roi la fine fleur des participants, parmi lesquels les six pairs laïcs et les six pairs ecclésiastiques choisis pour la circonstance, les ambassadeurs d'Angleterre et de Venise et les dames de la Cour, conduites par la sœur du roi, Catherine de Bourbon, qu'il a nommée sa régente pour administrer la Navarre, le Béarn et ses autres états.

Décoré, le lendemain, de l'ordre de Saint-Michel, il lui tarde à présent d'effectuer son entrée officielle dans sa capitale. Il a glissé en confidence, à une dame de Paris venue le voir à Saint-Denis, où il a repris ses quartiers après le sacre : « Vous direz à mes bons serviteurs de Paris qu'ils ne se lassent pas de bien faire que, pour moyenner toujours et faciliter leur entreprise, je me tiendrai auprès de Paris avec forces et n'en bougerai. Ce néanmoins, je désire avoir la paix, voire la veux acheter à tel prix que ce soit. Je leur permettrai que de dix ans ils ne paient aucune taille. J'anoblirai le corps de ville et le maintiendrai en ses anciens privilèges et religion. Après cela, que Paris songe à soi, s'il veut. Je ne lui ferai pis qu'aux autres, comme on peut penser, et mon plus grand soin est et sera de rendre pour jamais contents et heureux mes bons serviteurs qui y auront travaillé. S'il y en a d'autres qui me trahissent, Dieu sera leur juge. Mais j'aime mieux mourir que vivre en défiance, laquelle aussi, tout bien considéré, nuit plus aux rois qu'elle ne leur sert. »

Le moment tant attendu arrive le 22 mars, avec tout le faste que les souverains, en général, aiment à voir déployé, les Bourbons en particulier qui, en ce jour, signent leur grande entrée non seulement dans Paris, mais encore dans l'histoire. Le gouverneur de la ville, Cossé-Brissac, en a parfaitement conscience, qui a soigneusement réglé l'ordonnancement de la journée. Mayenne, lui, a quitté la ville la veille. La crise économique consécutive au siège rend cette entrée infiniment moins somptueuse que celles de ses prédécesseurs. Ce jour-là, à six heures du matin, au terme d'une courte nuit, comme il en a l'habitude, le Béarnais, monté sur un cheval gris, premier roi à entrer dans Paris depuis cinq ans, est accueilli à la Porte Neuve Saint-Honoré – celle-là même par laquelle

Henri III avait quitté la ville – par le corps de ville qui, à genoux, lui remet les clefs d'une cité pavoisée de toutes parts. Il pleut, mais les cloches de Notre-Dame, où va être célébrée la messe de *Te deum*, sonnent à toute volée. Sur le parcours, les représentants des corps de métiers, de la Sorbonne et de l'Église s'inclinent profondément devant leur nouveau maître, qui, vêtu d'un habit de velours gris brodé d'or, leur fait bonne figure.

Plus importante à ses yeux est l'immense foule des Parisiens, « affamée de voir un roi », selon la jolie expression de Pierre de L'Estoile. Abandonnant leur ouvrage, ils sont venus spontanément l'acclamer, se souvenant que, lors du siège, il a bien voulu fermer les yeux lorsque du pain leur fut distribué et qu'il a promis le pardon aux ligueurs acceptant de déposer les armes. Ils ne seront, effectivement, ni punis ni taxés arbitrairement, ni d'ailleurs aucun sujet du Béarnais, redevenu le Parisien. Le roi n'est pas dupe du bon accueil qui lui est réservé, comme en témoigne cet échange d'impressions avec un de ses compagnons :

— Sire, voyez comme tout votre peuple se réjouit de vous voir.

— C'est un peuple, si mon plus grand ennemi était là où je suis, et qu'il le vît passer, il lui en ferait autant qu'à moi et crierait plus encore qu'il ne fait.

Et, à mesure qu'il progresse dans le cœur de la capitale :

— Je vois bien, dit-il, combien ce peuple-ci a été tyrannisé.

Comment résister à un roi au sourire si chaleureux qui, en ce jour béni, annonce qu'il oublie les offenses, comme le stipule le tract qu'il fait distribuer : « Que toutes choses passées et advenues depuis les troubles soient oubliées » ? Un roi qui ordonne lui-même à un soldat de rendre le pain qu'il vient de voler dans une boulangerie et empêche un autre d'administrer une correction à un homme qui venait de le narguer ? Un roi qui, spontanément, prend par la main un enfant pour l'entraîner avec lui dans la cathédrale, pour qu'il l'accompagne jusqu'à l'autel ? La vie va enfin reprendre ses droits, permettre à chacun de se remettre au travail et de poursuivre le cours de son existence, comme l'explique le « tract », le premier de l'histoire, dans lequel est mentionné un pardon général ! Ce jour-là, Paris ne découvre pas seulement son roi, mais le premier dirigeant à faire de la communication politique l'arme suprême de son pouvoir.

Il ne reste plus qu'à attendre l'absolution du pape, que d'Ossat et du Perron, qui vont y gagner leur chapeau de cardinal, sont en train de négocier à Rome pour effacer le passé. Elle viendra le 17 septembre. Le soir de l'entrée à Paris, après le traditionnel grand banquet au palais, Henri IV est bien le roi de France. À ce titre, quittant Notre-Dame, il remonte sur son cheval pour gagner ce Louvre dans lequel il a été en partie élevé jadis et où il compte désormais résider, s'inscrivant, là encore, dans une tradition régalienne remontant à Charles V. C'est une prise de possession et nul ne s'y trompe. Très peu de temps après, il convoque les architectes pour reprendre un chantier commencé par Catherine de Médicis mais qui, en raison des guerres de religion, n'a pu être achevé ; il entend là montrer que la tragique parenthèse se ferme et que, la continuité assurée, la vraie vie reprend ses droits. La France, épouse respectueuse et soumise, s'est donnée à son seigneur et maître. Elle va se reconstruire comme le palais de son souverain. C'est du reste au Louvre qu'il accomplit son premier geste de roi, en recevant la somptueuse ambassade de Venise, dont le faste fascine les Parisiens, privés depuis tant d'années de ces manifestations flattant leur nationalisme traditionnel.

Et c'est à une des fenêtres de ce palais qu'il regarde à présent, le sourire aux lèvres, les trois mille soldats espagnols de Philippe II, priés de reprendre au plus vite, pour la plus grande joie de tous ceux qui l'entourent, le chemin de la Péninsule, munis de ses salutations particulières au roi d'Espagne : « Recommandez-moi à votre maître, mais n'y revenez plus ! » Cette fois, malgré les assassins qui rôdent encore et quelques poches de résistance, telle Vincennes, qui seront vite réduites, la Ligue est bien morte, et avec elle ses principaux protagonistes, même si, à la surprise générale, Henri IV accorde un vaste pardon : le roi de France, pour reprendre une célèbre formule de Louis-Philippe, consent à oublier les insultes faites au roi de Navarre. Une liste de quelque cent dix-huit « indésirables » est cependant publiée, les écartant pour un certain temps de Paris, où ils ne pourront revenir que plus tard, dès qu'autorisation leur sera donnée. Cette clémence s'appuyant sur la fermeté renforce non seulement le prestige et l'autorité du Béarnais, mais surtout, comme le comprendra bien Michelet, discrédite la seule idée de république en France, pour plus de deux siècles. Ce poème l'atteste explicitement :

« Après avoir forcé toutes leurs citadelles,
Il voit à ses genoux, les grands chefs des rebelles,
Qui d'un zèle obstiné couvrant un attentat,
Pour affermir un Temple, ébranlaient un État,
Et par leur malheureuse et fausse politique,
Mêlaient la monarchie avec la république.
Le roi, pour divertir de plus tragiques maux,
Semblait avoir traité ces sujets comme égaux,
Et pour les retenir sous son obéissance,
En leur donnant la paix relâche sa puissance... »

De nombreux textes, au reste, célèbrent cette aurore d'un règne dont on attend beaucoup : le *Panégyrique au roi Henri IV* de Joly ou le *Portrait du très auguste Henri IV* de Constant, destinés à populariser son image. Le premier des Bourbons n'est pas seulement un grand guerrier et un grand administrateur ; c'est aussi, comme on dirait aujourd'hui, un grand « communicant », qui sait toujours trouver le mot qui convient, que ce soit devant ses soldats : « Il me déplaît fort du sang que l'on répand », ou ses ministres : « La satisfaction qu'on tire de la vengeance ne dure qu'un moment ; celle qu'on tire de la clémence est éternelle. » Par la force du texte comme par celle des innombrables gravures qui se répandent un peu partout aux quatre coins du royaume, la figure du roi, tout à la fois chef et père, devient familière à tous. Cela encore est une première au pays des lis !

Pourtant, malgré tant de bonne volonté, dans un consensus aussi général, certains, dans l'ombre, ne désarment pas. Ainsi ce jeune étudiant de dix-neuf ans, nommé Jean Châtel, fils d'un drapier aisé de Paris, qui, dans la soirée du 27 décembre 1594, se précipite sur le roi, alors que celui-ci entre à l'hôtel du Bouchage, rue Saint-Honoré, à deux pas du Louvre. Il lui assène un coup de couteau à la bouche, après avoir vainement visé son cou. Complot ourdi par les jésuites ou acte isolé d'un être plus ou moins déséquilibré par ses fantasmes homosexuels et désirant en finir pour se punir de ses penchants ? Il y a sans doute des deux dans ce tragique incident, qui se solde par une blessure superficielle, une chaude alerte et l'atroce fin de ce malheureux jeune homme, rompu vif en place de Grève.

George Washington, premier président des États-Unis d'Amérique, et Barack Obama, l'actuel tenant de la charge suprême, prix Nobel de la paix, descendent tous deux de huguenots français.

Le 13 avril 1598, Henri IV signe à Nantes un édit qui reconnaît l'existence des protestants. En France, ils sont à peu près un million, sur une population estimée à environ dix-huit millions. Pour les uns, même si la guerre fratricide s'est achevée, ils représentent encore une minorité lourde de menaces : leur rejet des hiérarchies qui régissent l'Église catholique assimile les calvinistes, aux yeux des prélats catholiques, à des éléments subversifs et potentiellement dangereux. Pour les autres, au contraire, ils incarnent un esprit de renouveau et même une chance pour l'avenir du pays. La cartographie de la France de l'époque montre comment sont disposées les forces en présence. Si la capitale est majoritairement catholique – Paris ne compte qu'un réformé pour dix habitants –, les villes de Castres, Nîmes et Montauban sont clairement dominées par la présence protestante. La doctrine de Jean Calvin a convaincu le sud de la France : le Languedoc, ancien fief de l'hérésie cathare, et le Béarn, converti par Jeanne d'Albret, la mère d'Henri IV, où l'on a fait raser les églises. En revanche, au nord de la Loire, les grands foyers huguenots sont plus rares ; la Normandie fait figure de proue du catholicisme avec ses villes de Rouen, Caen et Dieppe.

Parmi les différences entre les huguenots et les catholiques, il en est une particulièrement marquante, c'est l'attitude des uns et des autres face au profit économique. Tandis que les catholiques sont réticents à aborder les questions d'argent et n'aiment pas se glorifier de leurs bénéfices, les protestants ne condamnent en aucun cas le profit car Calvin est allé jusqu'à clamer qu'il est « une grâce de Dieu ». À cet égard, bon nombre de réussites industrielles sont dues à des dynasties d'entrepreneurs issues de la religion réformée, tels les Boulle, ébénistes fameux, ou encore les Gobelins, créateurs de la célèbre manufacture. Si certains n'hésitent pas à abandonner, par ambition, leur religion pour se convertir au catholicisme, d'autres beaucoup plus nombreux choisiront la fidélité voire l'exil quand, après l'apaisement du règne d'Henri IV, ils constateront l'échec de la politique de tolérance avec la révocation de l'édit de Nantes en 1685.

Très peu de Français savent aujourd'hui que le premier président des États-Unis d'Amérique, George Washington, descend en droite ligne du premier émigré français en Virginie, Nicolas Martiau (1591-1657), un huguenot de l'île de Ré qui débarqua du *Francis-Bonaventure* le 11 mai 1620, cinq mois avant l'arrivée des puritains du *Mayflower* et dix ans exactement, mois pour mois, après l'assassinat du bon roi

Henri IV. Cet ancêtre français mit au service de sa nouvelle patrie ses talents d'ingénieur militaire, avant d'exercer les fonctions de juge de paix et d'assumer la charge de député à l'assemblée locale de Jamestown où il fut élu représentant de la presqu'île de Pamunkey. Toutes ces raisons auraient rendu cet ancêtre cher au cœur de Washington si ce dernier avait eu le loisir d'étudier son arbre généalogique et de remonter jusqu'à la cinquième génération. Un autre détail de la vie de son ancêtre lui serait en outre apparu des plus symboliques cent cinquante ans avant la bataille décisive de Yorktown, en 1631, Nicolas Martiau s'était rendu acquéreur à Yorktown du terrain sur lequel son descendant allait s'illustrer !

Aujourd'hui, les élus de l'île de Ré ont admirablement rempli leur devoir de mémoire. En effet, on peut voir la statue de Georges Washington à Saint-Martin de Ré, érigée dans le jardin du musée et celle de Nicolas Martiau qui s'élève à La Flotte, le regard porté vers l'océan.

Parmi les descendants des huguenots français, on peut aussi compter Barack Obama, l'actuel président des États-Unis d'Amérique, qui a reçu le prix Nobel de la paix en octobre 2009. Une étude menée par l'Église mormone, une branche religieuse américaine férue de généalogie, affirme en effet que l'actuel président américain serait un descendant d'un certain Mareen Duvall, fils de huguenots français. Ce

Duvall aurait par la suite épousé la petite-fille d'un nommé Richard Cheney, arrivé d'Angleterre dans le Maryland vers 1650. Au cœur de l'été 2009, le lundi 20 juillet, une quinzaine de jours avant l'anniversaire de ses quarante-huit ans, Barack Obama a reçu Thomas Monson, chef de l'Église mormone, afin de le remercier de cette étonnante découverte. Le président a déclaré qu'il était impatient de consulter les archives concernant ses racines. Grâce à la base généalogique mondiale, sise dans l'Utah à Salt Lake City, Barack Obama se savait déjà cousin au huitième degré du républicain Dick Cheney, l'ex-vice-président des États-Unis au temps de George Bush.

12

GABRIELLE, HENRIETTE
ET LES AUTRES

« Soyez glorieuse de m'avoir vaincu,
moi qui ne le fus jamais que de vous. »
Henri IV à Gabrielle d'Estrées

Avant l'abjuration, lors du siège de Compiègne, Henri IV, comme à son habitude, avait réuni quelques joyeux compagnons à sa table, pour se détendre entre deux exploits guerriers, deux chevauchées, deux réunions stratégiques. Au nombre de sept ou huit, à la lueur des bougies, sous la vaste tente du monarque faisant office de quartier général, ils avaient bien mangé, bien bu et bien ri, et, à la fin des agapes, firent ce que font généralement les hommes, en France comme ailleurs, mais peut-être plus en France qu'ailleurs : ils parlèrent des femmes qu'ils avaient connues et aimées, chacun à sa manière, à commencer par le roi qui, à aucun moment de sa vie, ne se désintéressa du beau sexe, pas davantage en temps de paix qu'en temps de guerre.

Henri IV oublie peut-être Antoinette de Pons, marquise de Guercheville, veuve du comte de La Roche-Guyon, dont il s'est violemment épris quelques semaines plus tôt, pendant la campagne de Normandie, et qui, seule, s'est refusée à lui, malgré les assiduités dont il l'a poursuivie. Mais une lettre demeure, dans laquelle il lui écrit fort cavalièrement : « Après avoir tant tourné autour du pot que vous voudrez, si faut-il venir à ce point qu'Antoinette confesse avoir de l'amour pour Henri. Ma maîtresse, mon corps commence à avoir de la santé, mais mon âme ne peut sortir d'affliction que n'ayez franchi ce saut. Puisqu'avez assurance de mes paroles, quelle difficulté combat votre résolution ? Qui l'empêche de me rendre heureux ? Ma fidélité mérite que vous ôtiez tous obstacles. Faites-le donc, Mon Cœur. Mon tout, aimez-moi comme celui qui vous adorera jusqu'au tombeau. Sur cette vérité, je baise un million de fois vos blanches mains. » Malgré le style alerte de son roi, elle ne lui a pas cédé. Henri IV ne lui en voudra pas, qui fera d'elle plus tard la première dame d'honneur de Marie de Médicis, sa seconde épouse.

Dépité, ce roi célibataire, ou considéré comme tel depuis qu'il est définitivement séparé d'une épouse qu'on prétend nymphomane, préfère évoquer d'autres visages, d'autres corps, d'autres sourires, à l'heure où Corisande abandonnée s'en est retournée dans ses terres de Gascogne. Tous ses compagnons savent en effet que, à défaut d'avoir pu prendre Paris, il a mis le siège d'une autre place qui, elle, a moins longtemps résisté, l'abbesse de Montmartre, Claude de Beauvilliers, âgée d'à peine dix-huit ans, avec qui il a filé le parfait amour pendant quelques semaines, avant de conquérir une de ses consœurs, l'abbesse de Longchamp, Catherine de Verdun, âgée, elle, de vingt-deux ans. Aussi, à la fin du repas, Biron lance-t-il au roi :

— Savez-vous, Sire, qu'on dit partout que vous avez changé de religion ?

— Comment cela ?

— Eh bien, celle de Montmartre contre celle de Longchamp !

Et chacun de rire de la boutade. Mais se met-on à comparer les charmes des deux religieuses qu'un autre commensal prend alors la parole, Roger de Bellegarde, neveu du duc d'Épernon, pour dire à la compagnie que, quelle que soit leur beauté, aucune ne saurait égaler celle pour qui son cœur bat d'une tendre passion. Mal lui en prend, car, aussitôt, le roi, mis en appétit, décide de la rencontrer le lendemain, pour voir si son compagnon lui ment, à moins qu'il ne soit déjà, le connaissant, émoustillé. Celui-ci s'exécute donc et, dès le lever du jour, le conduit au château de Cœuvres, en Picardie.

Quelques heures plus tard, arrivés à bon port, tous deux demandent le gîte et le couvert au maître des lieux, Antoine d'Estrées, gouverneur de La Fère, dont l'épouse, Françoise Babou de La Bourdaisière, une Tourangelle des plus libres, a depuis longtemps quitté son mari pour le marquis d'Alègre. Sa mère ayant elle-même été, en son temps, la maîtresse de François Ier, on dit volontiers que, dans cette famille, « les femmes font l'amour hautement ». Le souper servi, les filles de la maison viennent faire leur révérence au souverain et, subjugué, Henri IV découvre l'adorable visage de Gabrielle, ses cheveux blonds, ses yeux bleus, sa peau immaculée et la candeur de ses dix-sept ans. Il comprend pourquoi Bellegarde l'a demandée en mariage et saisit aussitôt le bras de son compagnon pour lui glisser à l'oreille : « Oublie-la, ami, elle est à moi. Et garde-toi de me désobéir car, s'il le faut, je te ferai décapiter. » En une seconde, celui que ses adversaires surnomment « le vieux bouc » est tombé sous le charme de la belle, comme envoûté par sa voix, son sourire, sa gorge qu'il devine sous la collerette.

Le charme irrésistible de Gabrielle d'Estrées n'était pas sans précédents puisqu'elle descendait d'une lignée de fatales séductrices, ainsi que le souligne le prince Louis Albert de Broglie, le « Prince Jardinier » de Touraine et l'actuel propriétaire du château de La Bourdaisière à Montlouis-sur-Loire. Après avoir rappelé que c'est chez lui que se sont mariés Marie Gaudin, héritière de La Bourdaisière, et Philibert Babou, descendant d'une grande famille de notaires de Bourges, le prince de Broglie ajoute : « Marie Gaudin était réputée pour être une des plus belles femmes de son temps. C'est la belle Marie Babou de La Bourdaisière qui est à l'origine de cette fabuleuse dynastie de filles. Elle se flatte d'avoir eu pour amants un empereur, un roi et un pape – c'est-à-dire Charles Quint, François Ier et Clément VII. Gabrielle d'Estrées est l'arrière-petite-fille de Marie Babou et la petite-fille de Jean Babou et de Françoise Robertet. Ils eurent onze enfants dont sept filles sublimes, surnommées "les sept péchés capitaux". L'une d'elle, Françoise, sera la mère de Gabrielle d'Estrées. Certains historiens affirment que ce n'est pas à Cœuvres en Picardie mais ici à La Bourdaisière sur les bords de la Loire, qu'aurait vu le jour la belle Gabrielle, qu'on nomme "la presque reine". Au retour de Bretagne, où venait d'être signé l'édit de Nantes, elle séjourne à La Bourdaisière, en 1598, avec Henri IV, sur le chemin de Chenonceau, future propriété de César de Vendôme, son fils légitimé. » Et Louis Albert de Broglie de conclure : « Aujourd'hui, la propriété ouverte au public célèbre ses femmes galantes et les amateurs d'histoire peuvent même y séjourner dans les chambres de Gabrielle d'Estrées et d'Henri IV. »

Pour le plus grand malheur d'Henri, sa passion n'est en rien partagée. Gabrielle se montre sourde aux assauts répétés du roi qui, oscillant entre Compiègne et Cœuvres, devient un habitué de la maison, où il n'a d'yeux que pour le tendron. Il en oublie de boire, de manger et de dormir, tant son esprit, son corps, ses sens sont pris, de plus en plus exaspérés par ce qui n'est pas une résistance mais, pire, une indifférence. Ne lui a-t-elle pas dit en face qu'elle ne l'aimera jamais et qu'il la répugne ? C'est alors que se tient un étrange conseil de famille, au cours duquel le père, « prêt à faire payer sa honte le plus cher possible », la tante et la sœur de Gabrielle décident de ne pas laisser passer une aussi belle occasion de sortir de la relative médiocrité de leur position ; ils prennent dès lors le parti de vendre littéralement leur cadette à ce roi si bien disposé à son égard. Sont-ce eux qui pressent Gabrielle ou est-ce elle-même qui, se piquant au jeu, comprend qu'elle a tout à gagner en se donnant à lui ? À moins qu'elle n'ait fini par être séduite par l'obstination d'un homme à qui, de toute manière, elle ne peut longtemps dire non, puisqu'il est son roi et que, à l'instar de tous les Français, elle lui doit obéissance.

Quoi qu'il en soit, c'est vraisemblablement pendant le siège de Chartres que les d'Estrées la convainquent de mettre fin à un refus qui à présent semble déplacé. À cet effet, en accord avec le roi, ils la marient à un gentilhomme complaisant, Nicolas de Liancourt, qui, naturellement, en échange de bons écus sonnants et trébuchants, ne la touchera pas, laissant le souverain la déniaiser lui-même. Jamais, remarquent ses proches, Henri IV n'a paru si heureux depuis qu'il possède ce morceau de roi. Comblé, il trouve aussi en elle son bon ange : c'est probablement elle en effet qui, au fil des jours, l'incite à abjurer le calvinisme ou tout au moins dissipe ses dernières préventions envers la religion de son père. N'est-ce pas à elle que, la veille de son renoncement, il parlait de « saut périlleux » ? Et n'est-ce pas elle qui met en œuvre la politique royale en se faisant apprécier autant des protestants que des catholiques ? « C'est une merveille, écrit le rugueux Agrippa d'Aubigné lui-même, qui n'a pas digéré l'abjuration de Saint-Denis, comment cette femme de laquelle l'extrême beauté ne sentait rien de lascif, a pu vivre en reine plutôt qu'en concubine, tant d'années et avec si peu d'ennemis. » N'est-ce pas elle, enfin, qui suggère au roi de nommer Maximilien de Béthune au poste de surintendant des Finances, poussant ainsi le futur Sully sur le devant de la scène ? Les protestants du royaume la considèrent donc comme une alliée et Henri IV en fait, selon ses propres termes, « une confidente pour pouvoir lui communiquer ses secrets et ses ennuis et sur ceux-ci recevoir une familière et douce consolation ».

Désormais, le Vert-Galant ne pense plus qu'à elle, lui adresse chaque jour des billets enflammés : « Je ne sais de quel charme vous avez usé, mais je ne supporterais point les autres absences avec tant d'impatience que celle-ci. Il me semble qu'il y a déjà un siècle que je suis éloigné de vous. Vous n'aurez que faire de solliciter mon amour ; je n'ai artère ni muscle qui, à chaque moment, ne me représente l'heure de vous voir, et ne me fasse sentir du déplaisir de votre absence. Croyez, ma chère souveraine, que l'amour ne me violenta jamais tant qu'il fait. » Ou encore : « Bonjour, mon cœur, venez demain de bonne heure, car il me semble déjà qu'il y a un an que je ne vous ai vue. Je baise un million de fois les belles mains de mon ange et la bouche de ma chère maîtresse. » Ou ce dernier, choisi parmi beaucoup : « Je vous écris, mes chers amours, des pieds de votre peinture que j'adore seulement pour ce qu'elle est faite pour vous, non qu'elle vous ressemble. J'en puis être juge compétent, vous ayant peinte en toute perfection dans mon âme, dans mon cœur, dans mes yeux... Je suis et serai jusqu'au tombeau votre fidèle esclave. » Ne le surprend-on pas, à la chasse ou en campagne militaire, gravant sur les arbres un monogramme de son invention, composé d'un S barré d'un trait, pour rappeler à tous qu'il aime d'Estrées ?

Gabrielle est présente à Saint-Denis, pendant la cérémonie de l'abjuration ; elle l'est encore le jour de l'entrée dans Paris, où elle suit sa progression, couchée dans une somptueuse litière ! Pour la chaperonner – mais aussi la surveiller, car il est très jaloux et souffre à proportion de sa jouissance ! –, le roi fait venir de Pau sa sœur Catherine qui, sagement, s'exécute, tandis que la famille d'Estrées se remplit les poches sans vergogne, en particulier Antoine, le père de Gabrielle, promu gouverneur de Noyon puis de l'Île-de-France, ou l'un de ses frères, nommé évêque, ou un autre chargé d'importants commandements. Elle-même est couverte de joyaux, de tissus précieux et d'une pension de mille écus par mois, et pourvue de gratifications diverses quand elle n'est pas présentée aux ambassadeurs étrangers. Et si la Cour savoure son histoire, clairement transposée dans un roman qui circule sous le manteau, *Histoire des amours du grand Alcandre,* c'est désormais toute la France qui fredonne cette chanson que son roi a composée pour elle, la datant du 21 mai 1593 :

« Charmante Gabrielle,
Percé de mille dards,
Quand la gloire m'appelle
Sous les drapeaux de Mars,

R. Cruelle départie !
Malheureux jour !
Que ne suis-je sans vie

Ou sans amour !
L'amour sans nulle peine
M'a, par vos doux regards,
Comme un grand capitaine,
Mis sous ses étendards.

R. Cruelle départie...

Je n'ai pu dans la guerre
Qu'un royaume gagner ;
Mais sur toute la terre
Vos doux yeux doivent régner.

R. Cruelle départie...

Partagez ma couronne,
Le prix de ma valeur ;
Je la tiens de Bellone,
Tenez-la de mon cœur.

R. Cruelle départie... »

Certes, leur aventure compte quelques querelles, dès lors que la belle refuse à son amant tel ou tel déplacement ; mais il capitule rapidement, comme le montre leur correspondance : « Vous savez bien la résolution que j'ai prise de ne me plaindre plus. J'en prends une autre, celle de ne me fâcher plus. » Boude-t-elle ? Il accourt aussitôt pour se faire pardonner par la « chère Biby » – c'est l'affectueux surnom dont il l'affuble –, elle dont un contemporain dit qu'il ne peut demeurer loin d'elle plus d'une heure. De plus en plus épris, il songe même à l'épouser, d'autant que, le 7 juin 1594, elle lui donne un fils, César, dont il veut faire son héritier et auquel il donne les titres de duc de Vendôme – le duché de son père ! –, duc de Beaufort et duc d'Étampes. Il est bientôt suivi d'une fille, Catherine, en 1596, future duchesse de Lorraine, puis d'un autre garçon, Alexandre, en 1598, futur grand prieur de France. On les traite en enfants royaux. Leur mère, proclamée marquise de Montceaux puis duchesse de Beaufort, paraît partout telle une épouse légitime, dans les cérémonies officielles, les bals de la Cour ou les entrées dans les villes. Comme si elle était reine de France – et elle l'est de facto –, elle a la préséance et les honneurs, jusque dans les armées où Henri l'appelle, comme plus tard son petit-fils Louis XIV avec Mme de Montespan, même s'il a coutume de répéter : « En ce qui est des actes de soldat, je ne demande pas conseil aux femmes. »

Gouverneurs, évêques et corps de ville viennent la saluer dans sa litière lorsqu'elle voyage et les courtisans se disputent la faveur de lui passer un plat ou de lui tendre un verre lorsqu'elle en exprime le désir. Quant aux quémandeurs de tout poil, ils baisent le bas de sa robe, comme on le fait aux souveraines. Il n'échappe à personne que le roi embrasse sa maîtresse en public, court avec elle, masqué, dans les rues de Paris pendant le carnaval ou la fait peindre en Diane dans ses appartements de Fontainebleau, tandis qu'il continue de lui adresser des épîtres enflammées, dans lesquelles il laisse libre cours à sa passion :

« Vous me mandez que vous m'aimez mille fois plus que moi à vous ; vous en avez menti, et le vous soutiendrai avec les armes que vous avez choisies. »

Lui est-elle fidèle ? La question a été souvent posée, car il semblerait qu'elle n'ait jamais cessé d'aimer Bellegarde. D'où cette anecdote tant de fois racontée : un matin où Henri IV partit tôt à la chasse, Gabrielle en profita pour faire quérir par sa servante Arphure le beau Bellegarde. Mais le roi rentra beaucoup plus tôt que prévu, ce qui obligea l'amant à se cacher sous le lit, comme dans un conte de Boccace. Après avoir fait l'amour à sa belle, le roi annonce qu'il a faim et demande qu'on lui apporte un plateau. Sitôt dit, sitôt fait. Henri IV mange de bon appétit, mais prend soin de ne pas toucher à un morceau de viande qu'il laisse en évidence et qu'il dépose bientôt au pied du lit, s'écriant plaisamment : « Il faut bien que tout le monde mange ! » Vraie ou fausse, cette histoire montre la force de son amour pour une enfant qui pourrait être sa fille, une jeune femme qui rêve à présent d'être reine et sur laquelle fleurissent les traditionnelles épigrammes l'accusant de dilapider le trésor royal ou dénonçant le luxe insensé qui régit son château de Montceaux, près de Meaux, qu'Henri lui a offert :

« — Ha ! Vous parlez de votre roi !
— Non fais, je vous jure ma foi !
Par Dieu ! j'ai l'âme trop royale.
Je parle de Sardanapale,
Au royaume de Conardise
Où pour Madame la Marquise

Les grands monts sont mis à Montceaux
Et toute la France en morceaux
Pour assouvir son putanisme. »

Les peintres la représentent à foison, de préférence dans son bain, la gorge blanche et nue – il est vrai qu'elle l'avait si belle ! –, tandis que, derrière, une nourrice donne son sein à téter à l'un des enfants que le roi lui a faits, ou encore en compagnie de sa sœur, Diane, tout aussi dévêtue, qui pince le téton de la favorite, en un geste mystérieux qui, probablement, symbolise la grossesse royale que sa sœur prépare. Bien décidé à aller jusqu'au bout, le roi justement s'est assuré par ses clercs que la rupture du mariage de sa belle avec Liancourt ne pose aucun problème. Il fait approcher son épouse Margot, toujours assignée à résidence à Usson, à laquelle il envoie un émissaire pour savoir si elle accepterait de s'effacer. Margot, comme on l'imagine, fait alors monter les enchères. Mais la plupart des conseillers du roi sont farouchement opposés à ce qui serait non seulement une mésalliance, mais une faute politique. Du reste, le peuple y est hostile, qui a baptisé Gabrielle « la putain du roi » ou « la duchesse d'ordure ». Personne dans l'Europe chrétienne ne saurait tolérer qu'un roi de France n'épouse pas une princesse de sang ni qu'il brise son mariage au profit d'une aventurière, si belle soit-elle. Des pourparlers sont en cours avec Florence, où la nièce du grand-duc, Marie de Médicis, Habsbourg par sa mère, attend qu'on vienne la chercher. Malgré tout, jouant sur les deux tableaux, le roi paraît plus déterminé que jamais à épouser sa maîtresse, à qui il offre la bague en diamants de son sacre, allant jusqu'à annoncer la cérémonie pour le dimanche de Quasimodo, à l'indignation du pape qui ordonne un jeûne général et fait lui-même une retraite afin de prier pour le roi de France.

Qui peut savoir, aujourd'hui, ce qui se serait passé si le destin n'avait tranché ce conflit de conscience à sa manière ? Le 8 avril 1599, alors qu'elle se prépare à mettre au monde son quatrième enfant, à l'hôtel de Sourdis où elle loge lorsqu'elle réside à Paris, la duchesse de Beaufort se sent très mal et accouche, le lendemain, d'un bébé mort-né. Deux jours plus tard, après d'atroces souffrances et nombre de convulsions qui, au fil des heures, la défigurent complètement, elle s'éteint au seuil de sa vingt-sixième année, dans une atmosphère sordide, son père faisant enlever ses meubles et ses bijoux, cadeaux du roi, avant même qu'elle ne rende l'âme. Henri IV apprend cette tragédie alors qu'il vient de quitter Fontainebleau pour Paris, où il comptait visiter Gabrielle. Anéanti, il retourne au château où il demeure prostré pendant plusieurs jours. A-t-elle été empoisonnée, comme beaucoup le dirent, par ceux qui, nombreux, avaient intérêt à ce qu'elle ne devînt jamais reine de France ? Ou a-t-elle succombé à une affection naturelle, l'éclampsie puerpérale étant aujourd'hui la plus fréquemment citée ? Depuis quatre siècles, les historiens débattent toujours de ce qui précipita la fin de cette si jeune femme, qu'on enterra à l'abbaye de

Maubuisson et qu'on oublia après l'avoir portée au pinacle. « Mon affliction est aussi incomparable comme l'était le sujet qui me la donne, écrit alors Henri IV à sa sœur Catherine. Les regrets et les plaintes m'accompagneront jusqu'au tombeau. Cependant, puisque Dieu m'a fait naître pour ce royaume et non pour moi, tous mes sens et mes soins ne seront plus employés qu'à l'avancement et conservation de celui-ci. La racine de mon cœur est morte et ne rejettera plus. »

L'homme qui rédige ces lignes va-t-il se remettre de ce choc terrible ? À peine quelques semaines plus tard, lorsque ses compagnons, le sachant incapable de demeurer seul, lui présentent une autre jouvencelle, il noue aussitôt une nouvelle idylle avec la fougue d'un adolescent, lui qui vient de dépasser sa cinquantième année. La nouvelle élue se nomme Henriette d'Entragues et elle a de qui tenir, puisqu'elle n'est autre que la fille de Marie Touchet, jadis maîtresse de Charles IX ! Elle est blonde, son visage est charmant et ses traits réguliers. Parée de beaux yeux bleus, elle sait magnifiquement jouer les ingénues libertines. Contrairement à Gabrielle, elle est vive, nerveuse et gaillarde. Et là encore, sa famille, qui demeure au château de Malesherbes, décide de profiter de l'aubaine et de tirer le meilleur parti possible de cet amant transi.

« Le cœur blessé, les yeux en larmes,
Ce cœur ne songe qu'à vos charmes ;
Vous êtes mon unique amour.

Jour et nuit, pour vous je soupire ;
Si vous m'aimez à votre tour,
J'aurais tout ce que je désire.

Je vous offre sceptre et couronne
Mon sincère amour vous les donne.
À qui puis-je mieux les donner ?
Roi trop heureux sous votre empire,
Je croirai doublement régner,
Si j'obtiens ce que je désire. »

Feignant de jouer les pères offensés, François d'Entragues, en effet, a tôt fait de comprendre ce que les siens peuvent gagner dans l'aventure. Il explique donc à sa fille qu'elle doit résister aux assauts du roi, jusqu'au moment où elle pourra tirer de lui le maximum. Ce qu'elle fait, provoquant l'affolement du Vert-Galant, qui, après avoir lâché cinquante mille livres pour avoir le droit de la caresser – « voilà une nuit bien payée », dit-il à Sully –, lui adresse des missives de plus en plus enflammées : « Mon cœur, je vous aime si fort que je ne puis plus vivre absent de vous... » « Vous me commandez de surmonter, si je vous aime, toutes les difficultés que l'on pourra apporter à notre contentement. J'ai assez montré la force de mon amour, aux propositions que j'ai faites, pour que du côté des vôtres ils n'y apportent plus de difficultés. » De quelles propositions s'agit-il ? Rien moins que de l'épouser ! Prêt à tout pour pénétrer la délicieuse intimité d'Henriette, il va jusqu'à signer, le 1er octobre 1599, une promesse de mariage, certes assortie d'une condition : lui donner un fils d'ici six mois. « Comme roi et comme Gascon, je ne sais pas endurer », confie le roi à Sully pour se justifier, qui aussitôt taxe Henriette de « pimbêche et rusée femelle ».

Elle cède séance tenante et son beau corps doublé d'un tempérament de feu achève de chasser le souvenir de Gabrielle dans le cœur d'Henri : « Aimez-moi, mon Menon, lui écrit-il un jour ; car je te jure que tout le reste du monde ne m'est rien auprès de toi que je baise et rebaise un million de fois. » Voici à présent Henriette élevée au rang de marquise de Verneuil, inondée de joyaux, de meubles et de pensions par un homme qui, lorsqu'il aime, ne sait plus compter, tandis que Paris murmure : « On met déjà Mlle d'Entragues sur le trottoir ; un clou chasse l'autre. » C'est l'opinion de beaucoup, qui ne voient en elle qu'« une belle garce ». À nouveau, la Cour fait bonne figure à la favorite du moment qui, cependant, devra bientôt s'effacer devant la future reine, Marie de Médicis. Le roi n'hésite d'ailleurs pas à présenter l'une à l'autre : « Celle-ci a été ma maîtresse ; elle veut être votre servante. » Et continue de coucher avec la première, les deux femmes étant, à plusieurs reprises, enceintes en même temps et mettant presque simultanément leurs enfants au monde. Cette quasi-bigamie fait hurler de rage la nouvelle reine de France et rire la favorite qui se permet d'imiter son accent italien et ses manies, pour la plus grande joie du souverain. « Le roi est complètement enchaîné par l'amour de cette femme. On raconterait cela à quelqu'un, cela passerait pour une fable », écrit un chanoine italien. Henriette donnera au roi deux enfants, Gaston-Henri de Bourbon, duc de Verneuil, et Gabrielle Angélique, future duchesse d'Épernon et de La Valette, avant de se compromettre dans la conspiration de Biron. « À un bel oiseau, il faut une belle cage », lui déclare son royal amant en lui offrant château à la campagne et hôtel à Paris, pour l'avoir toujours sous la main. Mais le volage Vert-Galant n'est pas plus fidèle à Henriette qu'il le fut aux autres. Sans rompre avec elle, puisqu'il continue d'honorer sa couche avec une régularité toute métronomique, il tombe à nouveau amoureux, cette fois de Jacqueline de Bueil, autre ravissant tendron de seize ans, qu'il marie au sieur de Champvallon. Plus le roi vieillit, plus il prend ses partenaires jeunes. Cette nouvelle tocade lui coûte trente mille écus et le titre de comtesse de Moret dont va se prévaloir le mari qu'il lui trouve, même si le Béarnais a la primeur de la nuit de noces. Elle lui donnera un fils, en 1607, Antoine de Bourbon-Bueil, futur comte de Moret. Très épris, il lui dédie une chanson de son cru :

« Viens, Aurore,
Je t'implore ;
Je suis gai quand je te vois.
La bergère
Qui m'est chère
Est vermeille comme toi. »

Sans compter Marie-Françoise de La Bourdaisière – la propre sœur de Gabrielle d'Estrées ! –, Charlotte des Essarts, qui donne deux filles au roi – Jeanne-Baptiste de Bourbon, en 1608, future abbesse de Fontevraud, et Marie-Henriette de Bourbon, en 1609, future abbesse de Chelles –, ou la demoiselle de Fontlebon. Passades de quelques mois dont l'histoire n'a pas retenu les noms, jusqu'à l'ultime folie, qui le conduira, au soir de sa vie, à connaître une dernière passion : Charlotte de Montmorency, princesse de Condé. Toutes ne furent pas vierges, tant s'en faut, bien que le roi manifestât toujours une très nette préférence à celles qui l'étaient, prenant à chaque fois un réel plaisir à les dépuceler. Aussi fut-il fort contrarié le jour où il découvrit que la jeune belle qui le recevait dans son lit n'était plus ce qu'elle prétendait être. En pleine action, le roi émit alors un sifflement utilisé en vénerie.

— Qui appelez-vous ainsi, Sire ?

— J'appelle tous ceux qui sont passés par ici avant moi.

— Piquez, piquez, Sire. Vous les rattraperez.

On raconte qu'Henri IV demanda un jour à un ambassadeur étranger si son roi avait des maîtresses.

— Sire, répondit le diplomate, mon maître craint Dieu et respecte la reine.

— Eh, quoi ! répliqua le roi. N'a-t-il pas assez de vertu pour faire pardonner un vice ?

Henri IV, le roi des eaux, imagine un canal qui unit la Loire à la Seine. Mais il manque de se noyer à Neuilly... Aux beaux jours, à Paris, le Vert-Galant aime à se baigner nu devant ses sujets.

Comme la nature est ingrate ! Le roi, qui avait tellement favorisé la circulation par les eaux en France, faillit être englouti par les flots, traversant un jour la Seine avec son épouse à la hauteur de Neuilly.

Henri IV en effet, avec la collaboration de Sully, a mis en place des compagnies pour assécher les marais, tant dans le Bordelais, en Gascogne, en Poitou qu'en Normandie. Il a nommé le Hollandais Humphrey Bradley « maître des digues et canaux du royaume ». Ce dernier avait en effet importé de son pays les méthodes permettant en France la reconquête de nombreux polders et « petites Flandres ». Tout a commencé en 1599, quand Henri IV crée l'office de grand voyer de France, chargé de la construction et de l'entretien des voies de communication. Il confie cette charge à Sully, qui devient en quelque sorte le premier ministre de l'Équipement. Ce dernier ne tarde pas à constater que ce n'est pas une tâche aisée de répondre, par exemple, aux besoins d'une ville comme Paris, surtout en temps de disette où l'approvisionnement régional ne suffit plus. Or, transborder les marchandises par voie terrestre d'un bassin fluvial à l'autre prend beaucoup de temps et a un coût élevé. Aussi une idée

251

germe-t-elle dans l'esprit du roi et du surintendant des Finances : le moyen le plus commode
pour acheminer les produits venus des pays
atlantiques par la Loire vers la Seine serait sans
doute de creuser un canal reliant les deux
réseaux navigables. Le trafic des denrées s'en
verrait ainsi grandement facilité. C'est ainsi
que naît, de par la volonté du roi, le canal de
Briare, destiné à acheminer vers Paris et le
Nord de la France la production agricole du
pays nantais.

Reste la mise en œuvre de ce chantier capital.
Les dessins de Léonard de Vinci, génie d'un
règne précédent, ses recherches en matière
d'hydraulique et son invention des « écluses à
sas à deux paires de portes busquées », qu'avait
su apprécier François Ier, se révèlent d'un grand
secours : Adam de Craponne, gentilhomme
provençal, s'en inspire pour élaborer le principe d'un canal de jonction à alimentation
artificielle. C'est un Tourangeau, Hugues de
Cosnier, ingénieur architecte, qui reçoit le
chantier en adjudication. Comme le précise
Françoise Leguen : « Le canal de Briare ou canal
Henri-IV est le premier des canaux dits "à point
de partage", c'est-à-dire qu'il traverse la ligne
de partage des eaux entre la Loire et la Seine.
On peut dire qu'il fait "franchir les collines aux
bateaux". Ainsi, depuis le lit de la Loire situé à
125 m au-dessus du niveau de la mer à Briare,
il atteint en traversant La Puisaye l'altitude
maximale de 166 m puis rejoint la vallée du
Loing, affluent de la Seine, à 80 m d'altitude.

Ces dénivellations impliquent la construction de nombreuses écluses et notamment lorsque la pente est forte, d'échelles d'écluses comme à Rogny-les-Sept-Écluses que le roi visite en compagnie de la reine en 1608. Près de douze mille ouvriers participent à la construction de ces ouvrages. Ils sont surveillés par 600 hommes de troupe, chargés aussi d'empêcher les actes de malveillance des propriétaires expropriés mécontents... mais le poignard de Ravaillac en 1610, la disgrâce de Sully en 1611, enfin la mort de Cosnier en 1629, stoppent les travaux. Pendant plus de vingt ans les quarante kilomètres creusés et les trente-six écluses installées restent à l'abandon. » Ce n'est que sous le règne de Louis XIII en 1642 que le canal sera mis en service. Ses débuts seront un grand succès : un millier de bateaux l'utilisent dès la première année.

Henri IV le roi des eaux faillit cependant être englouti par elles, dans un épisode peu connu de sa biographie.

Revenant de Saint-Germain-en-Laye, le cortège d'Henri IV avait pour habitude de traverser la Seine au niveau de Neuilly, où l'attendait un bac. Le 9 juin 1603, le roi et Marie de Médicis ne prirent pas la peine de descendre du carrosse qui franchit le fleuve sur le bac. S'il faut en croire le mémorialiste Pierre de L'Estoile, les deux derniers chevaux, tirant trop de côté, tombèrent à l'eau, entraînant la voiture avec eux : « Le roi et la reine faillirent à être noyés, principalement la reine qui but plus qu'elle ne voulait, et sans un valet de pied et un gentilhomme, nommé La Châtaigneraie, qui la prit par cheveux, s'étant jeté à corps perdu pour l'en retirer, courait fortune inévitable de la vie. »

Alors que tout danger était écarté, plusieurs seigneurs qui accompagnaient le couple royal se jetèrent eux aussi à l'eau, sans doute pour éviter les remontrances du roi. Afin de prévenir pareils désagréments, Henri IV fit par la suite construire un pont à l'endroit de l'accident, qu'il utilisa désormais, ayant banni le bac. Ce pont serait celui que l'ingénieur Perronet reconstruisit en pierre en 1772.

L'historien Henri Pigaillem raconte pour sa part que le roi fit orner la porte d'une proche maison d'une fleur de lis, marque d'honneur envers le gentilhomme La Châtaigneraie, « qui contribua à le tirer d'un si grand péril ». Cette fleur fut remplacée chaque fois qu'elle fut fanée et ceci jusqu'à la mort du gentilhomme. Toujours est-il que « cet accident guérit le roi d'un grand mal de dents qu'il avait, dont le danger était passé, il s'en gaussa, disant que jamais il n'y avait trouvé meilleure recette ; au reste, qu'ils avaient mangé trop de salé au dîner, et qu'on les avait voulu faire boire après ».

Le Vert-Galant n'en prit pas pour autant l'eau en horreur, lui qui, dès l'arrivée des beaux jours, aimait à se baigner dans la Seine. Se débarrassant de son pourpoint et jetant son chapeau dans l'herbe, tout nu devant ses sujets il entrait dans le fleuve...

C'était le temps si doux du bonheur sur les bords de la Seine. Les talus du rempart tout constellés de fleurs recevaient le concert des oiseaux dans l'air et la lumière de ces premières belles journées. On entendait les compliments des jeunes mariniers jetés à haute voix aux belles lavandières. À l'époque, eux et leur famille flottaient entre Clamecy et Paris ; ils vivaient à l'ombre de Saint-Gervais, souvent à bord de leurs embarcations qu'ils avaient méta-morphosées en maisons flottantes. La vision de ces grandes bâches qui se succédaient au-dessus de l'eau pouvait rappeler ces villages chinois véritables cités lacustres. On se livrait au plaisir de la pêche. Les paniers à poissons étaient débarqués à hauteur de l'actuel pont Marie, une partie de la livraison était destinée aux Halles, tandis que l'autre était vendue sur place. Cela donnait lieu à des évaluations pleines d'humour et à des apostrophes spiri-tuelles dans la verte langue des crocheteurs du Port-au-Foin.

Un beau matin, comme le conte si bien Jean Prasteau dans *Les Heures enchantées du Marais,* tandis que le fleuve miroite dans les hautes fenêtres de l'Arsenal, éclatent soudain des acclamations. « Une lourde caisse tirée par quatre chevaux et escortée de cavaliers somp-tueux s'arrête devant la porte de l'Arsenal. Les hallebardes luisent, on se bouscule.

— Le roi !

Un petit bonhomme doté d'une barbe blanche apparaît sur les marches de l'Arsenal : le grand maître de l'artillerie, Maximilien de Béthune, notre Sully.

— Serviteur, Sire !

Un second personnage sec et grisonnant descend du carrosse et prend familièrement Sully par le bras : Henri IV.

— Allons nous promener dans votre allée du Balcon, Monsieur le Grand Maître ; car j'ai bien des choses à vous dire !

Et les deux compères s'en vont sous les branches au bord de la Seine pour bavarder des affaires de l'État, suivis à distance d'une petite foule respectueuse…

Dieu, oui ! Qu'il fait beau et chaud. Si beau et si chaud que le Vert-Galant n'y peut tenir. Il se débarrasse de son pourpoint et de ses chausses et jette son chapeau dans l'herbe. Tout nu devant ses sujets, noueux comme un vieil arbre du Béarn, il descend jusqu'à l'eau, entre dans le fleuve et rejoint une bande de baigneurs qui barbotent déjà, aussi peu vêtus que leur souverain. »

La pudeur ? On ne s'en préoccupe guère. Dès le Moyen Âge, on se baignait en Seine et c'est sans doute le spectacle des Parisiens dans l'eau qui inspira à Rabelais, mort rue des Jardins, presque sur le port de Saint-Paul, le fameux récit des exploits aquatiques de Gargantua.

« Il nageait en eau profonde, à l'endroit, à l'envers, sur le côté, de tous les membres, ou seulement des pieds ; avec une main en l'air, portant un livre, il traversait toute la Seine sans le mouiller, en traînant son manteau avec les dents comme faisait Jules César. »

Henri IV appréciait tant les plaisirs de l'eau qu'il eut l'intention un moment de faire construire une villa sur la croisette du Marais. Il s'agissait d'ailleurs plutôt d'une cabine de bain de luxe, puisque cette construction devait lui permettre « de se rafraîchir au sortir de la rivière quand il viendrait se baigner et d'y retrouver un bateau pour retourner par la rivière dans son palais du Louvre ». Cette côte de Seine où barbotaient les Parisiens au XVIIe siècle est hélas à jamais disparue : le quartier a depuis été éventré, déchiqueté et rebâti. Jadis s'y élevait la façade de l'église des Célestins. Derrière le couvent des religieux qui la desservait, s'étendaient les immenses bâtiments du Grand et du Petit Arsenal séparés par des cours et des jardins ouverts au public. L'hôtel du grand maître de l'artillerie subsiste partiellement et abrite la bibliothèque de l'Arsenal : c'est l'ultime souvenir visible de ces constructions à la majesté évanouie.

13

LE RÉCONCILIATEUR
DE LA NATION

« Sans doute la paix perpétuelle est à
présent un projet bien absurde ; mais
qu'on nous rende un Henri IV et un Sully,
la paix perpétuelle redeviendra un
projet raisonnable. »

Jean-Jacques Rousseau

Le 13 avril 1598, à Nantes, alors qu'il se prépare
à affronter le dernier ligueur, le duc de Mercœur,
gouverneur de Bretagne, Henri IV séjourne dans
l'ancien château des ducs de Bretagne où, naguère,
résidait la reine Anne, grâce à laquelle cette belle
province entra dans le patrimoine de la Couronne,
au terme de ses deux mariages, avec Charles VIII
puis Louis XII. Comme il aime à le faire, le roi est
venu de bon matin humer l'air frais sur les
remparts et contempler cette ville puissante et
fière, qui compte parmi les joyaux de la nation
grâce à l'importance de son port qui, depuis la
découverte du Nouveau Monde, a établi de fruc-
tueux échanges commerciaux avec l'Ouest atlantique. Le soleil du printemps s'élève dans le ciel,
tel un heureux présage, au moment où le souverain, l'air satisfait, pénètre dans la salle où se tient
sa cour, avec à la main un grand cahier de plusieurs
pages, en s'écriant :

— Regardez ce qui va apporter la paix au royaume !

Le voilà donc enfin, cet édit de Nantes tant attendu, un document de quatre-vingt-douze articles assortis de cinquante-six autres, dits « secrets », qui ne se contente pas d'imposer la tolérance, mais encore fonde la modernité même, puisque, pour la première fois en Europe, est reconnue la liberté de culte et presque celle de pensée. Que stipule-t-il ? D'abord, dans son préambule, que, s'il ne saurait y avoir deux religions dans le royaume, où le catholicisme demeure religion d'État, le catholicisme et le protestantisme n'en composent pas moins les deux pôles de la religion chrétienne, l'une et l'autre invoquant Dieu « d'une même intention ». Il fonde ensuite le statut des protestants, qui constituent désormais un corps nouveau dans la nation et de ce fait obtiennent non seulement le droit de s'assembler et de pratiquer leur culte – sauf à Paris –, mais encore d'accéder aux charges et fonctions de l'État, à quelque niveau que ce soit. Les protestants reçoivent quelque cent cinquante villes pour une durée de huit années, qui leur serviront d'asile en cas de troubles, et toute tentative de conversion par la force est totalement interdite. Enfin, une amnistie générale est accordée à tous les Français. Pour l'essentiel, si le texte réaffirme que le catholicisme reste majoritaire, le protestantisme n'en est pas moins reconnu. Cet édit si particulier par son pragmatisme établit un rapport de force en forme de compromis destiné à garantir la paix civile. Les catholiques comme les protestants y trouvent suffisamment de garanties et chacun le vit comme une victoire, même si beaucoup, sur le moment, n'y comprennent rien, puisqu'il s'agit là d'une totale rupture avec ce qui se fait partout en Europe, où il ne saurait y avoir qu'une religion par État, les souverains et leurs sujets pratiquant la même.

On revient de loin ! L'abjuration et la conversion du roi n'ont en effet pas suffi à calmer en profondeur un pays qui, depuis une quarantaine d'années, est ravagé par les guerres de religion. Rétrospectivement, on mesure combien la vigueur de la tradition capétienne permit d'éviter l'explosion d'une nation qui, depuis Hugues Capet, s'était construite jour après jour. Le roi étant à nouveau « très-chrétien », catholiques et protestants continuaient à se déchirer, et si l'Édit n'avait pas vu le jour, l'abjuration et le sacre du Béarnais n'auraient servi à rien. Il fallut donc, pour débloquer la situation, l'alliance des modérés des deux camps, ainsi que celle du « tiers parti », sans oublier, naturellement, la volonté du Bourbon qui, avec son habileté habituelle, avait imposé aux deux parties une négociation, qui aboutit en moins de deux mois. Un record, compte tenu des enjeux et de la force des divisions. Bien sûr, l'édit de Nantes n'emportait pas l'adhésion de la majorité de la France, mais celle de son élite intellectuelle dont l'action avait été, jusqu'au bout, décisive en tout point. Inspirant quantité de textes, depuis *La Satire Ménippée* jusqu'au *Dialogue d'entre le Maheustre et le Manant,* cette élite permit de faire triompher le bon sens.

Un tableau allégorique du temps résume parfaitement la portée de l'Édit : on y voit Henri IV, vêtu à la romaine, « s'appuyant sur la Religion pour donner la Paix à la France ». Si la Paix tient, comme il se doit, un rameau, la Religion, elle, porte un crucifix, cher aux catholiques, et une Bible, chère aux protestants. Si l'idée de tolérance, quatre siècles plus tard, nous paraît aller de soi et, avec elle, cette spécificité toute française qu'est la laïcité, inventée au début du XXe siècle, force est de constater que ce n'était pas du tout le cas en cette extrême fin du XVIe siècle. On estimait alors qu'il ne pouvait y avoir qu'une seule façon de servir Dieu, que tout le reste était hérésie et que les hérétiques devaient être physiquement éliminés, soit par les voies de la justice ordinaire ou extraordinaire, soit par la guerre. C'est dire le génie novateur du Béarnais qui, brisant net une tradition totalement figée, invente une nouvelle approche de la conscience humaine, qui prépare la Déclaration des droits de l'Homme et du Citoyen. La coexistence pacifique doit se substituer progressivement à l'agressive hégémonie de la religion officielle. Au siècle des Lumières, Voltaire ne s'y trompera pas, qui, écrivant *La Henriade*, fera d'Henri IV la pierre angulaire de son combat contre le fanatisme.

En proclamant l'édit de Nantes, Henri IV renvoie en quelque sorte Genève et Rome dos à dos, et annonce, avec trois siècles d'avance, la séparation du politique et du religieux, en un mot la laïcisation de l'État : c'est au nom des mêmes principes que la IIIe République dotera la France d'une autre longue et pérenne période de paix. Grâce au roi cessent, ce jour-là, les guerres de religion proprement dites ; grâce à lui, la France peut restaurer son économie ; grâce à lui, femmes, hommes et enfants peuvent à nouveau vivre en paix, sinon dans la fraternité retrouvée, du moins dans le respect de l'autre. Aucun souverain n'était allé aussi loin jusque-là : aucun autre, de son propre consentement tout au moins, n'ira jamais aussi loin ! Le pape a beau s'écrier : « On me crucifie ! », l'Édit entre en application parce que le roi le veut. L'absolutisme de la monarchie française en sort renforcé : seul le souverain décide de ce qui est bien ou mal, utile ou inutile, juste ou faux. Au reste, même s'il communique impeccablement, Henri ne s'en cache pas, aimant à répéter cet axiome dont ses successeurs feront leur miel : « Un roi n'est responsable qu'à Dieu seul et à sa conscience. »

Car c'est bien une France réconciliée, qui, de ce jour, amorce une nouvelle ère de son histoire. Elle lui permettra de récolter bientôt les fruits de la tolérance, puisqu'il est évident que l'arbitraire et la prospérité ne sauraient en aucun cas faire bon ménage, ce qu'Henri IV a compris avant tout le monde et surtout ce qu'il a mis en œuvre le premier. Ainsi un homme a-t-il pu, de sa propre initiative, effectuer seul l'équivalent d'une véritable révolution, et le vieux confident de sa mère, Théodore de Bèze, l'en félicite : « Je ne sais, Sire, si depuis David il se trouverait avoir été quelque roi au monde en qui Dieu ait vérifié cette providence plus manifestement qu'en votre personne. »

L'édit de Nantes est pourtant loin de faire l'unanimité et certains parlements de province ne sont pas prêts à l'accepter. Inlassablement, le roi, donnant une fois de plus de sa personne, vient plaider en sa faveur. Ainsi, à Toulouse, donne-t-il aux robins cette magistrale leçon d'éthique : « Je ne suis pas aveugle, j'y vois clair. Je veux que ceux de la Religion vivent en paix dans mon royaume et soient capables d'entrer aux charges ; non pas pour ce qu'ils sont de la Religion mais d'autant qu'ils ont été fidèles serviteurs à moi et à la Couronne de France. Je veux être obéi, que mon édit soit publié et exécuté par tout mon royaume. Il est temps que nous tous, saouls de guerre, devenions sages à nos dépens. » Même son de cloche devant le parlement de Paris : « Je viens parler à vous, non point en habit royal ou avec l'épée et la cape, comme mes prédécesseurs, ni comme un prince qui vient parler aux ambassadeurs étrangers, mais vêtu comme un père de famille, en pourpoint, pour parler familièrement à ses enfants. Je vous prie de vérifier l'édit que j'ai accordé à ceux de la Religion. Ce que j'en ai fait est pour le bien de la paix. Ne m'alléguez point la religion catholique. Je l'aime plus que vous, je suis plus catholique que vous : je suis le fils aîné de l'Église, nul de vous ne l'est ni ne peut l'être. Je suis roi maintenant et parle en roi. Je veux être obéi. »

À dire vrai, les catholiques ne perdront rien, puisque le roi va parallèlement œuvrer à la refonte de l'Église de France, afin d'en améliorer la discipline, l'organisation et les mœurs, pour entrer dans ce XVIIᵉ siècle qui sera *le* grand siècle catholique, tout en autorisant les Jésuites, bannis quelques années plus tôt, à ouvrir, dans le royaume, des collèges d'enseignement où sera formée l'élite intellectuelle de la Couronne. Réalisme oblige, Henri IV ne se contente donc pas de prodiguer de bonnes paroles mais paye aussi, lorsqu'il le faut, sachant que la paix civile a un prix. Ce n'est un secret pour personne, et le roi, excédé par la résistance des parlementaires parisiens, n'hésite pas à leur lancer un jour : « Ne parlons pas tant de la religion catholique, ni tous les grands criards catholiques et ecclésiastiques ! Que je leur donne, à l'un d'eux mille livres de bénéfice, à l'autre une rente, ils ne diront plus mot. » Malgré les cris de désespoir de Sully, la paix intérieure va en effet coûter beaucoup d'argent au Trésor royal. Sans éprouver le moindre scrupule, les grands de la Ligue, ceux de la haute noblesse comme ceux de l'Église se laissent copieusement acheter, monnayant leur ralliement en écus sonnants et trébuchants. Les Guise, Savoie et Mercœur, parmi beaucoup d'autres, passent ainsi à la caisse royale, à concurrence de quelque trente millions de livres, estime-t-on, ce qui représente la moitié du budget de l'État de l'époque. Le roi a beau dire des Guise qu'il ne leur laisserait que « du pain et des putains », il lui faut bien aligner les pots-de-vin pour provoquer le ralliement des villes, des places fortes et des provinces encore tenues par les uns ou les autres. Mais, au fond, la guerre eût coûté bien plus cher, Henri IV le sait bien qui, pour être belliqueux lorsqu'il le faut, choisit toujours la voie pacifique lorsqu'il le peut.

À la paix intérieure répond la paix extérieure. Dès son avènement, comme le fera plus tard son descendant Philippe d'Orléans, le Régent, qui lui ressemblera tant, Henri IV met en œuvre une dynamique politique de paix avec les puissances européennes et initie une diplomatie d'ouverture avec les États protestants : la Suisse (où il empêche le duc de Savoie d'annexer Genève), la Hollande (qu'il aide contre les Espagnols), l'Allemagne et naturellement l'Angleterre, où règne « sa bonne cousine Élisabeth ». Il entretient avec elle une intense activité épistolaire, jusqu'à la mort de celle-ci, en 1603, puis avec son successeur Jacques Ier. Tel ne fut bien sûr pas le cas avec les Habsbourg, ceux d'Autriche qu'il s'efforce de contenir à l'est, ceux d'Espagne où Philippe II, chef à cette époque de la plus grande puissance du monde, ne supporte pas l'accession au trône de ce « prétendu converti » et tente par tous les moyens de le déstabiliser, en particulier par un soutien militaire de la Ligue. Le 17 janvier 1595, rappelant que celui-ci avait osé « attenter ouvertement à la loyauté des Français envers leur naturel prince et souverain seigneur », Henri IV lui déclare la guerre, profitant au passage de l'occasion pour tenter de rassembler ses sujets derrière lui. Avec brio, puisque chacun fait front commun devant l'envahisseur, d'autant que le souverain, en enfilant son armure et en sautant

sur son cheval, trouve à nouveau le mot juste :
« C'en est assez fait le roi de France ; il est temps
de faire le roi de Navarre » !

Extraordinaire retournement de situation.
Désormais, les traîtres sont les ligueurs alliés de
l'étranger. L'heure est grave : Cambrai, Doullens
et Calais sont rapidement prises par les armées
du fils de Charles Quint, qui menace à présent
Paris. Les opérations militaires se déroulent
d'abord en Bourgogne, que les troupes espagnoles
occupent. Appuyé par Villars et Nevers, le roi de
France monte personnellement en première ligne
contre les troupes de Fernández de Velasco,
connétable de Castille. Fin stratège, Henri est
vainqueur le 5 juin, près du château de Fontaine-
Française, dans les environs de Dijon, à l'issue
d'une mêlée dans laquelle il s'est lancé avec trois
cents de ses meilleurs cavaliers. Ce jour-là, son
armée est nettement moins nombreuse que celle
de son adversaire, mais il s'arrange pour lui laisser
croire que les renforts approchent, alors qu'il
n'en possède aucun ! Et tant pis pour ses compagnons qui n'étaient pas de la partie, comme celui
à qui il adresse ce billet si caractéristique de son
style : « Harambure, pendez-vous de ne vous être
trouvé près de moi en un combat que nous avons
eu contre les ennemis, où nous avons fait rage. »

Le retentissement de cette victoire est considérable, comme l'écrit Mathurin Régner dans sa
première *Épître* :

> « Ce prince, ainsi qu'un Mars, en armes
> glorieux,
> Là, Paris délivré de l'espagnole main

Se déchargeait le col de son joug inhumain.
La campagne d'Ivry sur le flanc ciselée
Favorisait son prince au fort de la mêlée
Et de tant de ligueurs par sa dextre vaincus
Au die de la bataille appendait les écus.
Plus haut était Vendôme et Chartres et Pontoise
Et l'Espagnol défait à Fontaine-Française. »

Profitant de son avantage, le roi pénètre dans la Franche-Comté espagnole, qu'il ravage et dont il envisage la conquête pour, suggèrent certains, la donner un jour au duc de Vendôme, son fils tendrement chéri, né de ses amours avec Gabrielle d'Estrées. En représailles, les Espagnols envahissent la Picardie et, grâce à un subterfuge, s'emparent d'Amiens où ils s'enferment, narguant ainsi le roi de France, tout en jouissant d'un véritable atout stratégique, qui compense au même moment le traumatisme de la défaite de la Grande Armada, littéralement pulvérisée devant Cadix par la flotte anglo-hollandaise. « Ah ! Mon ami, Amiens est prise ! », se lamente Henri IV devant Sully, avant de partir aussitôt y mettre le siège. Et de galvaniser ses troupes à l'aide d'un texte de son cru, « Remontrance aux gentilshommes casaniers du royaume », dans lequel se trouve cette injonction : « Montez à cheval, mettez la cuirasse sur le dos et venez retrouver votre roi ». De partout affluent alors des combattants volontaires, tandis qu'à l'Arsenal de Paris on s'active à la fabrication de canons, avec un enthousiasme qui annonce les efforts de l'an II. Ayant empêché, le 15 septembre, toute jonction entre les assiégés et les troupes espagnoles du cardinal Albert, le roi a désormais le champ libre pour affamer la garnison qui, trois jours plus tard, capitule, par la voix de son chef, le marquis de Montenegro, lequel, le jour de l'entrée officielle d'Henri IV à Amiens, baise ses bottes.

Au terme d'une longue négociation entre les émissaires des rois de France et d'Espagne, dans le but d'éviter toute humiliation inutile et de garantir l'honneur des deux nations, la paix est signée à Vervins, le 2 mai 1598. Celle-ci restitue à la France les limites que lui avait assignées la paix de Cateau-Cambrésis de 1559 et repousse l'Espagne – Cambrai mise à part – dans les Pays-Bas belges. Quant au duc de Mayenne, qui tenait jusque-là la Bretagne contre la France, il accepte de renoncer à son gouvernement en échange d'une importante compensation financière. Pour le Bourbon, c'est, outre un nouveau succès militaire, une victoire diplomatique qui renforce le prestige de la France et le sien propre, puisque non seulement le pape Clément VIII joue dès lors pleinement le jeu de la réconciliation franco-espagnole, mais encore laisse s'affirmer le principe des libertés gallicanes.

La paix de Vervins, après l'édit de Nantes, solde le vieux contentieux espagnol tout en renforçant la cohésion nationale, écrasant définitivement au passage les dernières convulsions de la Ligue, ce dragon que le roi-soldat a vaincu de son épée, à la stupéfaction de l'Europe et des Français eux-mêmes. Dieu semble désormais leur sourire, comme le montre la mort de Philippe II, survenue quelques mois à peine après la signature du traité. Ceci n'échappe pas aux lettrés de l'époque qui se plaisent à comparer la sortie des guerres de religion à la sortie de la guerre de Cent Ans, et au passage à établir un parallèle entre Henri IV et Charles VII, tout en soulignant qu'Henri est à la fois Charles VII et Jeanne d'Arc : un homme providentiel qui a sauvé la Nation et va bientôt l'agrandir, puisque, au lendemain de l'expédition victorieuse qu'il mène, à l'été 1600, contre Charles-Emmanuel de Savoie, la Bresse, le Bugey et le pays de Gex entrent, par la paix de Lyon, dans le patrimoine du royaume. Il ne s'agit pas d'une simple conquête de guerre, mais bien d'une volonté d'intégrer au corps de la Nation des terres où le français est parlé, au nom d'une unicité linguistique que le roi définit ainsi devant les délégués de la nouvelle province : « Il était raisonnable que, puisque vous parlez naturellement français, vous fussiez sujets à un roi de France. Je veux bien que la langue espagnole demeure à l'Espagnol, et la langue allemande à l'Allemand, mais toute la langue française doit être à moi. »

Cette annexion n'est pas le seul apport d'Henri IV à la construction du royaume. Il faut y ajouter ses anciens états de Navarre, Béarn et autres duchés et comtés qu'il place provisoirement sous l'autorité de sa sœur, tout en déclarant, pour ne pas blesser ses sujets du Piémont pyrénéen : « Ce n'est pas la Navarre que je donne à la France, mais la France à la Navarre. » Et même si Louis XIII annexera définitivement l'ensemble quelques décennies plus tard, il est révélateur que, jusqu'à Charles X, tous les monarques resteront rois de France *et* de Navarre, c'est-à-dire de quelques misérables prés et rochers de montagne sans aucune commune mesure avec des terres aussi riches que la Normandie, la Bourgogne, la Champagne ou la Franche-Comté ! Tournant de surcroît le dos au mirage italien qui, depuis Louis XII, avait tant coûté à la France, Henri IV recentre le royaume capétien autour de ses frontières naturelles, tout en l'ordonnançant sur un axe franco-français plus logique et mieux gouvernable. Ses successeurs poursuivront cette politique par d'autres annexions : le Roussillon (Louis XIII), la Franche-Comté et l'Alsace (Louis XIV), la Lorraine et la Corse (Louis XV), la Savoie et le comté de Nice (Napoléon III).

Malgré son tempérament terrien, Henri IV s'intéresse également aux routes maritimes les plus lointaines. C'est en effet à son initiative qu'Aymar de Chaste, François Gravé et Samuel de Champlain, au terme de trois expéditions audacieuses, prennent possession de la côte nord-est de l'Amérique, cette Nouvelle-France où, en 1608, la ville de Québec sortira de terre, suivie, plus tard, de celle de Montréal. Cette politique d'exploration et d'aménagement des terres outre-Atlantique se prolonge avec la naissance des premières compagnies de navigation pour le commerce avec les Indes et l'Afrique. Cette expansion est due à la seule volonté du roi, puisque son principal ministre, Sully, y est opposé, qui estime que « les choses qui demeurent séparées de notre corps par des terres et des mers étrangères ne nous seront jamais qu'à grande charge et peu d'utilité ». Voltaire raillera d'ailleurs, deux siècles plus tard, après la signature du traité de Paris consacrant la perte du Canada, ces « quelques arpents de neige ». Henri IV voyait sans doute plus loin et c'est grâce à lui qu'on parle encore français au Québec.

Il y eut et il y aura toujours des hommes incapables de comprendre que l'avenir se trouve au-delà des horizons lointains. Samuel de Champlain n'est pas du nombre. On reconnaît aujourd'hui quel grand homme il fut, établissant des relations pacifiques avec les Indiens, fondées non sur la menace mais sur l'instauration d'un respect réciproque, comme le souligne François Delattre, ambassadeur de France à Ottawa. Dans un rapport de ses observations adressé à Henri IV, Champlain suggère, en visionnaire, de creuser un canal dans l'isthme de Panama. Celui-ci « raccourcirait le voyage vers la mer du Sud et l'océan Pacifique de plus de 1 500 lieues marines ».

Olivier de Serres arrive à Paris, ses ânes portant des paniers remplis de légumes. Il deviendra l'agronome d'Henri IV qui clame : « Le peuple de la campagne est celui qui nous fait vivre tous ! » Sully abonde dans son sens : « Labourage et pâturage sont les deux mamelles dont la France est alimentée, les vraies mines et trésors du Pérou... »

Les rois ont ceci de particulier que chez eux les nourritures de l'esprit accompagnent volontiers les nourritures terrestres. À table, ils ont à cœur d'allier les voluptés du goût aux gourmandises du savoir, les saveurs des produits de la terre aux délices de l'instruction. Ainsi, dans la lignée de François Ier, Henri IV, dont les péchés mignons sont les huîtres par centaines et les omelettes à l'ail, a plaisir à se faire lire après chaque repas quelques pages du grand ouvrage de plus de mille pages in-folio, bucolique et écologique de son temps : *Le Théâtre d'agriculture et ménage des champs*, chef-d'œuvre d'Olivier de Serres.

Né à Villeneuve-de-Berg en 1539 dans une famille protestante, Olivier acquiert à dix-neuf ans le vaste domaine du Pradel ; Henri IV a alors cinq ans. Les guerres de religion éclatent six ans plus tard. Protestant avéré, le gentilhomme languedocien fait preuve de bravoure, mais préfère le dialogue au combat. Inlassable dans son désir de paix, il se montre capable à

273

bien des occasions de favoriser l'entente entre ennemis dans cette province où le gouverneur d'Anville, en liaison étroite avec Henri de Navarre, manifeste un même esprit de concorde. Olivier de Serres et le Béarnais sont donc faits pour s'entendre. Ils partagent une égale passion pour la terre de France et le travail du sol. Comme le conte si bien Maryvonne Miguel : « À la belle saison en 1599, un certain Olivier de Serres, décidé à faire fortune, arrive à Paris, suivi d'une théorie d'ânes portant des paniers remplis de légumes (poix, fèves, lentilles, lupins, chiches, oignons, raves, carottes, salsifis surnommés boucs noirs, poireaux, salades, choux, courges, melons). Venu de son Vivarais natal, il veut voir le roi et Sully. On se moque de lui ! On a tort. Non seulement le roi le reçoit mais Sully lui commande un ouvrage : *Le Théâtre d'agriculture et ménage des champs,* réédité neuf fois ! »

Dès que le roi prend connaissance de cette œuvre qui lui est dédiée, il est captivé par l'idée de développer l'élevage de vers à soie, qui autoriserait la production de ce luxueux tissu à coût réduit. Jusqu'alors, et Sully le déplore, la France se ruinait pour importer cette soie venue d'Orient. Dans son ouvrage, Olivier de Serres exprime ainsi son credo : « L'agriculture est la plus sainte, la plus naturelle occupation des hommes, comme étant seule commandée de la bouche de Dieu à nos premiers pères. » Entre le roi bienveillant et l'agronome averti, que d'affinités électives, dans un pays où les travailleurs de la terre forment à l'aube du XVIIe siècle plus de quatre-vingts pour cent de la population française ! *Le Théâtre d'agriculture et ménage des champs* est à la fois un traité d'économie rurale et d'entreprise agricole. C'est une présentation des résultats de l'exploitation d'un domaine de cent cinquante hectares par son propriétaire, Olivier de Serres, pendant les vingt dernières années du XVIe siècle. Ce dernier se révèle d'autant plus avisé que, ayant acquis le domaine du Pradel en 1558, il vend les terres les plus éloignées pour constituer une propriété d'un seul tenant où il vit, heureux, en élevant ses sept enfants jusqu'à sa mort en 1619. Olivier est loin d'être un homme sans qualités : il allie à des dons d'observation exceptionnels un bon sens naturel et une grande énergie physique. Avant de proclamer en visionnaire qu'il faut instruire et former les paysans, il applique à sa propre personne la règle suivante : science, expérience, diligence. Esprit libre, esprit ouvert, esprit aventureux, Olivier de Serres a compris que l'activité du négoce constituait une diversification d'avenir pour toutes les exploitations, allant jusqu'à s'intéresser à la transformation et à la conservation des aliments. En outre, il est celui qui suggère en pionnier d'assécher les marais pour augmenter les espaces cultivables de la production agricole et de remplacer avantageusement la jachère par une culture de plantes fourragères, qui permet à la terre au repos de s'enrichir de nouveau. Avec Olivier, on ne s'ennuie pas à la campagne, entre la « conduite du poulailler, du colombier, de la garenne, du parc, de l'étang, du rucher et des vers à soie ».

En vérité, son livre-manifeste, qu'il dédie à Henri IV en 1600, s'adresse davantage aux propriétaires qu'aux laboureurs, puisqu'il est agrémenté d'une remarquable culture classique, faisant référence aux avis des Anciens : Caton, Pline, Varron et Virgile, apôtres et poètes de la vie rurale. Ce n'est pas en esthète mais en cultivateur que le seigneur du Pradel, en Vivarais, propose les meilleurs procédés pour revenir à la meilleure façon de « manier la terre ». Il parle d'expérience : à ses débuts, son domaine était une véritable friche, qu'il compare à un désert et dont il est parvenu à faire « une riche et commode demeure ». Mais le message d'Olivier de Serres n'est pas seulement celui d'un stratège des plantations, d'un tacticien des récoltes, d'un technicien de l'agriculture ; c'est aussi et surtout celui d'un humaniste qui a pris le temps de méditer sur la qualité des relations de travail et qui pratique une relation respectueuse et fraternelle avec ses journaliers et ses paysans. Il constate en bon chrétien : « La vraie obéissance ne procède que d'amitié. »

Henri IV, de son côté, est un prince fermier qui a tout du gentilhomme campagnard. En temps de guerre, il ordonne : « Défense à tous les gens de guerre de molester les paysans et les laboureurs, et de leur prendre leurs biens et bétail sous peine de la vie. » En temps de paix, il veille à rétablir le calme dans les campagnes et à assurer la sécurité des paysans harcelés par les troupes de pillards et terrorisés par les bandes vagabondes. C'est sous son règne que commence, dans le sud-ouest de la France, la culture du maïs venu d'Amérique et qui atténue les effets ravageurs de la famine. Le 24 février 1597, il donne l'ordre aux lieutenants-généraux de châtier les soldats ayant coupé à travers champs sans autorisation, puis décide en 1602 d'interdire le port de pistolets et d'arquebuses comme de toute autre arme à feu sur les grands chemins. Sa volonté farouche est d'asseoir sur l'agriculture la prospérité du royaume, convaincu que « le peuple de la campagne est celui qui nous fait vivre tous ».

Longtemps, il a parcouru les terres, les siennes et celles des autres, heureux d'aller à la rencontre de ses chers paysans. Souvent, durant la saison de la chasse, il prend plaisir à s'arrêter chez les laboureurs, à les questionner sur leur labeur, à deviser avec eux et à les interroger sur leurs soucis. Sully, lui aussi grand propriétaire terrien, apprécie les traditions rustiques et partage la curiosité et la compassion de son maître pour les pauvres laboureurs. C'est dans cet esprit que, chargé des finances du royaume, il décide en accord avec le roi d'alléger l'impôt en remettant aux contribuables l'arriéré de 1596 et des années antérieures, ce qui représente des sommes monumentales. Quel noble spectacle que de voir l'État défendre pour une fois ses sujets contre la pression du fisc ! Aussi humain que politique, Henri IV est cohérent dans son action : « Si l'on ruine mon peuple, qui me nourrira ? Qui soutiendra les charges de l'État ? » Même la noblesse est mise sous surveillance : contre les abus des seigneurs, le roi assure la protection des récoltes. Il interdit à ces derniers – par un édit de 1601 – de chasser dans les blés en tige et dans les vignes, depuis le printemps jusqu'après les récoltes et vendanges. Sully, dans son sillage, n'a qu'une idée : faire étendre les cultures. À l'image de l'Espagne qui exporte le produit des mines d'argent du Pérou, il souhaite que la France exporte elle aussi la manne de ses surplus agricoles.

Cette double impulsion et cette action commune du souverain et de son ministre ne tardent pas à donner d'heureux résultats, à la grande satisfaction du roi, qui se réjouit ainsi : « Depuis deux ou trois ans que, par la grâce et la bonté divines, nous avons donné le repos à nos pauvres sujets, ayant par leur travail et de bonne diligence remis sus et en valeur les terres qui, pendant ces derniers troubles, étaient demeurées désertes et sans culture : Dieu, bénissant leur labour, a donné généralement, en chacune des provinces de notre royaume, des fruits et grains en grande quantité. » Ainsi vint en 1610 le printemps de la prospérité. L'historien Philippe Erlanger en fait le constat : « La France dominait l'Occident. Depuis bien des générations, elle n'avait connu tant de sérénité, d'opulence, de grandeur, une telle abondance, un tel repos. *L'Europe sentait une chose, c'est qu'il n'y avait qu'un roi, le roi de France.* Toutes les petites nations, tous les peuples opprimés mettaient leur espérance dans ce nouveau Charlemagne. Les Suisses le comparaient doctement à David, les princes allemands le regardaient comme l'arche de leur salut. Les Hollandais auraient voulu se donner à lui. L'apparition d'un de ses envoyés ameutait les foules. De la Baltique aux Alpes, combien de gens soupiraient : Que ne sommes-nous français ! » En moins de dix ans, par le développement de l'agriculture et l'aménagement du territoire, Henri IV avait métamorphosé le royaume de France.

14

« LA POULE AU POT »
OU LA BONNE GESTION
DE LA FRANCE

> « Lorsque Dieu m'a appelé à cette couronne, j'ai trouvé la France non seulement quasi ruinée, mais presque toute perdue pour les Français. Par mes peines et labeurs je l'ai sauvée de la perte. Sauvons-là, à cette heure, de la ruine. »
>
> Henri IV

Au rez-de-chaussée de la cour du Louvre, en cet hiver 1595, un bon feu crépite dans la cheminée de la salle au plafond décoré de solives peintes, qu'éclaire une faible lumière issue des quatre baies. Assis sur des chaises à hauts dossiers, comme les apôtres ils sont une douzaine autour de la table, recouverte d'un tapis en tissu précieux et jonchée de papiers. Portant de larges chausses bouffantes, des pourpoints et d'amples vestes de couleur sombre, ils sont graves au-dessus de leur fraise, encore de mode, mais que le grand col de dentelle va bientôt remplacer, barbus pour la plupart, comme il sied à des hommes qui ne sont plus tout jeunes. Tel est le cénacle le plus fermé de France, le saint des saints autour duquel, jour après jour, se reconstruit une nation ravagée par cinquante ans de troubles. C'est le Conseil du Roi, qu'Henri IV préside avec ce mélange de gaieté et d'attention qu'il porte aux autres, même si son autorité reste incontestable. Parfois, avide de grand air, il entraîne l'un d'entre eux – Sully le plus souvent – dans ses jardins, suivi réglementairement par les gardes suisses, pour poursuivre sans témoins un entretien d'ordre secret ou confidentiel.

Aux côtés du futur surintendant des Finances, Maximilien de Béthune, baron de Rosny, qui va entrer dans l'histoire sous son titre de duc de Sully, il y a là celui qui s'oppose souvent à lui, Nicolas de Neufville, seigneur de Villeroy, et le chancelier de France, Brûlart de Sillery, successeur du vieux Pomponne de Bellièvre. Siègent aussi Louis de Revol, Martin Ruzé de Beaulieu, Louis Potier de Gesvres et Pierre Forget de Fresnes. Certains, blanchis sous le harnais, ont servi les Valois, d'autres sont les créatures du Béarnais ; certains sont catholiques, d'autres calvinistes ; mais, ensemble, ils composent une équipe cohérente où l'austérité est de mise, même si les gaillardises y sont permises lorsque la réunion s'achève et qu'Henri IV a envie d'entendre une histoire un peu leste ou une anecdote amusante. Si le chancelier et le connétable Montmorency occupent les places les plus prestigieuses, le roi les a vidées de leur substance, pour prendre lui-même la direction des affaires avec celui qui, jusqu'au dernier jour, sera son collaborateur le plus proche, Sully, de six ans son cadet.

Issu d'une famille de bonne noblesse, mais ruiné par les guerres civiles, Sully a commencé sa carrière comme page du roi de Navarre, avant de devenir, au fil des années, son conseiller le plus écouté parce que le plus avisé. Chargé d'administrer les généralités de Tours et d'Orléans, il fit merveille et fut promu en 1598 surintendant des Finances, c'est-à-dire, dans la pratique, principal ministre du roi. Méthodique et grand travailleur, ce protestant convaincu, sérieux, intègre et quelque peu hautain, se lève, été comme hiver, à quatre heures du matin. Ce qui ne l'empêche pas d'être en petit comité joyeux compagnon, franc gastronome et amateur de femmes. Intelligent, mais sans aucune formation particulière pour servir l'État, il est avant tout, comme son maître, un empirique, qui n'a qu'un seul principe : l'ordre pour l'économie. Entre eux, les choses sont claires : une grande complicité les unit et Sully est autant le serviteur du roi que son confident, celui qui ne le trahira jamais. « Entre lui et moi, c'est à la mort et à la vie », dit le roi qui, par ailleurs, alla un jour jusqu'à s'écrier devant Gabrielle d'Estrées : « Je me passerais mieux de dix maîtresses comme vous que d'un serviteur comme lui. »

Cette belle amitié n'empêche pas, comme dans tout « ménage », querelles et brouilleries, comme ce jour où, sortant d'un entretien avec lui, Henri IV s'écrie, après avoir claqué la porte : « Voilà un homme que je ne saurais plus souffrir ; il ne fait jamais que me contredire et trouver mauvais tout ce que je veux. » Mouvement d'humeur vite contenu, puisque, aussitôt, le même confie : « Dès l'heure où vous ne me contredirez plus aux choses que je sais bien qui ne sont pas de votre humeur, je croirai que vous ne vous souciez plus de mes affaires, et que vous ne m'aimez plus. » Comme Dagobert avec saint Éloi, comme plus tard le régent avec le cardinal Dubois, ils forment un des tandems les plus solides de l'histoire de France en matière de complicité intellectuelle et politique, dont les cabales – et il y en eut plusieurs ! – ne purent venir à bout. Ensemble, et avec l'aide des autres secrétaires d'État d'un ministère particulièrement stable, ils vont opérer le plus spectaculaire redressement que la France ait connu sous l'Ancien Régime. Maximilien de Béthune y trouvera son compte, lui qui, administrant la France depuis son hôtel parisien de l'Arsenal, au cœur de la production de l'armement national, est successivement fait duc de Sully, prince souverain d'Henrichemont et de Boisbelle, marquis de Rosny et comte de Muret et de Villebon, avant de léguer à ses descendants une fortune colossale, mais honnêtement acquise.

Les guerres de religion ont en effet ruiné la nation et, selon la formule du temps, Henri IV n'a hérité que de « son cadavre ». Voilà pourquoi il considère, une fois la paix instaurée, que la remise en état de son royaume constitue le plus important de ses devoirs, mieux, son grand œuvre, pour reprendre l'expression alchimique bien connue et pratiquée par les savants de l'époque. De ce jour, s'amorce une grande politique de gestion du pays qui prendra plusieurs formes : réorganisation administrative, financière et fiscale, amélioration des conditions de vie, mise en valeur du territoire, des infrastructures et de l'urbanisme. Henri définit ainsi son métier de roi : « Je viendrai aux travaux qu'il me faudra supporter parmi les négoces et affaires politiques, et en l'établissement des ordres, lois, règlements et disciplines, tant civiles que militaires, lesquelles j'appréhende qu'il me conviendra de vaquer assiduellement, n'ayant jamais eu l'humeur bien propre aux choses sédentaires et, me plaisant beaucoup plus à vêtir un harnais, piquer un cheval et donner un coup d'épée qu'à faire des lois, tenir la main à l'observation d'icelles, être toujours assis dans un conseil à signer des arrêts, ou voir examiner des états de finance ».

La réorganisation administrative constitue la première tâche de ce roi éminemment politique, qui ne se contente pas d'invoquer le droit divin pour justifier sa conduite, mais mène un combat quotidien, à la manière des chefs de gouvernements contemporains. Il s'agit de restructurer d'abord l'administration du royaume, même si elle semble encore bien modeste comparée à celle de la France d'aujourd'hui. Ainsi, en 1597, la Poste aux chevaux est créée pour le transport des voyageurs, suivie en 1602 de la Poste aux lettres assurant celui des missives et dirigée par le surintendant général des postes. Il faut ensuite réformer le fonctionnement de l'Église et celui de la Justice en un temps où les pouvoirs ne sont pas séparés, quitte à autoriser la vénalité des offices. L'achat de charges est, à l'époque, le seul mode de recrutement de ce que nous appelons aujourd'hui les fonctionnaires. Ces derniers passent ainsi de quatre mille sous François Ier à vingt-cinq mille sous Henri IV, illustrant la croissance massive de l'appareil d'État dans les institutions, liée à la montée en puissance de la monarchie absolue, dont, indiscutablement, ce dernier est le père. Au mois de décembre 1604, l'institution de la Paulette, un droit annuel qui rend les offices héréditaires, conforte ce mouvement, qui va instaurer en France, jusqu'à la Révolution, de véritables dynasties au service de l'État, dans lesquelles se recruteront les principaux défenseurs des libertés gallicanes. Parallèlement, le roi et Sully généralisent la pratique des « intendants des parties en chevauchées », à l'origine chargés de vérifier la bonne exécution de l'édit de Nantes mais qui bientôt, avec l'aide de leurs subdélégués, administreront les provinces dans tous les domaines économiques. Bonaparte reprendra plus tard à son compte ce principe instituant le statut de leurs successeurs, les préfets. Ainsi s'estompent progressivement les différences entre la capitale du royaume et les provinces. Ainsi vont peu à peu disparaître leurs particularismes au profit de la seule autorité de la Couronne. Ainsi l'unification de la Nation se poursuit-elle, malgré les résistances.

Mais c'est sans doute en matière de finances publiques que l'œuvre commune du roi et de son ministre est la plus remarquable. Sully doit en effet faire face à l'immense dette de la France, consécutive à la récession économique engendrée par la guerre. La somme de 1 500 000 écus, soit 4 500 000 livres, est le plus souvent citée, et les chiffres sont terrifiants : six mille châteaux détruits, neuf villes en ruine et cent vingt-cinq mille maisons incendiées. Imposant la pleine autorité de l'État dans ce domaine, Sully, préfigurant Colbert, n'a rien d'un libéral. Adepte du capitalisme naissant, il reconstitue d'abord le domaine royal, aliéné par tous ceux qui avaient mis la nation en « coupe réglée ». Il profite ensuite de la rareté de l'argent pour laminer les taux d'intérêt et rembourser alors les dettes à bas prix, voire en annuler un grand nombre lorsqu'elles lui paraissent suspectes. Cela tout en faisant rendre gorge aux financiers véreux et en luttant impitoyablement contre la corruption. La conséquence de cette politique est stupéfiante puisque, entre 1600 et 1610, l'endettement est réduit de moitié. Le crédit de l'État est restauré et le roi possède à la Bastille un trésor de quelque cinq millions de livres, disponible pour faire face à n'importe quelle échéance. Du jamais-vu jusque-là !

Les premières règles de comptabilité naissent de cette politique, de même que le principe, édicté par le roi en personne, voulant qu'à chaque dépense corresponde une ressource, ce qui fut rarement respecté en France. En affirmant, d'une part, la fonction budgétaire au sein de l'État et, d'autre part, sa fonction financière, Sully permet d'assainir la situation et, en quelques années, de résorber le déficit. Il donne un réel coup de fouet à l'économie et fait en sorte que ce qu'on n'appelle pas encore la « croissance » reparte sur de bonnes bases. La commande publique et les grands travaux d'intérêt général vont donner un essor considérable à l'agriculture, à l'industrie embryonnaire et à l'aménagement du territoire qui ne porte pas encore ce nom. Le roi et son ministre conduisent donc une politique dirigiste, d'autant plus que le principal ministre exerce parallèlement la triple fonction de grand voyer de France (l'ancêtre du ministre des Travaux publics), de surintendant des fortifications et de surintendant des Bâtiments du Roi – en somme, il serait aujourd'hui à la tête de l'Aménagement, des Transports, de la Défense et de la Culture.

Sous son impulsion, les forêts bénéficient d'une administration spécifique chargée de mieux les gérer, tandis que les rivières et les lacs sont surveillés pour améliorer la production piscicole. De grands travaux sont entrepris, telle la construction du canal de Briare, entamée en 1604, afin de permettre l'union de la Loire et de la Seine : cet ouvrage de cinquante-six kilomètres, à double versant, est le premier d'Europe. Plusieurs grands marais sont asséchés pour augmenter la surface de terres arables, cependant que des ponts (Châtellerault, Saint-Cloud, Paris, Mantes, Rouen, Toulouse, Grenoble, Amboise) et des phares (Cordouan) sont édifiés sur un territoire national que l'État commence à mieux connaître, puisque c'est à cette époque que se développe la cartographie. Sur ordre d'un roi qui les a beaucoup parcourues, les routes font l'objet d'une attention particulière, leur entretien passant alors de six cents livres en 1600 à un million de livres une décennie plus tard. Effort sans précédent dans l'histoire de la monarchie française, soutenu par ailleurs par la création du corps des ingénieurs du roi. Quant aux fortifications, elles sont consolidées. Cinq cent mille livres sont, chaque année, consacrées à leur entretien, un demi-siècle avant le fameux « pré carré » de Vauban. Toulon est ainsi fortifiée pour mieux lutter contre les Barbaresques. Le règne de Louis XIV est déjà contenu, en germe, dans celui d'Henri IV.

Sous l'autorité de Sully encore, assisté de Barthélemy de Laffemas et surtout d'Olivier de Serres, auteur du fameux *Théâtre d'Agriculture,* une audacieuse politique économique est mise en œuvre pour lutter contre la misère du temps et résorber les souffrances, « avec des larmes de pitié sur le peuple, appauvri et presque réduit à la dernière ruine par les plaies de plusieurs années que la calamité et la longueur de la guerre lui ont faites ». Cette politique consiste d'abord à aider les fabriques françaises pour éviter les importations systématiques de produits de luxe, puis à développer la culture du mûrier et l'élevage du ver à soie, initié par François Ier, mais cette fois à plus large échelle. D'importantes manufactures sont ainsi créées, en particulier dans le Languedoc et le Dauphiné. Le monde des métiers se voit également mieux organisé, avec d'une part la généralisation des corporations, dont un édit étend le système, et d'autre part la création, en 1601, d'une assemblée de commerce, dans laquelle on peut voir l'ancêtre de l'actuel Conseil économique et social, garante du mercantilisme d'État que Colbert va plus tard porter au summum.

Parallèlement, au nom de l'adage « labourage et pâturage sont les deux mamelles de la France », l'agriculture est encouragée et modernisée, autant par l'allègement de la pression fiscale pesant sur les paysans que par une politique générale d'incitation au développement. À ces mesures s'ajoutent naturellement les effets de la paix, puisque nul ne ravage plus désormais les cultures, ne détruit les troupeaux ni ne freine le développement des échanges. L'édit de Fontainebleau, promulgué le 8 avril 1599, énonce la volonté du Béarnais en la matière : « La force et la richesse des rois consistent en l'opulence de ses sujets. Et le plus grand et légitime gain et revenu des peuples, même des nôtres, procède principalement du labour et de la culture de la terre qui leur rend, selon qu'il plaît à Dieu, à usure le fruit de leur travail, en produisant grande quantité de blés, vins, grains, légumes et pâturages ; de quoi non seulement ils vivent à leur aise, mais en peuvent entretenir le trafic et commerce avec nos voisins et pays lointains et tirer d'eux or, argent et tout ce qu'ils ont en plus d'abondance que nous. » Dans cet esprit, des efforts particuliers sont consentis pour réduire la taille : Henri IV et Sully préfèrent privilégier les impôts indirects, telle la gabelle, aux impôts directs. Olivier de Serres est chargé de faire œuvre de pédagogie auprès de la noblesse, qui commence tout juste à s'intéresser aux questions agricoles quand, jusque-là, elle ne se concentrait que sur la guerre.

Toutes ces mesures ont naturellement pour but de permettre les investissements et d'améliorer le pouvoir d'achat. C'est également dans cette optique qu'est instauré le principe de l'assistance judiciaire gratuite, destiné à rendre la justice accessible aux plus démunis. Et puis il y a « la poule au pot tous les dimanches ». Passée à la postérité, cette formule, dans la bouche de tout autre, n'aurait été que démagogie. Elle est au contraire l'expression d'un vœu politique bien réel et qui plus est logique puisqu'il n'aurait servi à rien d'imposer la tolérance et de construire la paix si c'était pour laisser son peuple mourir de faim. À titre d'exemple, c'est sous son règne que se généralise, dans le sud-ouest de la France, la culture systématique du maïs, venu d'Amérique, qui évite les famines.

Henri IV, dans une même perspective politique, veut affermir le prestige de la monarchie et relancer l'économie. Il renoue avec la grande tradition capétienne de la construction, et plus particulièrement celle des Valois. Dans ce domaine comme dans d'autres, il s'inscrit en digne successeur de François Ier et annonce son petit-fils Louis XIV qui se lancera dans le colossal chantier de Versailles ; sans le savoir, le Roi-Soleil reprendra d'ailleurs la formule inventée par son grand-père : « mes bâtiments ». « Sitôt qu'il fut maître de Paris, on ne vit que maçons en besogne », témoigne Agrippa d'Aubigné. Sous la double impulsion d'une paix pérenne, grâce à Henri IV, et d'une saine politique financière, grâce à Sully, Paris, la plus grande ville du royaume avec près de trois cent mille habitants au croisement des deux siècles, est systématiquement embellie tout en conservant son allure générale médiévale, entourée de ses puissants remparts.

Lors de son installation au Louvre, le roi lance le vaste chantier de la construction de la « galerie du bord de l'eau », dont les quatre cent cinquante mètres vont permettre la jonction de l'ancien palais des rois, reconstruit sous François Ier, avec celui des Tuileries, dont Catherine de Médicis a entamé l'édification et qu'il poursuit. C'est le commencement de notre actuel « Grand Louvre », auquel œuvreront d'autres rois, tel Louis XIV, d'autres empereurs, tel Napoléon III, d'autres présidents, tel François Mitterrand. Notons que le roi envisage de créer, dans cette galerie, une exposition permanente des produits du commerce et de l'industrie, expérimentant, avec quatre siècles d'avance... le Salon de l'agriculture ! Entre temps, avec une virtuosité consommée, les architectes Androuet du Cerceau et Métezeau, les peintres Bunuel et Dubreuil, les sculpteurs Prieur et Franqueville, sans compter les nombreux jardiniers, travaillent sans relâche pour le plus grand plaisir d'un souverain qui, à l'instar de son petit-fils, n'aime rien tant que créer des jardins, les montrer et en parler. C'est du reste en ces lieux qu'il a coutume de s'entretenir avec Sully, comme en témoigne ce billet à lui adressé : « Allons nous promener nous deux, seuls, car j'ai à vous entretenir longuement des choses dont j'ai été quatre fois près de vous parler. »

Vient ensuite le Pont-Neuf, dont Henri III avait rêvé et qu'Henri IV réalise avec ses

381 mascarons sculptés. Sur son ordre, ce sera le premier pont sans maisons et – initiative inédite ! – pourvu d'une horloge donnant l'heure au public. Il transforme totalement la rive gauche de la Seine, qu'il rend beaucoup plus accessible. Véritable centre nerveux de la capitale, la construction du Pont-Neuf entraîne l'aménagement de la place Dauphine, appuyée au palais, et surtout l'ouverture de nouvelles voies qui aboutissent à la création du quartier du Luxembourg. Marie de Médicis, devenue veuve, y fera construire son palais, l'actuel siège du Sénat de la République. À côté du Pont-Neuf, Henri IV offre également aux Parisiens la première pompe publique pour tirer l'eau de la Seine, la si utile Samaritaine, dont un grand magasin, aujourd'hui en sommeil, reprendra le nom.

Le roi fait totalement restaurer la façade de l'Hôtel de Ville, construire l'Arsenal, l'hôpital Saint-Louis et celui de la Charité, aménager le futur Jardin des Plantes et, à l'emplacement de l'hôtel des Tournelles, devant lequel Henri II, jadis, avait trouvé la mort en tournoi, créer la sublime place Royale achevée en 1605 et appelée, depuis la Révolution, place des Vosges parce que ce département fut le premier à payer ses impôts à la République. C'est avec ses trente-six pavillons sur arcades, ses murs de briques chaînés de pierres taillées et ses grandes fenêtres bordées de fer forgé, qu'on surmontera au siècle suivant de mansardes, que naît le « style Henri IV », tant copié au XIXe siècle. Cet ensemble, qui accueillera plus tard en son centre la statue équestre du roi de France – mais qui ne sera pas Henri IV –, devient le modèle absolu de la place royale et en inspire bien d'autres, à Paris comme en province. Une place de France, près du Temple, est encore envisagée, mais elle ne verra pas le jour en raison de l'assassinat du roi. Tous ces travaux ont deux conséquences : le développement de constructions obéissant à un plan d'urbanisme – ce qu'on appelle aujourd'hui lotissement –, ainsi de nombreux immeubles s'élèvent désormais aux abords immédiats des nouveaux bâtiments ; et la généralisation de l'usage systématique de la pierre de taille, remplaçant les traditionnelles maisons de bois. En faisant de Paris la « ville de pierre », Henri IV devance de trois siècles Napoléon III et Haussmann !

Henri IV poursuit en outre activement la rénovation des châteaux de Saint-Germain-en-Laye, la « pouponnière » de sa nombreuse descendance légitime et illégitime, de Fontainebleau, la résidence cynégétique par excellence des rois de France, et de ceux qu'il fait embellir pour ses maîtresses, comme Montceaux, dans la Brie, pour Gabrielle d'Estrées, dont les colonnes portent les « G » et les « H » entrelacés, mais qu'il offrira plus tard à Marie de Médicis pour la remercier de la naissance du dauphin.

Dernier roi de l'époque baroque et premier roi de l'époque classique, le Béarnais est ainsi l'initiateur d'un programme précis et cohérent d'urbanisation de Paris et de l'Île-de-France. Il en fait aussi le décor de grandes fêtes : c'est sous son règne que sont montés les premiers carrousels royaux, qui remplacent les tournois, désormais démodés. Le Béarnais donne à sa capitale un prestige dont témoigne Michel de Montaigne : « Je ne suis français que par cette grande cité, grande en peuples, grande en félicité de son assiette ; mais surtout grande et incomparable en variété et diversité de commodités ; la gloire de la France et l'un des plus nobles ornements du monde. » Henri parachève enfin l'œuvre de François Ier en créant de nouvelles chaires au Collège de France. Il apporte sa propre pierre à l'édifice public en mettant sur pied le premier service de transports et de messagerie publique, qui demeurera particulièrement performant pendant tout l'Ancien Régime et même au-delà, jusqu'à la généralisation du réseau ferroviaire. Il est le premier souverain à s'attaquer à l'immense question de l'instruction, jetant les bases d'un enseignement secondaire gratuit par la réforme des collèges, lancée en 1595.

Même si la misère est encore grande dans le royaume, jamais jusque-là il n'a connu une telle prospérité économique et financière. Au seuil d'un nouveau siècle, la France de l'année 1600 commence en effet à dominer largement l'Europe et à jouer le rôle d'arbitre des nations. Ce n'est plus un redressement, c'est, pour reprendre le joli mot de Philippe Erlanger, une résurrection, dont témoignent ces vers :

« Allons revoir la France, allons voir la nourrice

Des lettres, des vertus, des honneurs, des
amours… »

William Shakespeare renchérit, vantant « la
fertile France, le plus beau jardin du monde »,
tandis que les États scandinaves en font une
antienne : « Que ne sommes-nous français » !
Barclay écrit pour sa part : « La France est le pays
le plus prospère. La richesse du sol rivalise avec
l'heureux génie des habitants. Pas un coin de
cette riche contrée qui ne rapporte. Il n'y a pas de
peuple qui entende mieux l'élégance de la vie.
Tout, jusqu'à leur costume, est plein d'une grâce
que les autres nations ne peuvent imiter. » Un tel
accomplissement ne justifie-t-il pas cette lettre
que Montaigne adresse à Henri IV, le 18 janvier
1585, sans doute l'un des plus beaux hommages à
son action, d'autant qu'elle ne relève en rien, sous
une telle plume, de la flagornerie ?

« Sire, c'est être au-dessus du poids et de la
foule de vos grandes et importantes affaires
que de vous savoir prêter et démettre aux
petits à leur tour suivant le devoir de votre
autorité royale qui vous expose à toute heure
à toute sorte et degré d'hommes et d'occupa-
tions ; toutefois ce que Votre Majesté a daigné
considérer dans mes lettres et y commander
réponse, j'aime mieux le devoir à la bénignité
qu'à la vigueur de son âme. J'ai de tout temps
regardé en vous cette même fortune où vous
êtes et vous peut souvenir que lors même
qu'il m'en fallait confesser à mon curé, je ne

296

laissais de voir aucunement de bon œil vos succès, à présent, avec plus de raison et de liberté, je les embrasse de pleine affection. Ils vous servent là par effet mais ils ne vous servent pas moins ici par réputation ; le retentissement porte autant que le coup. »

C'est donc à juste titre que Sainte-Beuve décrira le règne d'Henri IV comme « le printemps de la France », celui où un souverain d'exception non seulement sut prendre l'initiative, mais encore le fit savoir à tous, ce qui, dans l'histoire de France, constituait une grande nouveauté.

La poule au pot produit un bouillon d'une telle qualité énergétique qu'il sert de reconstituant aux jeunes accouchées.

Quand et comment l'idée de la « poule au pot » fut-elle lancée par le roi Henri IV ? Ce n'est pas un de ces mots de fin de banquet jeté par le plus jovial des convives à une assemblée dont l'euphorie doit tout à l'excellence des vins de France. Ce n'est pas non plus un slogan politique préparé à l'avance, mûrement réfléchi, longuement fignolé dans le secret d'un cabinet de ministre et destiné à être prononcé par le souverain, soi-disant par hasard, avec une fausse fraîcheur de composition, dans une spontanéité de fabrique, au moment opportun, afin de frapper l'opinion publique. C'est dans *L'Histoire du roi Henri le Grand,* publiée en 1664 par l'évêque de Rodez Hardouin de Péréfixe, qu'est mentionnée cette expression dont la renommée est devenue nationale. Lors d'une visite à Paris du duc de Savoie, les deux souverains assistent à une partie de paume dans les fossés de Saint-Germain. Le duc, admirant l'état « florissant » des passants, demande au roi « ce que la France lui valait de revenus ». « Elle me vaut ce que je peux, répond Henri IV, (…) parce qu'ayant le cœur de mon peuple, j'en aurai ce que je voudrai. Et si Dieu me donne encore vie, je ferai en sorte qu'il n'y ait plus de laboureur en mon royaume qui n'ait moyen d'avoir une poule dans son pot ! »

Née d'un vœu royal, l'expression « la poule au pot » se popularise au XVIIIe siècle, pour prendre successivement plusieurs couleurs politiques. D'abord présentée comme une revendication prérévolutionnaire, figurant dans les cahiers de doléances du tiers état en 1789, elle réapparaît ensuite telle un slogan royaliste sous la Restauration qui a tant contribué au culte du bon roi Henri. En effet, après les dévastations des guerres de l'Empire, le roi Bourbon de retour sur le trône a beau jeu de rappeler qu'il ramène, comme son ancêtre le Vert-Galant, la paix et l'abondance en France.

Mais pourquoi, parmi tant d'autres mets appétissants, est-ce précisément la poule au pot qui a surgi du subconscient du roi, devenant alors le plat national idéal, creuset de l'identité communautaire ? Toutes les bonnes choses viennent de l'enfance, y compris cette inoubliable recette de la poule au pot farcie, spécialité du terroir et plat de fête qui symbolise pour Henri le charme de son Béarn. En voici la recette locale :

« Constituez un bouillon avec huit à dix pintes d'eau et les légumes comme pour un pot-au-feu, à savoir carottes, navets, panais, choux (selon le goût) et belle tranche d'ache (céleri sauvage) et un oignon piqué de clous de girofle. Salez et poivrez.

Faites partir à bon feu puis laissez bouillir à petits bouillons une grande heure. Vous aurez pu corser votre bouillon d'un petit morceau de bœuf ou de quelques abattis de volaille.

Ayez une poule de moyenne grosseur et environ une livre de jambon fumé. Prenez le foie, le gésier et le cœur de votre poule, une demi-livre de pain rassis, une demi-livre de jambon un peu gras, deux ou trois branches de persil et d'estragon, une gousse d'ail. Hachez tous ces abats de poule et autres ingrédients bien liés ensemble, épices (ou genièvre concassé au mortier).

Bourrez bien la poule de ce farci : bridez-la et cousez-la afin que la farce ne s'échappe point.

Mettez la poule ainsi emplie dans la marmite en douce ébullition, donnez un bon coup de feu pour faire repartir. Abaissez : laissez faire le temps pendant trois heures en ajoutant le jambon fumé à la dernière heure afin qu'il ne soit point trop cuit. »

Cette recette régionale, devenue un bonheur national, a bien sûr attiré les plus grands maîtres de la cuisine et les gastronomes les plus réputés qui ont eu à cœur d'y apporter leur touche. Ainsi, la recette de Curmonsky ajoute une escalope de veau dans la farce et un os à moelle dans le bouillon, tandis que « la poule au pot à la Dumaine » se distingue par la présence de fines truffes glissées entre la peau et la chair de la volaille.

Mais le plus grand mérite de cette recette célèbre n'est-il pas de produire un bouillon d'une telle qualité énergétique que jadis dans les campagnes il servait de reconstituant pour les jeunes accouchées ?

Grand amateur des plaisirs de la chère, autant que de ceux de la chair, le roi de Navarre, futur Henri IV, ne s'est pas contenté de mettre la poule « au pot » pour le plus grand bonheur de ses sujets. Le premier des Bourbons a su aussi amplifier le mouvement initié à la Renaissance, tendant à codifier un nouvel art de vivre, à la fois italien et français. Devenu roi de France, cet insatiable gourmand ajoutera aux coutumes du pays d'oïl celles de son luxurieux pays d'oc. Sous cette double influence, les rituels du repas gagnent en raffinement, puisque c'est dans la seconde partie du XVIe siècle qu'apparaissent les premiers « outils de table ».

Certains peuvent à la fois faire office de fourchette (à deux ou trois dents) et se transformer en cuillère en y adaptant un « cuilleron » sur les dents. À cette époque, il existe même une fourchette dite « de saint Georges ». Elle est en argent et se compose de quatre pièces : une fourchette à deux dents, un cuilleron qui se fixe ou se replie sur la fourchette, un cure-dents ou cure-oreilles, et une plume pour écrire. Serait-ce là l'ancêtre de notre moderne couteau suisse ?

Si, depuis plus de quinze mille ans, toutes les civilisations utilisent la cuillère, en 1580, Montaigne constate cependant : « On porte encore les récipients à la bouche, on boit la soupe à même la soupière, on mange encore avec les doigts et lorsqu'il existe une cuillère sur la table, elle est souvent collective. » L'inventaire de Catherine de Médicis, réalisé en 1589, mentionne « une cuillère à monture de corail enfermée dans une boîte en malachite » mais aucune fourchette. Si ce couvert était déjà utilisé, quoique parcimonieusement, avant son arrivée en France, c'est pourtant bien Catherine, reine de France et belle mère d'Henri IV, qui en a popularisé l'usage, évidemment réservé à la Cour. On peut encore noter qu'avec la mode vestimentaire de l'époque, des fraises de plus en plus larges autour du cou, le manche des fourchettes s'est démesurément allongé.

Que les manches fussent courts ou longs, le roi Henri, en épousant Margot, la fille de Catherine, sut toujours goûter à tous les plaisirs de l'existence avec les plus insatiables appétits ! Il est le premier roi à se rendre « au restaurant ». Il est ainsi devenu un habitué de *La Tour d'Argent*. L'enseigne, fondée en 1582 par Rourteau en bord de Seine au cœur de Paris, doit son nom aux reflets brillants du mica dans la pierre qui servit à sa construction. Henri III l'avait découverte en 1582 et le roi Henri IV se faisait livrer ou venait y déguster un pâté de héron ou une poule au pot, à son retour de la chasse. Plus tard, Louis XIV et la cour de Versailles, le duc de Richelieu ou encore Mme de Sévigné aimeront fréquenter à leur tour cette table. Fleuron de la cuisine française au XVIIIe siècle, elle sera saccagée à la Révolution. C'est sous l'impulsion de Claude Terrail, au XXe siècle, que

La Tour d'Argent retrouve ses titres de noblesse, grâce au « caneton *Tour d'Argent* » et au « foie gras des trois empereurs ». Aujourd'hui, son jeune fils André ravive la tradition avec la complicité du chef Stéphane Haissant.

15

L'HERCULE GAULOIS
ET LE NOUVEAU DAVID

« Le violent amour que je porte à mes
sujets me fait tout trouver aisé et honorable. »

Henri IV

En ce 1ᵉʳ janvier de l'année 1599, au Louvre,
Sully, suivi de quelques fidèles courtisans,
Bassompierre, Roquelaure et Lavardin, pénètre à
six heures du matin dans la chambre du roi, qu'on
appelle aujourd'hui « la Salle des Sept Cheminées ». À l'époque, elle comprend deux pièces à
peine meublées d'un grand lit, de quelques coffres
et de chaises : tel est le modeste appartement
dont se contente le souverain le plus puissant
d'Europe. Les rideaux du lit sont tirés. Avec
précaution, le ministre les écarte et éveille le roi
à qui il souhaite la bonne année. Aussitôt, Henri IV
en chemise se lève, le remercie de ses bons vœux,
lui présente les siens, puis se fait habiller par ses
serviteurs, tandis que deux gentilshommes de la
chambre lui apportent respectueusement son
petit déjeuner, composé d'un bouillon de viande
et d'un morceau de pain, qu'il ingurgite rapidement, alors qu'on le peigne et qu'on le parfume ;
parce qu'il ne se lave quasiment jamais, il utilise du
musc ou de l'ambre gris pour ne point tourmenter
les dames qui lui accordent leurs faveurs.

Vêtu à présent d'amples chausses, d'une chemise, d'un pourpoint et d'une veste, le tout plutôt défraîchi selon son habitude, il passe dans l'antichambre où se pressent les courtisans, déjà là depuis une heure, ainsi que les fournisseurs, les artisans, les curieux et les solliciteurs : les portes du palais sont ouvertes dès cinq heures du matin et le demeurent jusqu'à onze heures du soir. Aimable, ouvert et familier, le roi prodigue salutations et bons mots, désireux de se montrer toujours gai, bien que son naturel profond le porte plutôt à la mélancolie. Conséquence peut-être de la certitude qu'il a, tout au fond de lui-même, de périr un jour de mort violente, comme il l'a souvent confié à ses proches. Si chacun tente de faire bonne figure, il est évident, aux yeux des chroniqueurs et des ambassadeurs, qu'il règne à sa cour moins de luxe que sous son prédécesseur Henri III, beaucoup plus dispendieux. Henri IV n'est pas ladre, comme on l'a souvent dit, mais, restrictions budgétaires obligent, l'argent ne va plus dans la poche des favoris, qui regrettent « d'avoir changé un maître d'or en maître de fer », mais dans les caisses de l'État.

Comme chaque matin, le roi assiste ensuite à la messe dans la chapelle du palais – parfois à Saint-Germain-l'Auxerrois ou au couvent des Feuillants voisin – et, puisqu'on est en hiver, il ne va pas à la chasse, mais au conseil, ce qui va l'occuper une bonne partie de la matinée. Cette obligation remplie, il prend son dîner, notre actuel déjeuner, en général seul ainsi que le veut l'étiquette, bien qu'il préférerait le partager avec ses compagnons, comme il le fait lorsqu'il s'invite chez Sully, à l'Arsenal, après avoir fait un tour dans ses cuisines, ou chez le financier Zamet. Le bénédicité expédié, il fait un signe au maître d'hôtel qui met alors en branle le long et complexe ballet par lequel est cérémonieusement apporté ce qu'on appelle « la viande du roi » composant son ordinaire, à savoir : quatre entrées, quatre potages, des viandes bouillies, des viandes rôties, une pièce de bœuf, un dos de mouton, un chapon, une pièce de veau, trois poulets, une épaule de mouton, deux gibiers selon la saison, une longe de veau, trois pigeons, des charcuteries, des pâtisseries, des fruits – en particulier des melons, dont il raffole – mais, comme il se doit à l'époque, jamais de légumes. Avant d'être consommé par le roi, chaque plat est préalablement vérifié par le goûteur attitré.

Henri IV, après une courte sieste, peut à présent donner audience aux ambassadeurs, aux grands personnages qui en ont sollicité une, mais aussi aux gens de condition plus modeste, qu'il ne dédaigne pas de recevoir, tant parce qu'il estime que cela fait partie de son « métier » de roi que pour s'informer de ce qui se dit « sur le terrain ». S'il n'y a pas audience, il prend quelque exercice au jeu de paume, dans lequel il est toujours expert, entretenant ainsi sa forme et brûlant les calories abondantes de ses fastueux repas. En fin d'après-midi, le roi s'en va se promener dans Paris, en voiture ou à cheval. Il aime à se mêler à la foule et à interroger les humbles. « Allant une fois au Louvre, accompagné de force noblesse et ayant rencontré en son chemin une pauvre femme qui conduisait une vache, le roi s'arrêta et lui demanda combien elle voulait la vendre. Cette bonne femme lui ayant dit le prix : "Ventre-saint-gris, dit le roi, c'est trop, elle ne vaut pas cela, mais je vous en donnerai tant." Alors cette pauvre femme va lui dire : "Vous n'êtes pas marchand de vaches, Sire, je le vois bien. – Pourquoi ne le serais-je pas, ma commère ? lui répondit le roi. Voyez pas tous ces veaux qui me suivent ?" » Une réplique qui n'est pas sans rappeler le mot amer du général de Gaulle sur ses contemporains : « Les Français sont des veaux » !

Le soir, la cérémonie du souper est immuable, à moins qu'il ne s'invite chez tel ou tel de ses sujets, toujours escorté par six pages portant des flambeaux, ou qu'il ne demeure au Louvre pour entendre un concert ou jouer aux cartes, l'une de ses passions les plus onéreuses : il y perd souvent d'importantes sommes. Enfin, vers onze heures du soir, avec aussi peu de cérémonial qu'à son lever, il salue les courtisans, se retire et se couche.

Ce sont là, naturellement, des journées ordinaires, dont l'ordonnance change lorsqu'il est en campagne militaire, où il retrouve avec plaisir la rude vie de camp sous la tente, ou lorsqu'il réside dans l'un de ses châteaux préférés, comme Fontainebleau, pour succomber à l'« attrait insurmontable » qu'il éprouve, selon Sully, pour la chasse. Capable de forcer un cerf pendant plusieurs jours, il loge où il le peut, chez tout sujet contraint de le recevoir et de le nourrir, pas forcément luxueusement, comme chacun le sait. Les fêtes, divertissements et bals offerts à la Cour sont aussi d'exceptionnelles occasions ; ainsi, lors de la réception des ambassadeurs suisses en 1602, la grande salle de l'étage, au Louvre, est illuminée de centaines de bougies et animée par les musiciens, invisibles derrière une tribune selon l'usage du temps. Après les ballets, les pièces de théâtre ou les farces à la mode, branles, courantes et gaillardes s'y succèdent dans la bonne humeur, jusqu'au petit matin, sous le regard ironique des fous. La cour d'Henri IV est la dernière à en avoir possédé. Antoine Anglarez, dit Chicot, gascon lui aussi, Mathurine, ancienne cantinière aux armées, poissarde et maquerelle, maître Guillaume, ancien cuisinier, et Angoulevent, dit « le prince des sots », ont exercé successivement cet office auprès du Béarnais, le faisant rire de leurs insolences et pitreries diverses, au royaume de « fouterie » ; avec eux disparaîtra la tradition d'un genre médiéval, balayée par la raison classique.

D'une manière toute contradictoire et complémentaire, la cour d'Henri IV est aussi la première où commence à se mettre en place la solennité de l'étiquette monarchique, dont la complexité n'atteindra ses extrêmes limites que sous Louis XIV. Avec le Béarnais, héros de la Renaissance habité par la littérature de chevalerie, la France est en train de passer doucement de l'âge baroque à l'âge classique. Ainsi, les somptueux divertissements qu'on y offre, avec l'introduction prochaine en France de la comedia dell'arte puis de l'opéra plus tard, alternent avec un certain débraillé de ton et de mœurs. De même, cochons et volailles se frayent encore un passage dans les rues parisiennes, au milieu de splendides nouveaux bâtiments. Les règles de la politesse la plus sophistiquée apparaissent bientôt dans le salon de la marquise de Rambouillet, tandis qu'on s'étripe dans les venelles obscures ou qu'on abandonne les nouveaux-nés dans les ruisseaux puants ! « À la Cour, on ne parle que de duels, puteries et maquerellages ; le jeu et le blasphème y sont en crédit », écrit le mémorialiste Pierre de L'Estoile, tandis que quantité d'anecdotes témoignent, sinon du laisser-aller, du moins de la liberté de ton qui y règne. Le cardinal du Perron ne se permet-il pas un jour de lâcher un pet retentissant devant le roi ? Il s'excuse en lançant : « Du moins n'est-il pas sorti sans musique » ! Henri IV, recevant un dénommé Maillard, ne s'imagine-t-il pas faire de l'esprit en lui demandant :

— Dites-moi, quelle est la distance entre Maillard et Paillard ?

Et il s'entend répondre :

— Mais celle qui me sépare de Votre Majesté.

Toujours heureux de recevoir des seigneurs gascons, dont les mœurs ne sont pas des plus policées – Agrippa d'Aubigné les raille dans son roman *Les Aventures du baron de Faeneste* –, le roi préfère le naturel de ses compatriotes à la mine compassée des Parisiens. Pourtant, malgré l'ironie de Tallement des Réaux écrivant : « J'ai vu le roi, mais je n'ai pas vu Sa Majesté », Henri ne se départit jamais de sa qualité de souverain, lui qui,

un jour, s'écrie pour se justifier face aux critiques :
« On m'appelle le Béarnais. Et pourtant, je n'ai
jamais accompli que des actions dignes d'un
roi. »

À bientôt cinquante ans, l'âge mûr à l'époque, il
n'a rien perdu de sa forme physique ni de ses
capacités intellectuelles. Il est resté mince au
point qu'un de ses contemporains remarque :
« sur lui, on n'eut pas trouvé assez de graisse pour
en barder une alouette ». Certes, ses cheveux et
sa barbe sont désormais pratiquement blancs et
ses traits un peu plus ravinés, son grand nez
surtout, plus creusé que par le passé, prenant l'allure d'un bec d'oiseau de proie ; et ses oreilles
sont un peu plus décollées. Malgré la magnifi-
cence de ses habits lorsqu'il est en représenta-
tion officielle, son peu d'hygiène corporelle fait le
désespoir de ses innombrables maîtresses : son
épouse Margot confie qu'il sent fort « le gousset
et des pieds » et Henriette d'Entragues qu'il « pue
comme une charogne », ce dont il ne se cache
pas, ayant coutume de dire à sa seconde épouse
après lui avoir fait l'amour : « Je tiens de mon
père, je sens le gousset. » N'est-il pas, en général,
couvert de ce qu'il appelle « les Espagnols », c'est-
à-dire de poux ?
Toujours aussi maigre, bien qu'il soit fin gourmet
et gros mangeur, il reste plus que jamais coureur
de jupons, malgré l'infection vénérienne dont il
souffre ; toujours aussi actif également, malgré
des fièvres récurrentes, la gravelle et ses problèmes de rate qui le contraignent à se saigner et

311

se purger fréquemment. Sa solide constitution surprend ses médecins eux-mêmes, encore qu'à cette époque leurs connaissances soient particulièrement limitées. Tels sont les paradoxes d'un être à la personnalité extrêmement riche et vivante. Ses sujets le surnomment alternativement « l'Hercule gaulois » ou « le nouveau David ». Il est le roi et, forcément, leur regard est subjectif, tant le respect pour la majesté royale est grand. Un ambassadeur écrira pourtant : « Il a quarante-sept ans et en paraît soixante. » En tout cas, il est toujours sportif, s'adonnant jusqu'à l'essoufflement au jeu de paume ou nageant dans la Seine. Comme Napoléon III, c'est à cheval qu'il a le plus d'allure et, de l'avis général, il est le meilleur cavalier du royaume. Cette qualité lui est utile à la guerre, mais aussi à la chasse, qui demeure son occupation préférée, celle à laquelle il se livre le plus souvent, dès que les affaires du royaume lui en laissent le loisir.

Perpétuellement en mouvement, celui qui se vante de « n'avoir jamais couché deux fois en un même lieu » passe sa vie à marcher, à courir ou à chevaucher. Dans ses résidences – au Louvre, à Fontainebleau, aux Tuileries –, il fait d'ailleurs construire de longues galeries lui permettant de se mouvoir. C'est dans l'une d'elles, un jour, qu'il convoque le gros duc de Mayenne, chef de l'armée de la Ligue. Devenu si épais qu'il fallait entailler les tables afin qu'il puisse y prendre place, il peine à le suivre, jusqu'au moment où le roi, le prenant enfin en pitié, s'arrête et lui annonce : « Allez, mon bon, je ne vous ferai pas souffrir davantage. » Les six mille lettres qu'on a conservées de lui reflètent bien ce mouvement perpétuel : « Je m'en vais courre un cerf... Je vais monter à cheval... Je vais jouer à la paume... » Les peintres, du reste, ne s'y trompent pas, qui figurent un Henri IV conforme à l'idée que ses contemporains – et la postérité – se font de lui : toujours humain et souriant quand il n'est pas à cheval, en armure, au cœur de la bataille. Plus rarement, il est hiératiquement paré des insignes de la monarchie. Rubens en particulier, sans l'avoir connu mais par le témoignage de ses proches, a su magnifiquement restituer ses traits, sa physionomie et son charisme dans la galerie du palais du Luxembourg, dans une toile qu'il va réaliser pour Marie de Médicis dans l'aile ouest, et qu'il va seulement esquisser pour l'aile est. L'image, chez Henri IV, vient au secours de l'État, surtout lorsqu'elle est accompagnée de vers de propagande, largement diffusés, tels ceux-ci :

> « Jusques à tant que mon peuple jouisse
> Du doux repos qui nous vient de la paix
> Je veux toujours que mon bras se fournisse
> De quoi forcer les escadrons épais.
>
> Je veux aussi que mon chef se munisse
> Toujours d'un casque, afin de repousser
> Hors mes pays, l'ennemi qui s'y glisse
> Trop plein d'orgueil pour mon peuple blesser. »

Excessif en tout dans son comportement, émotif, sensible et colérique à l'occasion, il n'aspire qu'au raisonnable lorsqu'il gouverne.

Passionné de stratégie militaire et pleinement heureux au milieu du combat, il ne travaille qu'à pacifier son royaume ravagé par la guerre civile. Négligé sur lui et méprisant ceux « qui portent leurs futaies sur leur dos », c'est-à-dire qui sacrifient leurs terres pour se faire confectionner de somptueux costumes de cour, il tient cependant à ce que la monarchie vive dans le faste. D'où ce billet qu'il adresse et passe la consigne à ses serviteurs dans un billet : « Donnez aussi ordre à ce qu'il faut pour mes écuries ; c'est pitié de voir comment je suis de ce côté-là, comme aussi à ce qui est nécessaire pour mes habillements, d'autant que je suis tout nu, et il me semble qu'il n'est pas raisonnable que m'employant ainsi pour le salut de la France, je sois ainsi traité. » Enfin, ami des paysans et du menu peuple, il n'en est pas moins à l'aise avec les lettrés – le mot n'existe pas encore – de son temps, parmi lesquels Salluste du Bartas, Montaigne, Malherbe, d'Urfé, Régnier, de Thou, dont le roi connaît l'œuvre. Sans être un penseur, Henri IV montre de l'intérêt pour les lettres, mais aussi pour les sciences, lui qui protège le mathématicien Viète ou l'ingénieur Alleaume. Les arts s'épanouissent sous son règne, avec les peintres Quesnel et Pourbus et les sculpteurs Biard, Franqueville et Bologne.

Montaigne, qui a bien connu et bien compris le roi, écrit fort justement : « Je le trouve plus grand et plus capable en une mauvaise qu'en une bonne fortune ; ses pertes lui sont plus glorieuses que ses victoires et son deuil que son triomphe. » En effet, s'il ne réussit pas tout ce qu'il entreprend, il ne se décourage jamais, repart toujours à l'attaque et recommence chaque jour sa tâche, avec la même égalité d'âme qu'un Marc-Aurèle ou qu'un Trajan, auquel les érudits de son temps le comparent. Le verbe en plus, puisque, on l'a dit, ce roi est un formidable communicant qui, le premier sans doute, sait parler au peuple, poser une main sur l'épaule d'un artisan, embrasser une servante, rire avec un bourgeois ou tutoyer un grand du royaume. Jamais avare d'un bon mot, expliquant ici sa politique, défendant ailleurs son point de vue. Il a un sens naturel du contact qu'aucun de ses successeurs n'aura, Louis XIII perdu dans ses angoisses, Louis XIV écrasant ses sujets du poids de sa majesté, Louis XV timide jusqu'à l'absurde et Louis XVI paralysé par ses complexes. Si l'on devait retrouver aujourd'hui, parmi ses descendants, un équivalent d'Henri IV, c'est vers Juan Carlos d'Espagne qu'il faudrait tourner nos regards !

Les écrivains, qu'il sait caresser dans le sens du poil, viennent donc relayer cette communication et de nombreux folliculaires, plus ou moins célèbres, chantent inlassablement ses louanges. Des plumes de poids s'y consacrent, comme le poète Agrippa d'Aubigné, Palma Cayet, le premier biographe d'Henri IV ou Malherbe, le futur codificateur de la langue française, qui fourbit ses premières armes à son service et compose une « Prière pour le roi Henri le Grand, allant en Limousin » :

« Mais ce roi, des bons rois l'éternel exem-
plaire,
Qui de notre salut est l'ange tutélaire,
L'infaillible refuge et l'assuré secours,
Son extrême douceur ayant dompté l'envie
De quels jours assez longs peut-il borner
sa vie,
Que notre affection ne les juge trop
courts ? »

Sully lui-même publie, en 1609, un *Abrégé de
la vie de Henri Auguste, quatrième du nom, très
victorieux et invincible roi de France et de Navarre.*
Au-delà du discours des thuriféraires, il est
incontestable que le roi possède un sens inné de
la France dont il veut faire, avec l'aide de son
conseiller Maximilien de Béthune, qu'il nomme
duc de Sully, la première puissance d'Europe au
détriment de l'Espagne. La péninsule ibérique
demeure en tête des nations européennes, mais
plus pour très longtemps, puisque Henri fera
bientôt voler en éclats l'héritage de Charles Quint
et vengera de ce fait, a posteriori, son grand-oncle
et prédécesseur des avanies jadis subies.

S'il est naturellement affable, il ne transige
jamais lorsque son autorité est en jeu. Ce sera du
reste un trait caractéristique des Bourbons, sauf
peut-être de Louis XVI : ne jamais renoncer. Fin
lecteur du *Prince* de Machiavel, Henri est impitoyable quand il le faut, ce qu'apprennent à leurs
dépens ceux qui lui désobéissent ou, pire, ceux
qui le trahissent, tel son vieux compagnon, Biron,
exécuté en dépit de leur vieille amitié, de même

que le comte d'Auvergne et le duc de Bouillon. Malgré son amour pour les paysans, il ne tolère pas les jacqueries : l'armée royale réprime par la force, sans pitié et sans scrupule, la révolte des « Gautiers » de Normandie, des « Bonnets rouges » de Languedoc, des « Croquants » du Périgord et du Limousin.

Bien davantage que François Ier et Henri II, malgré leur panache, et naturellement bien plus que les trois fils de ce dernier – François II, Charles IX et Henri III –, ses prédécesseurs, qui le voulurent mais ne le purent, Henri IV est celui qui instaure en France la monarchie absolue. Une conjonction d'éléments le permet : son goût personnel pour le pouvoir, sa légitimité de vainqueur militaire et de pacificateur social, et enfin l'état de la France, mûre pour être ainsi gouvernée. Son règne sur le Béarn lui a appris à se défier de la contestation. Il souffre difficilement la contradiction, sauf lorsqu'elle émane de Sully, et encore. Il n'apprécie guère les libertés municipales dont jouissent certaines cités, qu'il ne cesse de rogner dès qu'il le peut, et ne compte nullement accorder aux parlements des pouvoirs qu'ils réclament toujours mais qu'il ne leur donnera jamais. Reconstruisant, jour après jour, une administration puissante pour faire de la France une gigantesque pyramide dont il est le sommet, Henri IV invente l'État jacobin avant la lettre. Un État où tout se décide en haut, en matière de finances comme en matière d'aménagement du territoire, où le chef, c'est-à-dire lui-même, concentre entre ses mains les trois pouvoirs, exécutif, législatif et judiciaire – sans compter le militaire ni le religieux ! Tous les autres acteurs sont des serviteurs, même les plus élevés dans la hiérarchie. Les intendants rapportent, les conseillers d'État suggèrent, les ministres proposent, le roi seul décide, telle est la règle !

Au fond, comme nombre d'hommes aimables, sincèrement ouverts aux autres, souvent capables d'humour et de beaucoup d'humanité, voire d'humanisme, le Vert-Galant est, en politique, fondamentalement autoritaire, convaincu que le pouvoir ne se divise ni ne se partage. Libéral et même libertin en matière de mœurs, il ne l'est nullement dès qu'il s'agit de l'État. Il y a du Bonaparte chez celui qui eut à conquérir tout seul son royaume ; il y aura d'ailleurs une part d'Henri IV chez Bonaparte : tous deux sont experts en communication, édifiant de leur vivant une véritable légende autour de leur destin, contraignant subtilement les Français – parfois à juste titre – à ne pouvoir envisager leur avenir sans eux. Paradoxalement, les Français vouent en effet plus volontiers un culte aux figures autoritaires, qui semblent les marquer durablement.

Séparé de son épouse légitime, toujours en résidence surveillée au château d'Usson, le roi n'a pratiquement plus de famille, à l'exception de sa sœur, la très discrète et très dévouée Catherine, mariée tardivement, à l'âge de quarante ans, avec Henri de Lorraine, marquis de Pont-à-Mousson puis duc de Bar. Elle réside à Nancy aux côtés de son époux lorsqu'elle n'est pas à la Cour.

L'affection débordante du Béarnais se reporte donc sur ses maîtresses et ses nombreux bâtards, auxquels, jusqu'à son dernier jour, il s'intéresse de près. Sa disponibilité familiale lui permet de se consacrer au service de l'État et peu au plaisir, qui, chez lui, se résume à trois priorités : les femmes, la chasse et la table. Tel est, à l'aurore d'un nouveau siècle et de son mariage avec Marie de Médicis, celui en qui on voit « Henri, race des dieux, le plus puissant des rois », celui qu'on nomme déjà « Henri le Grand ». Après le temps de la conquête et celui de la pacification, s'ouvre le troisième acte de sa vie, celui de la plénitude, comme un artiste qui, achevant son chef-d'œuvre sur la toile, se prépare à la signer.

En 1608, le jour de Pâques, Henri IV touche mille deux cent cinquante malades et crée l'hôpital Saint-Louis, tandis que son médecin Jean de Renou s'applique à l'étude des médicaments.

Si le roi a la réputation de guérir les écrouelles en posant simplement ses mains sur les plaies, que peut-il faire contre la pire des pandémies ? La peste a fait sa réapparition à Paris en 1606 et 1607. Désemparé devant l'ampleur de la contagion, le prévôt des marchands fit à la Faculté l'injure de ne point la consulter : il s'adressa au Collège des chirurgiens. Celui-ci l'exhorta à faire régner dans les rues, et à exiger des habitants dans leur logis, la plus grande propreté ; il recommanda aussi à chacun de bien se débarbouiller le matin et de fuir, le soir, « les rayons de la lune ». Henri IV fit construire l'hôpital Saint-Louis, pour y recueillir les victimes de l'épidémie. C'est en souvenir de son aïeul Louis IX, mort de la peste devant Tunis en 1270, que le roi donna le nom de Saint-Louis à cet hôpital. Le vendredi 13 juillet 1607, Henri IV pose la première pierre de sa chapelle. À l'origine cet hôpital était seulement utilisé en période d'épidémie. C'est pourquoi il est construit au large du faubourg du Temple, en dehors de la ville au milieu des champs. Voici la lettre que le roi écrit à ce sujet en 1608 au cardinal de Givry : « Mon cousin, je vous prie de présenter à notre saint-père le pape les lettres que je lui écris, dont je vous envoie la copie, pour obtenir de Sa Sainteté les indulgences y contenues en faveur de l'hôpital Saint-Louis de Santé, que je fais bâtir près des faubourgs Saint-Laurent de ma bonne ville de Paris, pour y retirer les pestiférés. »

Aussi 1608 est-elle une année bénie pour la préservation de la santé de tous. Jean de Renou, médecin d'Henri IV, participe à ce grand mouvement sanitaire. Son étude des médicaments lui permet de publier cette même année, en latin, ses *Institutions pharmaceutiques,* qui seront traduites en français en 1637 par Louis de Serres, docteur en médecine et agrégé à Lyon. Ce médecin établit une nomenclature des animaux ou de leurs parties que le pharmacien doit tenir dans sa boutique : « On se sert dit-il, de plusieurs animaux entiers, comme des cantharides, cloportes, vermisseaux, lézards, fourmis, vipères, scorpions, grenouilles, écrevisses, sangsues et plusieurs petits oiseaux. Quant à leur parties, nos médecins tiennent assurément et vraiment qu'elles sont douées de plusieurs et admirables vertus, entre lesquelles parties nous pouvons mettre le crâne ou la tête d'un homme mort et non enterré ; l'os qui est dans le cœur du cerf ; la cervelle des passereaux et des lièvres ; les dents du sanglier et de l'éléphant ; le cœur des grenouilles ; le poumon du renard, le foie de bouc, les boyaux du loup ; les génitoires du lièvre et du coq ; la vessie de pourceau ; le membre génital du cerf, la peau et la dépouille de serpent. Item, graisse d'homme, de pourceaux, d'oie, de brebis, de canard, de lapin, de chèvre, d'anguille et de serpent ; la moitié du cerf, du veau et du bouc ; le sang humain, le sang de pigeon et de bouc ; toutes sortes de lait et tout ce qui vient d'icelui, comme beurre et fromage ; les cornes de cerf, de chevreuil et de licorne ; les ongles de pied de l'élan, de chèvre et de buffle ; et les coquilles de plusieurs poissons. Finalement, depuis que les excréments desdits animaux ont aussi leurs particulières vertus, il n'est pas messéant au pharmacien d'en tenir dans sa boutique, et particulièrement la fiente de chèvre, de chien, de cigogne, de paon, de pigeon, de musc, de civette, et les poils de certains animaux. »

Les médecins ne quittent pas Henri IV, et se montreront particulièrement attentifs à son corps après sa mort. Le procès-verbal d'autopsie du roi est signé d'une trentaine d'entre eux.

16

LA FAMILLE ROYALE

« Hâtez-vous de me faire un fils, de sorte
que je puisse vous faire une fille. »
Henri IV à Henriette d'Entragues

Au Louvre, en cet automne de l'année 1605,
l'ambassadeur de Sa Majesté Très Catholique le
roi d'Espagne, vêtu avec la dernière élégance
– chemise de baptiste, collerette de dentelle
précieuse, pourpoint et chausses de soie
cramoisie, veste de velours d'Utrecht, épée de
Tolède battant son flanc –, suivi de ses secrétaires
de légation, descend de son carrosse dans la cour
jadis édifiée par François le premier du nom.
Saluée par les gardes, qui lui rendent les honneurs,
la petite troupe gravit le grand degré au bout
duquel se trouve l'appartement du roi, qui doit
recevoir les lettres de créance du diplomate. Les
deux imposants hallebardiers qui gardent la porte
du souverain ont reçu la consigne et s'effacent
pour laisser le passage à l'annonciateur de l'ambassadeur.

Stupéfaits, les Espagnols assistent alors à la
plus incroyable des scènes. Le roi, à quatre pattes,
le dauphin son fils juché sur son dos, fait le cheval
sous les éclats de rire de l'enfant. Nullement
démonté, Henri IV demeure dans cette position
pour demander à son visiteur :

— Monsieur l'ambassadeur, avez-vous des enfants ?

— Oui, Sire.

— Alors je peux continuer.

Et le roi de poursuivre son jeu, pour la plus grande joie de son fils qui, du reste, l'appelle « papa », comme les enfants du peuple, et non « Monsieur mon père » comme le voudrait l'usage, ce qui, là encore, constitue une nouveauté. Dans ce domaine, Henri IV est le premier père, sinon roi, à trouver ses enfants intéressants, à une époque où on les considère comme des êtres totalement insignifiants, jusqu'à leur majorité traditionnellement fixée à douze ans. Les courtisans sont donc médusés d'apercevoir leur souverain porter certains de ses enfants sur son dos, jouer avec d'autres, s'inquiéter de leur santé ou de leurs progrès et même veiller à ce qu'ils soient punis lorsqu'il le faut.

Des enfants, le Vert-Galant en eut beaucoup, d'illégitimes comme de légitimes, dès lors que, débarrassé d'Henriette d'Entragues, ou du moins de sa promesse de mariage, il s'était résolu à épouser Marie de Médicis, pour au moins trois bonnes raisons. Elle était tout d'abord réputée comme la plus riche héritière d'Europe et apportait une dot colossale – un million d'écus âprement négociés par Sully ! –, effaçant en outre par son mariage une dette que la France avait contractée auprès de sa famille. D'où le surnom dont on affubla la future reine, en raison également de ses formes plantureuses : « la grosse banquière ». Il fallait ensuite un « ventre » au roi pour lui donner un héritier, et les femmes de la maison de Médicis passaient pour de bonnes génitrices. Enfin, la France devait renforcer ses alliances dans la péninsule italienne, où l'Espagne était fortement ancrée. Henri était donc prêt à unir son destin à la petite cousine de celle qui avait sinon ordonné, du moins couvert et approuvé, le massacre de la Saint-Barthélemy, sa redoutable belle-mère Catherine, qui ne lui avait pas facilité l'existence !

« Les vertus et perfections qui reluisent en vous et vous font admirer de tout le monde avaient, il y a déjà longtemps, allumé en moi un désir de vous honorer et servir comme vous le méritez », avait-il écrit à sa fiancée, qui ne put qu'être séduite par un tel enthousiasme. Elle avait d'ailleurs déjà refusé d'autres partis – y compris l'empereur ! – parce qu'une voyante lui avait un jour prédit qu'elle serait reine de France. L'anecdote montre qu'à ses yeux, aucun trône ne pouvait égaler en prestige celui de France. Une fois le mariage d'Henri IV avec Margot annulé par le pape Clément VIII, le 29 décembre 1599, tout alla très vite et ce fut à Lyon que le roi découvrit sa nouvelle épouse. Après une traversée de la Méditerranée à bord de la galère de sa famille, elle avait débarqué à Marseille et remonté le Rhône jusqu'à la capitale des Gaules. De retour de son expédition militaire contre le duc de Savoie, Henri IV l'y rejoignit au mois d'octobre 1600 et, dès leur présentation au palais archiépiscopal où on l'avait installée, il consomma son union, puisque le mariage, lui avait assuré son clergé, avait eu lieu dans les formes à Florence... par procuration. Pendant plusieurs jours, de somptueuses fêtes furent données en l'honneur du couple royal : banquets, bals, feux d'artifice, joutes et tournois, jonchés de pièces d'or et d'argent lancées à la foule. Après quoi on reprit le chemin de Paris, où la nouvelle reine fit son entrée officielle le 9 mai.

De cette union naquirent les six enfants légitimes du Béarnais : et d'abord le dauphin tant espéré, futur Louis XIII, le 27 septembre 1601. La sage femme le trouva si frêle et chétif, qu'elle demanda au roi l'autorisation de souffler du vin entre ses lèvres inertes, ramenant ainsi le nouveau-né à la vie. Le dauphin fut suivi d'Élisabeth de France, le 22 novembre 1602, future reine d'Espagne – elle épousera Philippe IV –, Christine de France, le 10 février 1606, future duchesse de Savoie – elle sera la femme de Victor-Amédée Ier –, Nicolas de France, le 13 avril 1607 (mort quatre ans plus tard), Gaston de France, le 24 avril 1608, futur duc d'Orléans, et enfin Henriette de France, le 25 novembre 1609, future reine d'Angleterre, par son union avec Charles Ier. C'est dire si la nouvelle reine remplit parfaitement son contrat, même si ce mariage avait été une affaire de dupes. La très catholique princesse ne fut en effet jamais vraiment persuadée que son mari avait abjuré la foi calviniste par conviction profonde. Elle avait, d'une certaine façon, le sentiment de « coucher avec le diable », devant de surcroît partager cette avanie avec de nombreuses autres, en particulier la marquise de Verneuil qui, chaque jour, la narguait à la Cour. Le roi, lui, ne fut jamais véritablement séduit par cette femme plus très jeune – vingt-six ans lors de leurs épousailles ! –, trop grasse et revêche à son goût, malgré les vers de Malherbe :

« La voici la belle Marie,
Belle merveille d'Étrurie. »

Il lui fut cependant reconnaissant de lui avoir donné tant d'enfants, et en particulier trois fils, parmi lesquels ce dauphin, premier-né en France depuis quarante ans et dont la naissance fut annoncée partout comme une grâce divine. Né sous le signe de la Balance, nul ne doutait qu'il ne devienne un jour un roi juste. À partir de l'année 1604, les enfants légitimes du roi furent élevés au château de Saint-Germain-en-Laye, devenu de ce fait une vaste « nurserie », sous l'énergique autorité de Mme de Monglat et la surveillance du médecin Jean Héroard. Ils se retrouvèrent en compagnie des dix enfants illégitimes, conçus avant, pendant ou même après eux : Hervé Borré, né en 1575 de Louise Borré, les trois enfants de Gabrielle d'Estrées – César de Vendôme, né en 1594, Catherine de Bourbon, née en 1596, future duchesse de Lorraine par son mariage avec Charles II, et Alexandre de Bourbon, né en 1598, futur grand prieur de France –, les trois enfants d'Henriette d'Entragues – Henri de Verneuil, né en 1600 et mort en bas âge, Gaston-Henri de Bourbon, né en 1601, futur duc de Verneuil, et Gabrielle Angélique de Verneuil, née en 1603, future duchesse d'Épernon –, Antoine de Bourbon, né en 1607, futur comte de Moret et fils de Jacqueline de Bueil, et enfin les deux filles de Charlotte des Essarts, nées en 1608 et 1609 – Jeanne-Baptiste de Bourbon, future abbesse de Fontevraud, et Marie-Henriette de Bourbon, future abbesse de Chelles.

À l'instar des pachas d'Orient, le Béarnais considère en effet sa descendance en bloc, ce qui incite l'ambassadeur de Florence à dire que cette cour est un « *bordello* », même si celle du palais Pitti n'est guère plus vertueuse. Un mot du roi, lorsque naquit, presque en même temps que le dauphin, le fils de la marquise de Verneuil, en dit cependant long sur son état d'esprit : « Il me naît un maître et un valet » ! Henri IV dans sa passion pour sa descendance légitimera néanmoins tous ses enfants nés hors mariage et leur conférera un rang jamais atteint par les bâtards des règnes précédents. Le Vert-Galant se reconnaît dans les qualités de ses fils, verve et bravoure, et leur donne les prénoms des deux plus grands chefs de guerre de l'Antiquité : César et Alexandre. Cette affection sans frein s'explique aussi par sa considération pour le mérite personnel. Lui qui est parfaitement légitime, troisième du nom, devenu roi de Navarre à dix-neuf ans, il ne manquera pas lorsqu'il deviendra roi de France de clamer qu'il tient sa couronne « du droit et des armes ». Est-ce pour cela qu'il fait passer ses fils dans la hiérarchie de la Cour devant les ducs et pairs ? Quant à ses filles naturelles, il les dote magnifiquement et les marie à des grands du royaume. L'attention particulière et l'affection très profonde qu'il porte à ses bâtards ne le distrait pas de ses devoirs envers ses enfants légitimes, qu'il aime tout autant. De ses trois fils et trois filles légitimes, cinq atteindront l'âge adulte et s'allieront aux plus grandes familles souveraines d'Europe.

Le roi souhaite également pour toute sa progéniture une vie au grand air, loin de la Cour. En un mot, une enfance rustique, comme il l'a connue un demi-siècle plus tôt, à Coarraze, lorsqu'il jouait avec les fils des paysans pyrénéens. Ainsi, les enfants royaux pratiquent le paillemail, ancêtre du croquet, jouent à la petite guerre, organisent des parodies d'assauts, de défilés et d'arquebusades. Le roi se plaît à promener ses enfants dans le parc, leur expliquant le dessin des jardins, leur montrant les carpes du grand bassin, les oiseaux des volières et les animaux s'enfuyant vers la forêt. Il se montre avec ses enfants d'une familiarité confondante, refusant tout protocole et toute marque de respect. Ces derniers savent en profiter et c'est dans une joyeuse bonne humeur qu'ils lui tirent la barbe en tous sens ou font irruption au milieu des entretiens les plus sérieux, détournant l'attention de leur père par mille facéties. C'est au biographe d'Henri IV, Maurice Andrieux, qu'on doit le pittoresque portrait de cette « petite troupe » : « Les enfants s'accommodaient à merveille de ce régime de vie, mais la diversité de leurs caractères ne semble pas avoir été atténuée par une éducation commune. Il semble d'ailleurs qu'un seul d'entre eux ait hérité du tempérament et de la tournure d'esprit d'Henri IV. Chose curieuse, ils ne paraissent pas davantage tenir de leur mère. Les enfants de la méchante et impertinente Henriette semblaient, par leur douceur et leur gentillesse, désavouer leur naissance ; ceux de la douce Gabrielle d'Estrées étaient insupportables de prétention et de morgue. Quant au Dauphin, qui deviendra Louis XIII, il se considérait comme d'essence nettement supérieure et accablait tous ses frères d'un écrasant dédain. Parlant des enfants de Gabrielle, il disait : "C'est une race de chiens." De ceux d'Henriette, il disait : "C'est encore une autre race de chiens." Quant au fils de Jacqueline de Bueil, qu'il ne voulut jamais appeler son frère, il le traitait plus mal encore : "C'est le dernier, disait-il, il vient après ma m… que je viens de faire." Et pourtant, ce dernier venu des enfants d'Henri IV, c'était le seul qui lui ressemblât, au physique comme au moral. »

Le roi est quotidiennement informé de ce qui se passe à Saint-Germain, demeurant en permanence à l'écoute de la gouvernante de sa progéniture, qu'il visite le plus souvent possible, faisant de chacune de ses arrivées une fête. Sans nul doute, il n'y a pas meilleur père que ce mauvais mari. Tout au long des premières années de son union avec Marie de Médicis, le Vert-Galant, en effet, n'en poursuit pas moins sa liaison avec Henriette d'Entragues, d'où les cris de la reine contre « la *poutane* ». Henriette d'Entragues n'est pas en reste ; affectant de tenir Marie de Médicis pour une usurpatrice, elle se considère elle-même comme la future reine de France et va jusqu'à dire : « Que la Florentine garde son bâtard et moi je garderai mon dauphin, je ne veux pas que mon fils soit élevé avec des bâtards. »

L'arbitrage de Sully est bien souvent requis, appelé nuit et jour pour régler les différends de ces époux vivant comme chien et chat. Marie de Médicis trouve bientôt une confidente en la personne de la ci-devant reine Margot, première épouse de son mari, qui, pardonnée, a reçu la permission de s'établir à Paris et vient à présent y achever sa vie, dans l'hôtel du Pré-aux-Clercs qu'elle va bientôt faire construire en bordure du quai Malaquais. Il est vrai que Marie n'a rien à redouter de cette quinquagénaire, devenue obèse et chauve, qui n'a rien perdu de son esprit mais qui, désormais, se considère comme la « sœur » du roi, venant parfois au Louvre apporter des jouets au petit dauphin.

Henriette n'est pas la seule à être poursuivie par les assiduités du Béarnais, de plus en plus éroto-mane en vieillissant. Le peuple de Paris qui le sait bien s'en est amusé au début, mais se demande aujourd'hui si toutes ces maîtresses ne finissent pas par coûter trop cher à la Couronne, malgré la belle réplique du roi à son ministre qui l'informe des bruits courant la ville : « Je ferai voir à ces gens que je quitterais plutôt maîtresses, amours, chiens, oiseaux, brelans, bâtiments, festins, banquets, et toute la moindre occasion et oppor-tunité pour acquérir honneur et gloire, dont les principales, après mon devoir envers Dieu, ma femme, mes enfants, mes fidèles serviteurs et mes peuples, que j'aime comme mes enfants, sont de me faire tenir pour prince loyal, de foi et de parole, et de faire des actions, sur la fin de mes jours, qui les perpétuent et couronnent de gloire et d'honneur, comme je l'espère que feront les heureux succès des desseins que je ne pense plus souvent qu'à tous mes divertissements ci-dessus. » Que laissera l'avenir de ce catalogue de bonnes intentions ?

Pour l'heure, dans ce domaine comme dans d'autres, Henri IV a parfaitement réussi, puisqu'il offre au peuple de France une famille royale brillante et nombreuse et une succession assurée. Outre le dauphin, il lui reste en effet deux fils légitimes, Nicolas et Gaston. Si, à l'occasion de la venue au monde du premier, des médailles sont frappées représentant le dauphin, tel Hercule, écrasant dans son berceau les serpents du fanatisme et de l'intolérance, plus tard, la propagande officielle se fait un plaisir, et un devoir, de multiplier à l'infini les gravures figurant, comme dans un conte de fées, le roi, la reine et leurs six enfants, gages de l'ancrage de la nouvelle dynastie dans la durée et promesse d'avenir radieux dans la paix et la prospérité d'un bonheur indicible.

> « France, tu vois dans ce petit tableau
> Tout ton bonheur, tu y vois ta fortune
> C'est ton Henri, qui ne reçoit aucune
> Comparaison. Que veux-tu de plus beau ?
> C'est Médicis, ton épouse loyale,
> Après quoi tu vois leur petit Dieu donné,
> C'est le Dauphin, digne fils de son père. »

Les années 1606 à 1610 sont les plus sereines du règne d'Henri le Grand qui, ayant écrasé tous ses ennemis, récolte enfin les fruits de la paix et de la prospérité. À l'heure où ses enfants grandissent, où ses bâtiments s'élèvent dans le paysage parisien, où les artisans tissent les fils du ver à soie, où les paysans labourent leurs champs, où, à Québec, se construisent les premières cabanes autour d'un embryon d'église, il peut établir un premier bilan, dont nul ne saurait contester qu'il est particulièrement positif. Sous son égide, la couronne de France s'est affermie et jouit d'un prestige national et international qu'elle n'a jamais connu jusqu'ici. Il n'est pas jusqu'à la Cour qui, sous l'influence de Marie de Médicis, retrouve, ou dépasse, le faste du temps des Valois. Au terme d'un règne de presque vingt années, la France a trouvé un nouveau visage, une seconde jeunesse, une force suprême.

Marie de Médicis est une victime de la mode... Au baptême du dauphin, sa robe est ornée de trente-deux mille perles et trois mille diamants.

Lorsque Marie de Médicis arrive à Paris, la nouvelle souveraine tombe de haut. En entrant au Louvre, quelle n'est pas sa déception : elle qui est accoutumée aux raffinements et aux splendeurs des grands-ducs de Toscane, elle pénètre dans un palais « mi-ruiné, mi-construit, mi-antique, mi-moderne ». Rien ne peut lui plaire ici, ni l'éclairage lugubre, ni les meubles en mauvais état, ni les tentures ternies, ni les peintures noircies. Amoureuse de la beauté, passionnée d'esthétique, folle de mode et « *fashion victim* », Marie de Médicis devant tant de saleté éclate en sanglots, « étonnée et effrayée, croyant que ce n'était pas le Louvre et que l'on faisait cela pour se moquer d'elle ».

Elle dresse un inventaire rapide de l'appartement des reines situé au premier étage. Il comporte cinq pièces : la salle des gardes, l'antichambre, le salon, qu'on appelle « grand cabinet », la chambre à coucher et le « petit cabinet », qui est un boudoir. Si Marie regarde intensément ce décor, c'est pour ne plus jamais le revoir. Elle décide de tout métamorphoser et, quelques mois plus tard, après qu'une pluie d'or fut tombée sur les lieux, tout est méconnaissable, parce que tout est magique. L'esprit de Florence a inondé de beauté l'appartement de la reine. Les plafonds et les lambris sont peints, les murs revêtus de boiseries dorées. Où que les yeux se portent, on tombe sur des merveilles. On admire, dans le grand cabinet, le tapis d'Orient qui recouvre le dallage, les quatre chandeliers de vermeil, les chenets en argent massif, les douze fauteuils et douze chaises en velours cramoisi. La beauté se reflète dans des miroirs cloutés d'or, l'un offert par la duchesse de Mantoue, l'autre par la république de Venise. Une lumineuse richesse a envahi le sinistre séjour de la guerre.

Dans le petit cabinet, la nouvelle épouse du Vert-Galant accumule avec harmonie chefs-d'œuvre de l'orfèvrerie italienne, tapisseries à fils d'or, antiques, médailles. Autour de ces pièces d'apparat, le long des corridors, se succèdent plusieurs petites chambres desti-nées au service mais aussi aux coffres où s'en-tassent les somptueux vêtements de la reine. Sa dame d'atour, la célèbre Léonora Galigaï, épouse de Concini, a la charge de pourvoir aux toilettes de Sa Majesté. Comme le remarque avec esprit l'historien Philippe Erlanger, « Marie de Médicis ayant une corpulence excessive et un caractère singulièrement acariâtre, les tailleurs connaissent des moments difficiles ». Folle de parfums, elle ne rechigne pas à la dépense. Elle et sa chère Léonora s'amusent même à composer de nouvelles senteurs. La reine s'y adonne par goût certes, mais aussi par nécessité ; la mauvaise odeur d'Henri IV est si fameuse que dans une comédie un personnage puant auquel on reproche la sienne réplique : « N'est-ce pas que je commence à paraître roi ? » La reine est saisie d'une fièvre acheteuse. Le roi lui a offert un collier de perles de cent cinquante mille écus, mais ce n'est pas encore assez : elle est cuirassée de perles et, devant la collection de ses bagues, sautoirs, pendeloques, croix, chapelets, bouquets de joyaux, plaques, montres et boîtes, on se croit dans *Les Mille et Une Nuits.* Au baptême du dauphin, sa robe est brodée de trente-deux mille perles et trois mille diamants. Henri IV a fort à faire avec son épouse. Il a réduit le train des reines de France, mais la Médicis dénonce son avarice. Elle hurle à la face du roi qu'elle n'est pas venue en France pour être mendiante et, quand elle estime qu'il ne lui donne pas assez d'argent de poche, elle met en gage pour l'humilier ses vases dorés, ses parures et sa vaisselle. Rarement dans l'histoire de France on n'a connu une reine possédant d'aussi beaux bijoux que ceux de Marie de Médicis.

17

L'ULTIME FOLIE
ET LE GRAND DESSEIN

« Henri IV eût été un héros accompli, s'il
eût été réduit au sort d'Abélard. »
Pierre Bayle

Le 16 janvier 1609, à Paris, dans la galerie du
bord de l'eau enfin achevée, le roi, comme à son
habitude, avance à grands pas, suivi de quelques
fidèles, lorsque son attention est attirée par une
vaste estrade sur laquelle des musiciens et des
danseurs répètent, sous la direction de la reine, *le
Ballet des nymphes de Diane,* divertissement qui
doit être donné le soir même en ce lieu, devant la
Cour. Amusé, Henri IV s'approche, lorsque soudain
Cupidon, non sans aplomb, le toise et pointe sur
lui son arc en carton doré. Si nulle flèche ne s'en-
vole dans sa direction, le cœur d'Henri IV n'en est
pas moins transpercé, comme s'il avait été frappé
par la foudre de la passion. Ce Cupidon a pris les
traits d'une très jeune fille de quinze ans, vêtue
d'une courte tunique de gaze ne dissimulant pas
la douce transparence de la peau, les cuisses
légères, la gorge affriolante et le ravissant visage
encore poupin d'une enfance qui n'a pas totalement cédé à la femme naissante. « On ne pouvait
rien voir de plus beau et de plus enjoué », a dit
d'elle Tallemant des Réaux. Elle est si exception-
nelle qu'à la Cour on l'a surnommée « l'Aurore ».

341

Le Béarnais a alors cinquante-cinq ans et en paraît dix de plus. Peu indulgente, Mme de Rohan en trace ce portrait : « L'amour n'aurait pu se nicher entre un nez et un menton qui se mêlaient l'un à l'autre et le faisaient ressembler à Polichinelle. » Mais, en ce jour de mardi gras où seule l'illusion prédomine, l'amour met bas les masques, au son des violes qui résonnent sous les caissons de la plus longue galerie d'Europe – quatre cent soixante-dix mètres entre le Louvre et les Tuileries – et le roi est décidé à ne se priver de rien.

Pétrifié par le miracle de séduction précoce et le regard naïvement audacieux qui lui est lancé, le souverain reste sans voix mais entend, comme dans un songe déjà commencé, celle de son grand écuyer Bellegarde qui lui murmure : « Voyez, Sire, comme elle est admirable ! »

Elle se nomme Charlotte-Marguerite de Montmorency et n'est autre que la troisième fille du connétable de France et de la belle Louise de Budos. Aussitôt, le roi en tombe amoureux, incapable, comme toujours, de réfréner l'immense désir de posséder cette adolescente, de se jeter, tête baissée, dans ce puits d'innocence qu'il a cherché toute sa vie, pour chasser ses idées noires et, par la possession d'un corps presque enfantin, conjurer sans doute l'inexorable fuite du temps et son propre dépérissement. Un regard du roi étant un ordre, il faut la marier. Bassompierre lui étant déjà fiancé, Henri IV l'adjure de se retirer, pour ne pas devenir « le plus grand cocu de France » et son « plus grand ennemi ». C'est finalement le prince de Condé, pourtant plus porté du côté des garçons, bègue et bossu, à qui on la donne. Charlotte se croit-elle la nouvelle Gabrielle d'Estrées ? Elle semble recevoir avec plaisir les billets du roi et ses cadeaux, bijoux, étoffes précieuses, meubles de prix qu'il lui fait tenir, quand il ne vient pas directement lui conter fleurette, un jour déguisé en cocher, un autre en fauconnier, portant une fausse barbe ou un masque. « C'est une telle folie qui tient les sens du roi, témoigne alors le duc de Mantoue, si embarrassés que quasi il n'est capable d'autres affaires que celles qui concernent son affection. »

On le voit bientôt, vêtu de soie et parfumé, entre deux crises de goutte, faire le jouvenceau pour la séduire, commander son portrait et lui demander un soir de paraître à son balcon, les cheveux dénoués, entre deux valets portant des torches. Elle s'exécute bien volontiers, provoquant l'évanouissement du quinquagénaire, et elle de s'écrier : « Jésus ! Qu'il est fou ! » Quant à Malherbe, il ne trouve rien de mieux pour faire sa cour que d'approuver sans réserve la nouvelle passion du roi, en composant ce sonnet de circonstance :

« À quelles roses ne fait honte
De son teint la vive fraîcheur ?
Quelle neige a tant de blancheur
Que sa gorge ne la surmonte ?
Et quelle flamme luit aux cieux
Claire et nette comme ses yeux ? »

Le roi n'appelle-t-il pas l'objet de son amour « Dulcinée », ce qui laisse entendre qu'il a lu le

Don Quichotte de Cervantès, publié deux ans plus tôt ? Et ne lui écrit-il pas des mots à la limite du délire ? Auxquels elle répond, se prêtant au jeu : « Astre que j'adore, brûlez ceci, mandez que vous l'avez fait et aimez qui vous adore » ! Toute la famille de la belle, et même sa belle-famille tombent à présent d'accord pour la pousser dans le lit du roi, sauf, contre toute attente, son mari qui, se trouvant à juste titre ridicule, se révolte ouvertement, brave son oncle et souverain (et peut-être son véritable père, si l'on en croit les mauvaises langues). Au terme d'une altercation fameuse, le 29 novembre 1609, il sait qu'il risque la Bastille et qu'il n'a plus rien à perdre. Il enlève son épouse, la jette dans une voiture que ses proches conduisent à Bruxelles, dans les Pays-Bas espagnols, et la rejoint, rendant désormais publique son insoumission. « Je suis perdu », s'écrie Henri IV, ou encore : « Je déchois si fort de mes mélancolies que je n'ai plus que les os et la peau. »

Le souverain ne peut se consoler de ce départ et adresse à la jeune fille les lettres les plus enflammées que son imagination lui dicte et que Mme de Berny, femme de son émissaire, lui porte : « Tout me déplaît. Je fuis les compagnies et si, pour observer le droit des gens, je me laisse mener en quelque assemblée, au lieu de me réjouir, elles achèvent de me tuer. » Lui cède-t-elle ? En tout cas, elle y est prête, car cette fille de haute noblesse, qui sera un jour la mère du grand Condé, a le sens du devoir, sachant que lorsque le roi ordonne, il faut obéir, quand bien même celui-là, d'un demi-siècle plus âgé qu'elle, pourrait être son grand-père. Une fois de plus, Malherbe se fait l'interprète de la tristesse du Béarnais :

« Donc cette merveille des cieux,
Pour ce qu'elle est chère à mes yeux,
En sera toujours éloignée !
Ainsi d'une mourante voix
Alcandre, au silence des bois,
Témoignait ses vives atteintes. »

Tel Ménélas, il se met en tête de récupérer manu militari « son » Hélène, en envoyant d'abord Annibal d'Estrées – le frère de la défunte Gabrielle ! Ce dernier ayant échoué, Charlotte est assignée à résidence chez l'archiduc Albert, c'est-à-dire le plus grand ennemi d'Henri IV après l'empereur d'Allemagne. Est-ce la goutte d'eau qui fait déborder le vase ? Le roi de France, frappé et humilié, est prêt à lancer une expédition militaire pour parvenir à ses fins, contre la coalition catholique menée par les Habsbourg face aux princes protestants allemands. Ne dit-il pas lui-même : « Troie a été détruite parce qu'Hélène ne fut pas rendue » ? Mais s'agit-il vraiment de récupérer Charlotte ou de mettre enfin en œuvre ce que Sully, dans ses *Mémoires,* appelle « le grand dessein du roi » ? Nous touchons là, à l'heure où s'ouvre le dernier acte de la vie d'Henri IV, à la plus épineuse question de tout son règne, où une affaire privée et une affaire publique se trouvent inextricablement liées.

Selon le témoignage du ministre, le projet qu'Henri IV caresse depuis plusieurs années est en effet de restaurer l'unité de la chrétienté autour d'une République européenne pacifique, qui fédérerait les quinze royaumes ou potentats du vieux continent et empêcherait les conflits à l'avenir, tout en garantissant le respect de la liberté de religion de chacun. Un « Conseil général », dont les quarante membres seraient nommés par les différents souverains, et un « Sénat » de soixante membres (quatre par État) feraient office de pouvoirs exécutif et législatif dans cet embryon de Communauté européenne dont rêve le roi. Cette préfiguration de la Commission et du Parlement d'aujourd'hui rendrait des « arbitrages » permettant de garantir le droit des nations et la paix universelle. Plus performant que nos structures contemporaines, le projet d'Henri IV prévoit enfin la constitution d'une force militaire européenne de quelque deux cent mille hommes de pied, cinquante mille cavaliers, cent quinze vaisseaux et deux cent quinze pièces d'artillerie, chargée de faire respecter l'ordre au sein de l'Europe et de la protéger des invasions de l'extérieur.

Pour parvenir à la création d'un tel organisme que Fénelon et quelques autres réclameront en vain par la suite, il faut impérativement briser l'emprise de la Maison d'Autriche qui, se considérant comme l'héritière du Saint Empire romain germanique, veut absolument le contrôler. Et c'est précisément à l'heure où passe à l'ennemi le prince de Condé, devenu le premier prince du sang depuis l'accession d'Henri IV au trône de France, que se prépare cette tentative de mise au pas des princes allemands réformés par le trublion Habsbourg. Pis encore, son installation sur l'autre rive du Rhin, à la porte même de la France, menace la paix générale que le Béarnais a eu tant de mal à imposer. On a beaucoup critiqué le roi de France dans cette affaire, mais il convient de reconnaître rétrospectivement que, pour les Habsbourg qui, maîtres de l'Empire allemand et de la couronne d'Espagne, encerclent dangereusement la France, l'affaire de la succession des duchés de Clèves et de Juliers n'est qu'un prétexte pour l'affaiblir, et qu'Henri IV n'avait donc guère le choix. Au reste, les préparatifs de guerre ont commencé avant l'enlèvement de Charlotte, comme le prouvent les négociations du Vert-Galant avec le roi d'Angleterre Jacques Ier, successeur d'Élisabeth, et un contrat passé avec les Suisses pour la fourniture de soldats.

Le problème est que les Parisiens, qui connaissent *Le Livre des rois* et qui n'ont en tête que l'enlèvement de Charlotte, se persuadent qu'Henri, réplique vivante de Salomon, a perdu sa sagesse, et pensent que leur souverain est devenu fou. On lui reproche ouvertement cette « mauvaise guerre » qu'il prépare, non pas pour réduire les positions hégémoniques des Habsbourg, mais pour récupérer un tendron dont il est amoureux, quitte à se mettre au plus mal avec le pape. De surcroît, pour financer ce projet de guerre, le roi et son principal ministre décrètent une hausse des impôts, plutôt malvenue, et multiplient ces expédients tant dénoncés, telle la vente

347

systématique des offices royaux. L'esprit de la Ligue n'étant pas mort, une grande partie de l'opinion catholique s'émeut de la situation et le mécontentement gronde dans les rues de Paris, ce que le maréchal d'Ornano ne cache pas au roi : « Jamais on n'a si mal parlé de vous. Vous n'êtes pas aimé de votre peuple, qui endure beaucoup et n'en peut plus. »

Le souverain, qui aime la franchise, l'embrasse aussitôt, mais se rend compte que, malgré son œuvre pacificatrice, il conserve un très grand nombre d'ennemis qui n'attendent que sa mort. N'a-t-il pas coutume de dire parfois des Parisiens : « Pardieu ! Je mourrai dans cette ville. Je n'en sortirai jamais, ils me tueront ! Je vois bien qu'ils mettent toute leur dernière ressource dans ma mort » ? Songe-t-il aux multiples avertissements, réitérés depuis des années ? En 1593 déjà, un serviteur du duc de Guise, Pierre Barrière, dit La Barre, avait été arrêté alors qu'il se préparait à poignarder le roi. L'année suivante, ce fut l'étudiant Jean Châtel qui renouvela la tentative, avec aussi peu de succès, avant de finir roué comme le précédent. Deux ans plus tard, un avocat d'Angers, Jean Guédon, fut, pour la même raison, brûlé à Paris, ainsi qu'un Italien, exécuté à Meaux, tandis qu'un capucin lorrain et un dominicain flamand sont rompus place de Grève en 1599. En 1605, un procureur de Senlis, qui, ayant visiblement perdu la raison, se jeta sur le roi avec un couteau, lui criant : « Rends-moi mon royaume ! », fut imité par un avocat de Villeneuve-le-Roi, nommé Piedefort, et un nobliau répondant au nom de François Richard, sire de La Voulte.

Certains sorciers ne furent pas en reste, comme cette Nicole Mignon, cantinière aux armées, pendue pour avoir voulu empoisonner le Béarnais, ou ce gentilhomme normand, François Saint-Germain de Racqueville, décapité pour avoir cherché à l'envoûter avec des figures de cire. Sans compter cet apologiste du régicide que fut le ligueur Jean Boucher, dix-neuvième protagoniste à avoir souhaité publiquement la mort du roi ou ourdi quelque machination contre lui. Jamais un roi de France n'a été aussi menacé qu'Henri IV, lui si populaire ! Se pourrait-il qu'on ose encore attenter à la vie du roi, à un moment où la progressive mise en place de la monarchie absolue engendre les complots d'une haute noblesse jouant désormais les utilités ? Au moment surtout où l'Espagne, ivre de colère au vu des bons résultats économiques, financiers et politiques engrangés par le Béarnais, relève la tête et cherche par tous les moyens à déstabiliser celui qui a mis fin à sa puissance ?

L'affaire du maréchal de Biron avait éclaté en 1602, lorsque ce vieux compagnon de route avait trahi son maître pour se jeter dans les bras du duc de Savoie. Il avait payé ce crime de sa tête, mais son acte avait révélé de formidables sapes dans le royaume. Les intrigues avaient impliqué jusqu'à Henriette d'Entragues elle-même, qui par clémence royale ne fut pas inquiétée, et jusqu'au comte d'Auvergne, qui se retrouva en prison. L'affaire du duc de Bouillon, qui suivit, dans laquelle ce feudataire tenta de jouer les Cromwell français, montra que la boîte de Pandore de la contestation n'était pas refermée. Les menaces continuaient de peser sur un roi dont chacun pouvait mesurer la valeur, mais qui suscitait des vocations de criminels, comme aucun autre avant lui. Le chroniqueur Palma Cayet l'a bien compris : « Tellement qu'il ne se trouverait pas aisément aucune histoire de prince dont la vie ait été plus attentée, ni l'état et dignité plus querellée, et néanmoins il en demeure toujours libre et constant à soi-même. »

Mais qu'importe l'opinion des Parisiens ! Le Béarnais a, au début du mois de mai, fait rassembler une armée de trente-sept mille hommes qui, à présent, attend ses ordres pour se mettre en mouvement. Avant d'en prendre le commandement, il reste au roi à accomplir une dernière formalité : faire sacrer la reine. En son absence, Marie va exercer la régence, comme il est d'usage sans être obligatoire, mais qui donnera plus de poids à ses ordres. Elle recevra ainsi une consécration officielle, qui l'aidera à pardonner à son époux ses multiples frasques. Peu de reines de France, jusque-là, ont reçu cet honneur. Marie de Médicis, qui a sans doute beaucoup insisté auprès de son mari, mesure le sien, même si son incorrigible époux profite de l'occasion pour la prier de rappeler auprès d'elle, en ce jour, l'une des dames d'honneur de sa suite, Charlotte de Montmorency, princesse de Condé !

Le 13 mai, à Saint-Denis, la reine est donc

l'héroïne d'une de ces grandes journées que la tradition capétienne a sacralisées, où le faste de la liturgie et le prestige de la couronne s'unissent pour ancrer la Nation dans son rôle de « fille aînée de l'Église ». Cette cérémonie suscite l'émotion des participants, la liesse du bon peuple et l'admiration des cours étrangères qui, via leurs ambassadeurs, vont bientôt ouïr le récit de l'événement. Rubens, plus tard à la demande de la veuve d'Henri IV, fixera ce moment sur la toile avec son génie flamboyant, faisant de la nièce du grand-duc de Toscane, agenouillée pour recevoir la couronne royale, la figure centrale d'une composition dont David s'inspirera, deux siècles après, pour immortaliser Joséphine au cœur d'un autre sacre. Ce jour-là est un jour de joie, pour la reine, pour la France et même pour le roi. Selon le témoignage de Bassompierre en effet, Henri IV, qui ne participe pas directement à la cérémonie mais la contemple du haut d'une tribune, « y fut extraordinairement gai ». À la fin pourtant, il s'assombrit. Les astrologues de la Cour n'ont-ils pas calculé que le 14 mai lui serait funeste ? Bassompierre tente alors de le réconforter :

— Mon Dieu, ne cesserez-vous jamais, Sire, de nous troubler, en nous disant que vous mourrez bientôt ? Ces paroles ne sont point bonnes à dire. Vous vivrez, s'il plaît à Dieu aidant, bonnes et longues années. Il n'y a point de félicité au monde pareille à la vôtre. Vous n'êtes qu'en la fleur de votre âge, en une parfaite santé et force de corps, plein d'honneurs plus qu'aucun des mortels, jouissant en toute tranquillité du plus florissant royaume du monde, aimé et adoré de vos sujets, plein de biens, d'argent, de belles maisons, belle femme, belles maîtresses, beaux enfants qui deviennent grands. Que vous faut-il de plus, ou qu'avez-vous à désirer davantage ?

— Mon ami, il faut quitter tout cela ! lui répond le roi avec un énigmatique sourire, avant d'accompagner la reine au grand banquet qui conclut la journée du sacre.

Ils regagnent Paris vers minuit et se couchent pour préparer l'entrée officielle de la souveraine dans une capitale pavoisée, le 16 mai. Henri IV, à qui Nostradamus avait promis le trône lorsqu'il était encore enfant, sait-il que la cinquième centurie du visionnaire a énoncé cette prophétie ?

« Avant venue de ruine celtique
Dedans le temple deux parlementeront,
Poignard cœur, d'un monté au coursier et pique
Sans faire bruit le grand enterreront. »

Henri IV, urbaniste de la place des Vosges, invente la galerie marchande dans un Paris qui ne connaît pas encore la ségrégation sociale. Il fait bâtir le Pont-Neuf et la fontaine de la Samaritaine.

C'est sous l'influence flamande que le roi Henri crée à Paris plusieurs de ces places qui donnent une élégance à la capitale jusque-là constituée d'un amas de maisons et de bicoques, que divisent des rues tortueuses favorables aux coupe-jarrets : une ville du Moyen Âge, bâtie dans le désordre, et que le roi Henri veut métamorphoser en capitale moderne. C'est pourquoi il conçoit l'idée d'une place royale, celle qu'on appelle aujourd'hui place des Vosges. L'historien Jean Prasteau compare l'initiative royale à la construction du quartier de la Défense. Soucieux des loisirs de son peuple, le Vert-Galant a souhaité que, sur le marché aux chevaux taillé dans l'ancien domaine des Tournelles, on aménage un promenoir pour les Parisiens, « lesquels sont forts pressés en leur maison à cause de la multitude du peuple qui y afflue de tous côtés ». Il émet même en avant-gardiste l'idée d'une galerie marchande, demandant que soient prévus des emplacements pour diverses boutiques dans ces rez-de-chaussée du Marais dont certaines enseignes vont devenir célèbres. Henri IV est un grand délocalisateur. Place Royale, il songe à établir une Bourse, mais ses visions d'avenir sont parfois combattues par les contingences du quotidien : le projet ne peut voir le jour, les changeurs trouvant l'endroit trop éloigné du palais et du quartier des Orfèvres. La décision est alors prise de construire, pour eux, la place Dauphine dans la Cité.

Henri IV a l'œil à tout. Les lots de la place Royale sont attribués et les permis de construire assortis de règles rigoureuses et d'exigences stylistiques remarquables : « À la charge de faire bâtir par ledit acheteur un pavillon couvert d'ardoises, ayant des arcades et une galerie au-dessous avec des boutiques ouvertes dans ladite galerie, ayant ledit pavillon, la muraille étant sur ladite place Royale de pierres de taille et ladite selon le dessin qui en a été dressé par le commandement de Sa Majesté… et de rendre ledit pavillon parfait et habitable dans le dernier jour de décembre de l'année prochaine que l'on comptera 1610. » Aujourd'hui, lorsque l'on contemple cet ensemble admirable, on cherche d'où vient le style, d'où est issue la manière. Les historiens s'interrogent et avancent des signatures de rêve : Androuet du Cerceau, Louis Métezeau ou Claude Chastillon. Ce qui demeure certain, c'est le bonheur d'Henri IV au milieu de ce chantier. Il se passionne pour la progression des travaux et, accompagné de son page Racan, discute de chaque point dans la bonne humeur avec les maçons au travail.

Cette initiative n'est pas un caprice d'esthète mais la vision à long terme d'un homme d'État. Une vision politique, une vision industrielle, une vision commerçante et surtout une vision humaine. À l'origine de la conception de l'actuelle place des Vosges, il y a la volonté du roi Henri de fédérer au profit de la France l'industrie du luxe jusque-là concentrée à Milan, qui fournissait somptueusement la noblesse pour la vêtir de draps d'or et d'argent. Le roi, par lettre patente du 4 mars 1604, concède le nord de la place actuelle à la création d'une manufacture de draps.

Il ne faut pas croire qu'un bon règne est sans contestation. Et saluons chez ce roi la grande qualité qui est la sienne : une réelle écoute et une capacité à admettre, à intégrer, puis à faire siens les avis du contradicteur. François Miron, qui a d'ailleurs aujourd'hui sa rue à Paris, s'est élevé contre les principes de l'urbanisme de la place Royale en proclamant : « Dans une capitale où se trouve le souverain, il ne faut pas que les petits soient d'un côté et les gros et dodus de l'autre. » Il rappelait ainsi que, hormis cet ensemble d'immeubles neufs élevés sur l'ancien marché aux chevaux et occupés par des gens aisés, la capitale ignorait la ségrégation sociale. Jean Prasteau, excellent connaisseur du vieux Paris, va dans le sens de François Miron : « Au Marais, les classes étaient mêlées ; nobles au premier, bourgeois au second, artisans au troisième et ouvriers au quatrième. Pour la première fois, un grand ensemble n'accueillait que des officiers royaux, des gens de la finance et de gros entrepreneurs. La noblesse ne vint que quelques années plus tard et souvent en locataire. »

Le Pont-Neuf est une autre grande construction du roi Henri IV. Chacune de ses piles est surmontée d'un balcon arrondi en demi-cercle sur la Seine. Les faiseurs de tours en avaient fait le pont du rire et de la farce. Très vite, tous ceux qui se passionnaient pour les jeux de hasard s'y retrouvèrent dans une foire perpétuelle. Sur ce pont on dansait et on s'amusait. On ne le traversait jamais, paraît-il, sans y rencontrer « un moine, un cheval blanc et une fille ». Pierre Courthion dépeint ce pont au cœur du Paris d'autrefois, où « les banquistes, les vendeurs de billets de loterie ou d'orviétan, Desiderio Descombes et le baron de Grattelard s'efforçaient, du haut de leur voiture métamorphosée en théâtre, de rivaliser de bouffonnerie avec Tabarin, lequel, sous l'ample blouse de Pierrot vert et jaune, y paradait en compagnie de sa femme, Franscisque, et de Mondor, coiffé de l'énorme chapeau de docteur. Au milieu du Pont-Neuf, à la pointe de l'île de la Gourdaine, on avait construit la place Dauphine, celle que, dans *La Main enchantée,* Nerval décrit comme le rendez-vous de la "gent chiquanouse". Il y avait là une fabrique de cartes à jouer, dans une maison dont les fenêtres – on le voit dans la peinture gouachée, plus tardive, de Carnavalet – donnaient sur le terre-plein du pont et sur les quais du Louvre. »

Ce Paris coquin et charmant, c'est celui du règne du Vert-Galant mais aussi celui de la minorité de Louis XIII. Le peuple de France a alors la gaieté d'un peuple d'enfants. Le beau côté de cette époque nous est restitué par les gravures d'Abraham Bosse où l'élégance des femmes se pare de manchettes au point de Bruges et de Venise et de bouffantes jupes sous la fine taille. Quant aux hommes, à bottes et à manches à crevés, ils s'abordent avec force ronds de chapeaux et moult autres démonstrations spectaculaires, au point que le Cavalier Marin, le poète florentin que Marie de Médicis avait fait venir auprès d'elle, disait à ses amis d'Italie qu'à Paris « toute conversation commence par un ballet ».

Appuyé au Pont-Neuf, se trouvait un bâtiment élevé sur pilotis dans la Seine, auquel on adossa en 1608 une fontaine. Ornée de figures de bronze représentant Jésus-Christ demandant à boire à la Samaritaine, cette fontaine de la Samaritaine, construite par le Flamand Jean Lintlaer, était surmontée d'une horloge à carillon, qui jouait des airs les jours de fête. Elle renfermait une pompe aspirante chargée de donner de l'eau au quartier du Louvre et d'alimenter les bassins et fontaines des palais et jardins des Tuileries. La Samaritaine et la statue d'Henri IV dominant le Pont-Neuf étaient des monuments très chers aux Parisiens : les imaginaires dialogues de la Samaritaine avec le Roi de bronze inspirèrent une infinité de pamphlets, notamment à l'époque de la Fronde.

18

À L'ENSEIGNE
DU *CŒUR COURONNÉ*
PERCÉ D'UNE FLÈCHE

« Vous ne me connaissez pas maintenant, vous autres, mais je mourrai un de
ces jours, et quand vous m'aurez perdu,
vous connaîtrez alors ce que je
valais. »

Henri IV

Le 14 mai 1610, à Paris. Seize heures viennent
de sonner au Quai de l'Horloge. Le peuple de la
capitale vaque à ses affaires, dans la confusion
habituelle de cette grande ville où chacun va, à
pied ou à cheval, en voiture ou sur l'eau, travaillant
ou se promenant. Bourgeois ou gens de finances
ouvrant leur boutique sur le pont Notre-Dame ou
sur le pont au Change, étudiants se rendant à
leurs cours à la Sorbonne, portefaix déchargeant
sur la grève tonneaux de vins de Bourgogne,
commères allant à petits pas faire leurs courses
aux Halles, gens d'Église et de Justice se croisant
sur le Pont-Neuf, soldats faisant de l'œil aux
ribaudes dans les venelles reculées où les femmes
de bonne vie ne se commettraient pas. C'est un
après-midi de printemps, semblable à tant d'autres
avec ses embarras amusant les badauds.
Et justement, rue de la Ferronnerie, la circulation est bloquée par deux charrettes, dont on est

359

en train de décharger le contenu, l'une de vin, l'autre de foin, sans se soucier de gêner ceux qui sont derrière. Il faut dire qu'on ignore totalement la qualité des occupants d'un lourd carrosse aux portières de cuir, à demi abaissées. Peut-être sont-ce quelques messieurs importants du parlement ? Ils n'ont qu'à prendre leur mal en patience, se disent les ouvriers qui, en immobilisant les grands, semblent se venger de leur condition. De toute manière, la rue est trop étroite pour doubler ou même rebrousser chemin, à moins d'aller à pied, comme ce grand homme solidement charpenté qu'on voit là-bas. Il a le teint coloré, les cheveux roux, la barbe en bataille, le regard légèrement halluciné, il est vêtu d'un habit vert « à la flamande » et n'a jusque-là rien fait de bon de sa vie, sinon aller et venir entre Angoulême, où il est né, dans une famille jadis bourgeoise – son père fut secrétaire greffier et un de ses oncles maternels chanoine de la cathédrale – mais ruinée par l'ivrognerie de son géniteur, et Paris, où son devoir l'appelle. Du moins le dit-il, ou le croit-il, depuis que Dieu lui a demandé de se sacrifier pour le salut de la France, bien que les couvents où il s'est présenté pour devenir moine ne l'aient pas accueilli. Tour à tour valet, solliciteur de procès, maître d'école, prisonnier pour dettes et vagabond, ce célibataire endurci n'a pas d'emploi fixe et vit avec sa mère quand il ne court pas les chemins. Un raté, ou tout comme, dont l'extrême dévotion tient lieu de défouloir, comme la plupart de ceux pour qui la religion, de tout temps, justifie vols, viols et crimes.

Il erre ainsi depuis assez longtemps dans les rues, avec l'intention plus ou moins claire de tuer le roi. Obsédé par cette idée fixe, s'éloignant puis revenant, se ravisant puis se décidant sous l'effet d'une force mystérieuse, tout à la fois torturé et déterminé à éliminer celui qui, malgré son abjuration, est demeuré à ses yeux un hérétique, l'Antéchrist incarné. C'est pourquoi, au début de ce printemps, une fois de plus, il a parcouru à pied les cent vingt lieues séparant Angoulême de la capitale. Il s'est logé d'auberge en auberge, ne tenant pas en place, volant un couteau dans l'une d'elles, avec lequel il rôde quelques jours près du Louvre, parvenant même à s'entretenir avec un officier de la maison de la reine Margot, puis avec un jésuite proche de la Cour, qui, pensant son interlocuteur dérangé ou simple d'esprit, lui conseilla de s'en retourner dans son pays, « manger de bons potages, dire son chapelet et prier Dieu ». Il suivit ce précepte et reprit le chemin d'Angoulême ; mais, à Étampes, sous l'effet de nouvelles visions, alors qu'il croisait un calvaire, il fit demi-tour et revint à Paris où, enfin, le hasard le plaça à quelques mètres de celui qu'il cherchait et qu'il soupçonnait, dans son délire, de vouloir préparer une Saint-Barthélemy des catholiques. Au faubourg Saint-Jacques, par lequel il entra dans Paris, il fit emmancher son couteau qui branlait et se logea à l'hôtellerie des Trois Pigeons, en face de l'église Saint-Roch, tout près du Louvre, d'où il guetta désormais les sorties du roi.

Mais qui lui a dit qu'Henri est dans cette voiture coincée rue de la Ferronnerie, en face d'une boutique ornée d'une singulière enseigne, *Au cœur couronné percé d'une flèche* ? Certains passants habitués à voir ce carrosse ? Son intuition ? La remarque d'un bourgeois ayant reconnu le souverain ? Ou bien l'a-t-il suivi depuis le Louvre si proche ? Effectivement, Henri IV est bien assis dans cette voiture ; il se rend à l'Arsenal, voir son ministre et ami Sully, alors relevant de maladie, en compagnie de six autres personnes, le duc d'Épernon, MM. de Liancourt et de Mirabeau, le maréchal-duc de La Force, les maréchaux de Lavardin et de Roquelaure, tous devisant gaiement pour prendre leur mal en patience. La conversation porte sans doute sur le sacre de la reine, la veille, ou sur la bonne chère qu'on a faite à midi, le roi ayant fait particulièrement honneur aux mets, comme si manger constituait un antidote aux angoisses de la nuit, lorsqu'il s'était réveillé en sursaut, se remémorant les prévisions de ses astrologues. Mais est-ce bien son ministre qu'il va voir ? Ou, comme le diront certains, ne prévoit-il pas de faire un détour chez le financier Paulet, dont la charmante épouse, surnommée « la lionne », passe pour avoir du tempérament et à laquelle il a un service à demander : prendre en charge son fils préféré, le duc de Vendôme, qui justement, ce matin-là, l'a supplié de ne pas sortir.

Quoi qu'il en soit, il a failli rester au palais ce jour où d'étranges pressentiments l'assaillent de toutes parts dès son lever. Sent-il une certaine nervosité dans sa capitale, où personne ne voit d'un bon œil la guerre qui va commencer, condamnée d'avance par un pape hostile à sa cause, la défense des princes protestants en Allemagne, menée qui plus est par des généraux protestants (La Force, Bouillon, Lesdiguières et Sully en personne) contre les bonnes troupes catholiques de l'empereur ? Ce matin-là, après avoir reçu un maître de camp du régiment des gardes, l'ambassadeur d'Espagne, puis le duc de Villeroy, il a assisté à la messe aux Feuillants, a pris son repas puis a hésité à sortir.

— Je ne sais ce que j'ai, ma mie, mais je ne puis sortir d'ici, confia-t-il même à la reine.

— Restez donc, puisque vous êtes en bonne humeur, n'allez point vous fâcher.

— Ma mie, ma mie, irai-je encore ? lui aurait-il répondu par trois fois.

Les réticences de son propre capitaine des gardes n'étaient pas faites pour l'encourager :

— Votre Majesté se souviendra que je ne puis être en deux lieux à la fois et que lorsque je vous vois dans votre jardin ou à la chasse, souvent peu accompagné, je n'ai pas l'esprit en repos et qu'à plus forte raison je crains plus pour votre personne dans cette grande ville, pleine d'un nombre incroyable d'étrangers ou d'inconnus.

— Allez, Vitry, vous êtes un cajoleur. Vous voulez rester ici pour causer avec les femmes. Faites ce que je vous dis. Il y a cinquante ans que je me garde sans capitaine des gardes. Je me garderai bien encore tout seul.

Comme d'habitude, il y a peu ou pas de service d'ordre autour de la voiture du roi, à peine quelques pages prêts à exécuter un ordre et quelques valets de pied, d'ailleurs partis en reconnaissance, au niveau du cimetière des Innocents, pour s'assurer que les charrettes sont enfin prêtes à s'ébranler. Le carrosse est décidément immobilisé. Le roi se tient au fond, au milieu de la banquette entre M. de Montbazon et le duc d'Épernon. Ce dernier lui a tendu une lettre qu'il est en train de lire le bras levé. L'homme à l'habit vert comprend que c'est le moment d'agir, d'autant que, n'ayant plus un sou en poche, il sait qu'il ne peut demeurer plus longtemps à Paris. Cinq pas de loup et le voici sur le marchepied du carrosse, autour duquel la presse est si forte que personne ne prête attention à lui. Tout va alors très vite, il sort son couteau et l'abat à deux reprises sur le roi qui a juste le temps de dire : « Je suis blessé » et de s'effondrer, la bouche en sang, contre La Force. À cinquante-sept ans, Henri IV quitte l'histoire. À trente-sept, François Ravaillac y entre.

Pendant que la voiture revient au Louvre, le maréchal de La Force se rend compte en effet que le roi est mort et qu'il n'y a plus rien à faire, même si l'on convoque les chirurgiens pour examiner le corps du Béarnais, que, dès son arrivée au palais, les ducs de Montbazon et de Vitry, avec l'aide du marquis de Noirmoutier et de l'un de ses écuyers, viennent de déposer sur son lit. Les médecins constatent que si le premier coup de couteau n'a fait que glisser sur une côte, le second a été mortel qui a traversé le poumon gauche, tranché la veine cave et crevé l'aorte. Pierre Mathieu, témoin de la scène, écrit : « Quoique je visse sa chemise sanglante, sa poitrine enflée de l'abondance de sang, son front commençant à jaunir, ses yeux fermés, sa bouche ouverte, la croix de son ordre dessus, il me semblait que c'était une illusion. Mon imagination contredisait mes yeux, ne me pouvant figurer de voir mort celui qui, une heure auparavant, ne parlait que de combattre, de vaincre et de triompher. »

La nouvelle de l'assassinat du roi fait immédiatement le tour de Paris et bouleverse l'ensemble de ses habitants, comme l'écrit Pierre de L'Estoile : « Les boutiques se ferment ; chacun crie, pleure, se lamente, grands et petits, jeunes et vieux ; les femmes et filles s'en prennent aux cheveux. Et cependant tout le monde se tient coi : au lieu de courir aux armes, on court aux prières et aux vœux pour la santé et la prospérité du nouveau roi ; et toute la fureur du peuple, contre l'attente et intention des méchants, n'est tournée que contre ce parricide scélérat et ses complices, pour en avoir et poursuivre la vengeance. » Au Louvre, le chancelier Brûlart de Sillery vient apprendre à la reine l'assassinat de son mari. Marie de Médicis s'écrie alors :

— Hélas, le roi est mort !

— Votre Majesté m'excusera, mais les rois ne meurent point en France. Le roi est mort, vive le roi.

Le nouveau roi, Louis XIII, âgé de seulement huit ans, s'écrie en apprenant la mort de son père : « Je voudrais n'être point roi, car j'ai peur qu'on ne me tue. » Étant encore mineur, une régence est inévitable. Elle sera exercée par sa mère jusqu'à sa majorité, fixée à douze ans, comme le décrètera le lit de justice tenu devant le parlement de Paris cinq jours plus tard, en présence des grands du royaume.

L'affliction est totale, tant du côté catholique que du côté protestant, comme le confirment l'ensemble des témoignages. L'immense tristesse que la France éprouve en ce jour de deuil contraste avec l'indifférence à peu près totale qui avait accueilli l'assassinat d'Henri III deux décennies plus tôt. Et alors que les églises de Paris sonnent le glas, ainsi que le veut l'étiquette, on commence à s'affairer autour de la dépouille d'Henri IV. En présence des quatorze médecins du feu roi, le 14 mai, onze chirurgiens pratiquent l'autopsie, et découvrent que le corps est particulièrement sain et que son détenteur aurait pu vivre de longues années encore. Les hommes de l'art détachent ensuite le cœur, qu'ils enferment dans un cœur d'argent, que le duc de Montbazon et le prince de Conti déposeront dans la chapelle des jésuites de La Flèche, conformément aux vœux du défunt. On prélève ensuite les viscères qui, recueillis dans un vase d'argent, sont conduits à Saint-Denis.

Cette double opération achevée, on confectionne l'effigie du roi, un mannequin d'osier revêtu de ses habits de sacre – dalmatique, manteau, couronne, sceptre, globe et main de justice – et d'un masque de cire reproduisant ses traits. On l'expose dans une chambre de parade du côté de la Seine dans laquelle on vient porter à manger deux fois par jour, comme le veut l'ancienne tradition, sur une table posée devant le catafalque représentant les deux corps du roi, celui, physique, qui meurt, et celui, politique, qui ne meurt jamais. Au pied du lit, Marie de Médicis prie et pleure, neuf jours et neuf nuits durant. Pendant dix-huit jours, on y célèbre encore, jour et nuit, messes basses et grandes messes, tandis que le véritable corps d'Henri IV, embaumé et mis en bière, est déposé dans la salle des cariatides.

Le 1er juillet se déroulent les funérailles officielles, juste après qu'une autre formalité a été effectuée : l'enterrement d'Henri III. On l'avait en effet oublié et on s'empresse de l'inhumer à Saint-Denis, avant que son successeur ne l'y rejoigne ! Ce jour-là, tandis que toute la France prie, la dépouille d'Henri IV quitte le Louvre pour Notre-Dame, juchée sur un chariot d'armes à six chevaux, surmonté d'un dais soutenu par le prévôt des marchands et les trois premiers échevins de la ville de Paris. Suivent ses armes – épée, heaume, mantelet, cotte, écu, gantelets et éperons –, les bannières et enseignes de son armée, son cheval et douze chevaux montés par des évêques, cardinaux et ambassadeurs. Après la messe, le long cortège prend le chemin de l'abbaye de Saint-Denis où, une fois le cercueil descendu, se déroule le traditionnel rituel de clôture de la crypte. Le comte de Saint-Pol répète par trois fois : « Le roi est mort », avant de casser son bâton de grand maître des cérémonies, pour s'écrier à nouveau par trois fois : « Vive le roi. »

François Ravaillac, aussitôt arrêté, est soustrait à l'agressivité de la foule qui veut le lyncher sur place. Il est d'abord conduit à l'hôtel de Retz puis à la Conciergerie, où commence son interrogatoire. A-t-il agi seul ou a-t-il été manipulé ? Telle est la question que les historiens se posent depuis 1610, sans apporter plus de réponses que ceux qui travaillent, depuis quatre décennies, à débrouiller un crime politique pour partie comparable, celui du président américain John Fitzgerald Kennedy. Comme Oswald, en effet, qui n'en eut pas le temps puisqu'on le fit abattre, Ravaillac ne parla pas, même sous la torture, malgré la rigueur des supplices qu'on lui fit subir, en particulier celui des brodequins qui lui broyèrent les jambes, ou celui de l'arquebuse qui lui écrasa les pouces, malgré encore la menace, sur proposition de Marie de Médicis, que le Parlement loua pour sa délicatesse, d'être écorché vif par un boucher de la connaissance de la reine. Il se contenta de raconter ses visions et expliqua qu'il n'avait pu résister à ses pulsions. Dieu ou le diable lui avaient inspiré de tuer ce roi qui, d'après ce qu'il avait entendu dire, allait déclarer la guerre au pape et tuer tous les bons catholiques.

Depuis quatre siècles, l'assassinat d'Henri IV est au cœur des recherches et nombre d'historiens ont échafaudé les hypothèses les plus folles. Certains ont été jusqu'à soupçonner Marie de Médicis elle-même, d'autres le duc d'Épernon, l'empereur d'Allemagne ou encore le roi d'Espagne via l'archiduc Albert, gouverneur des Pays-Bas espagnols, avec la complicité ou l'approbation des Jésuites. Parce qu'on les avait crus impliqués dans l'attentat de Jean Châtel, Henri IV les avait expulsés en 1594, avant de les rappeler en 1604.

L'implication de Marie de Médicis, princesse catholique et reine couronnée, paraît impossible. Celle du duc d'Épernon, qui effectivement connaissait Ravaillac en tant que gouverneur d'Angoulême, semble douteuse : ce fut précisément lui qui, rue de la Ferronnerie, empêcha qu'on tue Ravaillac. Il apostropha les gardes en ces termes : « Saisissez-vous de lui, il en va de votre tête ! » S'il avait été l'instigateur de l'attentat, il n'était pas dans son intérêt que le régicide pût parler. Il avait d'ailleurs été témoin de l'assassinat d'Henri III, quand on commit l'erreur de tuer aussitôt le moine Jacques Clément, se privant ainsi de la possibilité de l'interroger sur ses mobiles et ses éventuels complices ou commanditaires.

En ce qui concerne l'empereur ou le roi d'Espagne, les choses sont en revanche plus complexes. Dès avant l'assassinat, il est certain qu'un complot international fut ourdi contre Henri IV. Des lettres compromettantes ont circulé, des annonces de sa mort violente ont été diffusées tant en France qu'à l'étranger avant même que le couteau de Ravaillac eût frappé. Des hommes d'armes ont été vus le jour de l'attentat rue de la Ferronnerie. Il est probable que, ce 14 mai, un attentat en ait caché un autre. En effet, comme l'a habilement démontré Jean-Christian Petitfils, ces hommes en armes, très certainement la garde de l'archiduc Albert, étaient prêts à fondre sur le roi. On peut ainsi supposer qu'au moment où le commando de spadassins allait sortir de nulle part, celui que personne n'attendait, François Ravaillac, un vagabond à l'esprit dérangé agissant de sa propre initiative, anticipa un crime d'État, à la grande stupéfaction de ceux qui devaient l'accomplir. Si extraordinaire que cela puisse paraître aux yeux des contemporains comme aux nôtres, cet homme pensant que son geste lui vaudrait le paradis, a persisté dans l'aveu d'un crime solitaire, malgré treize jours d'interrogatoires et de tortures, sous la menace de la damnation éternelle s'il mentait.

Le procès a été bâclé, les magistrats n'ont suivi aucune autre piste et négligé d'exploiter des éléments troublants ou des témoignages qui auraient pu être approfondis. Cependant, comment expliquer qu'Achille de Harlay, chargé d'instruire le procès, ait pu étouffer l'affaire ? A-t-il confondu le complot et l'acte isolé d'un fanatique ? Ou a-t-il craint, en allant plus loin dans son enquête, de compromettre les plus hautes personnalités de l'État et, par là même, de déstabiliser la monarchie à un moment délicat, l'aurore d'une régence une période traditionnellement source de troubles, qu'un historien a nommée une « éclipse du soleil » ? Quoi qu'il en soit, comme sa victime, Ravaillac allait, en place de Grève cette fois, vivre à son tour le martyre.

Sans se soucier de l'opinion, Philippe de Béthune, le frère de Sully, en ambassade pour la France à Rome, devient le mécène du Caravage, un artiste voyou inventeur du clair-obscur dont le talent n'a d'égal que son épouvantable réputation.

Maximilien de Béthune duc de Sully a un frère cadet, Philippe de Béthune. Ce seigneur, comte de Selles, est l'un des principaux collectionneurs d'œuvres d'art de son époque. En 1601, il est chargé d'une importante mission diplomatique à Rome où il conduit une ambassade jusqu'en 1605. Philippe de Béthune prend plaisir dans la Ville éternelle à faire la connaissance des meilleurs artistes. Un jour, on lui indique un peintre dont le talent d'avant-garde – il a inventé le clair-obscur – n'a d'égal que son épouvantable réputation : Michelangelo Merisi, dit le Caravage. Sa vie est aussi troublante que son œuvre est scandaleuse, ses toiles expriment sans pudeur sa brutalité et sa sensualité. On pourrait penser que ses chefs-d'œuvre ont été peints par pure provocation. Ainsi que l'écrit Gilles Lambert, « ses éphèbes se déhanchent comme des courtisanes, ses archanges grimés en voyous nous dévisagent d'un air soumis. Les vierges souffrent en accouchant au mépris du dogme, les Christs morts sont de vraies charognes, les pommes du Paradis sont véreuses. Pour les dévots, c'est le Diable qui tenait les pinceaux du Caravage. Et pourtant ses tableaux sont tout ruisselants de ferveur et de foi ».

Vivant, Le Caravage est une véritable fripouille et un authentique contestataire. Mort, il échappe aux lois de la chronologie et bouscule les canons de la postérité. Au point que Poussin pourra déclarer : « Il est venu au monde pour détruire la peinture. » Stendhal délivrera encore ce sévère certificat : « Ce peintre était un scélérat. » En 1920, Bernard Berenson, critique d'art américain des plus respectés, publia un livre à seule fin de dénoncer son « incongruité ». La magnifique biographie du Caravage signée par Gilles Lambert s'intitule justement *La Gloire d'un scélérat*. Il le dépeint avec ses ombres et ses lumières, restituant le charme tapageur et les ambiguïtés sexuelles d'une « vie d'artiste » dans un siècle balafré de fureurs et de songes. Le Caravage semble toujours hésiter entre le luth, la dague et le crucifix : « Michelangelo Merisi fut un enfant prodige. Célèbre à Rome à vingt ans, vagabond à trente, criminel et débauché, il passa sa vie à fuir et à se brouiller avec le destin. Ombrageux et querelleur, fauteur de rixes, il fut plusieurs fois recueilli à demi-mort dans la rue, le crâne brisé et les os rompus. Ce luron patibulaire – il était plutôt laid et borgne – adorait les festins, les beuveries et les spectacles. Il choisissait ses maîtresses dans le ruisseau et ses amants dans les bouges. » Il n'avait pour sa propre personne qu'une considération relative et se décrit lui-même comme

« robuste, court sur jambes, noir de peau et de poil ».

Au-delà de ses frasques de mauvais garçon, c'est le génie d'un grand peintre qu'a su découvrir Philippe de Béthune. Un artiste issu des bas-fonds dont l'œuvre révèle une conception inédite de la lumière. Un précurseur sans pareil, un pionnier capital sans lequel il n'y aurait eu ni Ribera ni Zurbarán ni Vélasquez ni Murillo ni Vermeer ni même Georges de La Tour. Sans lui, Franz Hans et Harmenszoon Van Rijn dit Rembrandt auraient été différents et l'on pourrait dire en considérant l'histoire de l'art que l'influence de son pinceau est encore sensible à l'heure des créations de Delacroix et de Manet. Dans son ouvrage *L'Art italien,* André Chastel a su le remettre à sa place, c'est-à-dire la plus haute : « Il y a peu de révolutions aussi explicites que celle de Caravage ; c'est la plus remarquable de tout l'art italien. » C'est grâce à des protecteurs endurants que le Caravage peut mener à son terme son immense carrière de peintre. Parmi eux, un cardinal pas comme les autres, Francesco Maria Borbone Del Monte, qui, en sa qualité d'ambassadeur du duc de Toscane à Rome, a aussi la jouissance de la Villa Médicis, ou encore Philippe de Béthune qui tombe sous le charme des toiles du Caravage au point de devenir son mécène et de lui commander des tableaux, notamment *La Cène à Emmaüs,* exposé à la National Gallery de Londres, ou *L'Incrédulité de saint Thomas,* conservé au musée de Potsdam.

On imagine aisément l'émotion qui s'empara des habitants de Loches en Touraine quand, au début des années 2000, ils découvrirent dans leur église Saint-Antoine deux tableaux portant le blason de Philippe de Béthune. Ces toiles furent authentifiées par le conservateur régional des Monuments historiques. S'agit-il de copies ou des originaux ? Pour le maire adjoint chargé du patrimoine de la cité royale de Charles VII, il n'y a pas de doute possible puisque, dans un inventaire dressé en 1608, conservé aux Archives nationales et signé Béthune, les deux tableaux sont cités et portent la mention : « Original ». Le débat est ouvert : a-t-on affaire à de simples copies découvertes par un tiers ou à des répliques peintes par le maître italien lui-même ? Ces toiles, reconnues par l'État en 2002, sont présentées au public par la municipalité dans une exposition à la Chancellerie. Il n'est pas rare que la copie dépasse l'original... Cette version est cependant contestée par Pierre Rosenberg, ancien président du musée du Louvre et académicien français, pour qui : « Ce sont des copies arrivées en France à une époque où le Caravage est en sommeil. » La réplique de la ville de Loches est ainsi argumentée : « Contrairement à ce que certains affirment, le Caravage a exécuté lui-même plusieurs répliques d'un même tableau, alors pourquoi pas ceux de Philippe de Béthune ? »

Comme Henri IV, le Caravage est mort en 1610.

19

L'ENTRÉE DANS LA LÉGENDE

« Henri, de qui la gloire
Fut une merveille à nos yeux,
Loin des hommes s'en alla boire
Le nectar avecque les dieux. »

Malherbe

Le 27 mai 1610, en fin de matinée, au pied du grand escalier du parlement de Paris, en présence de tout ce que la justice du royaume peut rassembler, des plus humbles huissiers aux plus hauts présidents à mortier, en passant par les greffiers, procureurs, conseillers du roi, avocats, notaires, lieutenants à robe courte et autres exempts de police, la foule de la basoche et de la chicane se presse pour voir le phénomène que toute la France hait, hormis quelques fanatiques se terrant dans le silence de leur solitude.

Un frisson parcourt l'assistance lorsque, enfin, il paraît, dans son habit vert taché de crasse et de sang, soutenu par deux prévôts. Après avoir subi le supplice des brodequins, il peut à peine marcher. On le fait mettre à genoux devant le crucifix, en glissant dans sa main droite un cierge de cire blanche. Un magistrat se lève et, sans même le regarder, lit à haute voix la sentence, le déclarant « dûment atteint et convaincu du crime de lèse-majesté divine et humaine au premier chef, pour le très méchant, très abominable et très détestable parricide commis en la personne du feu roi Henri IV, de très bonne et très louable mémoire ». Suit la description de l'atroce châtiment qu'il va subir et la liste des mesures concernant sa famille, qui sera expulsée de France, sa maison rasée, tandis qu'il sera interdit de porter son nom maudit. Épuisé par les interminables interrogatoires qu'il a dû subir, les nuits sans sommeil, la torture réitérée et la faim, François Ravaillac semble ne pas comprendre ce qu'on lui dit et, la lecture achevée, se laisse conduire vers une nouvelle séance de torture, dans les soussols du palais, comme il est d'usage, afin de lui extorquer d'éventuels aveux. N'ayant là encore rien confessé, mais s'étant évanoui, on lui donne du vin puis à manger afin qu'il reprenne quelques forces. On le conduit ensuite à l'extérieur, dans le tombereau qui l'attend, celui avec lequel on évacue les ordures des rues.

Ébloui par la lumière, à laquelle il n'est plus habitué, Ravaillac ferme les yeux, mais entend très distinctement les cris des milliers de Parisiens venus l'insulter, comme si toute la capitale s'était donné rendez-vous, pour apercevoir celui qui a osé commettre le crime le plus abject, celui du parricide, le roi étant en effet le père de la Nation. Et c'est ce qui étonne le plus Ravaillac : jusqu'au bout, il avait cru débarrasser la France d'un abominable tyran et que les Français lui en sauraient gré. Or, tout le long du parcours entre le palais et la cathédrale, ce ne sont que huées le vouant à l'enfer et à la damnation éternelle, vociférées par une foule de plus en plus dense que les soldats ont bien du mal à contenir, et si nombreuse qu'on avance à peine. Il faut une heure pour arriver à Notre-Dame. Là, le cortège s'arrête et Ravaillac est sommé de s'agenouiller à nouveau, un cierge allumé dans la main droite, cette fois pour faire amende honorable devant la justice divine. C'est là qu'il demande pardon à la reine et au nouveau roi, mais refuse l'absolution. On le réinstalle dans le tombereau pour un autre trajet, bien court, vers la place de Grève, devant la maison commune, c'est-à-dire la mairie, le but de son ultime voyage.

À toutes les fenêtres, sur les toits, debout sur la place, des centaines de milliers d'hommes, de femmes, d'enfants, vieux, jeunes, riches, pauvres, nobles, bourgeois, artisans et même paysans venus des faubourgs, ne perdent rien de l'immonde spectacle que la Justice va leur offrir. On dénude entièrement Ravaillac et on plonge sa main droite, celle avec laquelle il a tué le roi, dans une cuve de soufre embrasé avant de la couper et de la jeter au feu. Puis on l'attache sur une claie et, à l'aide de tenailles rougies au feu, on lui déchire la poitrine, les bras et les cuisses, pratiquant d'horribles plaies béantes sur lesquelles on fait couler du plomb fondu, ce qui lui arrache des hurlements qu'on entend jusqu'aux confins de la place. On prend ensuite le temps d'une pause, afin que le condamné se remette quelque peu et puisse se sentir mourir, « distillant son âme goutte à goutte », comme le prévoit la sentence. C'est alors qu'avec des cordes on attache sa main gauche et le moignon de la droite, ainsi que ses pieds, à quatre puissants chevaux de trait, qu'à grands coups de fouet on fait s'avancer, pour écarteler son corps.

Ce supplice n'entraîne pas pour autant sa fin, puisqu'il va mettre quatre heures à mourir, quatre heures d'épouvantables souffrances que peu d'hommes pourraient supporter. Lorsqu'enfin, parce qu'on a changé les chevaux, ses quatre membres cèdent dans un craquement épouvantable, le peuple se rue sur le cadavre démantibulé, chacun d'en saisir un morceau pour le traîner de par la ville, certaines femmes, selon les témoignages, allant jusqu'à y mordre ! Il ne reste donc plus grand-chose à brûler devant le Louvre, où un bûcher a été prévu, que les Suisses allument à présent et dans lequel se consument les derniers restes du corps de François Ravaillac, dont le nom va, pour longtemps, symboliser l'infamie absolue. Extraordinaire rituel destiné à révéler au spectateur les sévices de l'enfer auquel, naturellement, le condamné est promis. Extraordinaire scène de sauvagerie aussi, par laquelle tout un peuple conjure l'angoisse d'avoir perdu ce roi qui était parvenu à imposer la paix civile, à réconcilier les Français et à apporter l'ordre et la prospérité. Un roi enfin qui, par ce crime, connaît une apothéose dont aucun de ses prédécesseurs n'avait bénéficié avant lui, pas même son ancêtre saint Louis, mort obscurément à Tunis, si loin de Paris.

Oubliés la guerre contre les Habsbourg et le projet fou de récupérer Charlotte de Montmorency ! Aujourd'hui ne reste que le souvenir du

« bon roi Henri », du souverain affable, généreux et compréhensif qui a fait baisser la taille, construit des hôpitaux, embelli Paris et enrichi la France, du chef de guerre redoutable et courageux, aimé de ses soldats, toujours vainqueur et capable de mansuétude, de l'ami de tous les hommes et surtout de toutes les femmes, dont la virilité triomphante flattait l'image d'une France dominant l'Europe, comme un amant sa maîtresse.

Alors que les cendres de Ravaillac sont jetées au vent mauvais, les panégyriques du défunt roi fleurissent un peu partout, le premier étant celui d'André Duchesne, intitulé « L'Épithète d'honneur d'Henri le Grand », rapidement suivi par maintes œuvres de Claude Billard, Julien Peleus, Baptiste Legrain ou Pierre Mathieu. Ils seront nombreux à tisser sa légende, sur la trace de Scipion Dupleix, auteur, en 1632, d'une *Histoire de Henry le Grand,* sa première grande biographie officielle. Tous rivalisent de style pour célébrer un roi longtemps contesté mais transfiguré par son assassinat qui le fait entrer tout droit au panthéon de l'histoire, pour ne pas dire au paradis. Croyants comme incroyants, dès lors, ne vont cesser de louer Henri IV, roi très-chrétien pour certains, apôtre de la tolérance pour d'autres. Voltaire en particulier, avec le phénoménal succès de sa *Henriade* – la seconde du genre –, en fera l'idole incontestée du siècle des Lumières. En témoigne le mot fameux de Bailly, premier maire de Paris sous la Révolution, accueillant Louis XVI à l'Hôtel de Ville : « Henri IV avait recueilli son peuple, ici le peuple a recueilli son roi. » En attendant, comme l'a fort bien démontré Roland Mousnier, le meurtre d'Henri IV, tout autant que l'action politique de son règne, contribue largement à asseoir l'absolutisme en France, sacralisant la figure du prince et faisant de lui le symbole du bien contre les forces du mal, la figure tutélaire de la nation gallicane, tout à la fois dressée contre le pape et contre l'empereur, ses ennemis de l'intérieur et de l'extérieur.

Le hasard, tout autant que sa volonté, a donc fait du Béarnais le héros d'une légende épique, née aussitôt que sa mort fut connue, ce qui souligne, bien plus que son horrible supplice, l'échec de Ravaillac qui certes ôta la vie du corps physique d'Henri IV, mais lui offrit, à la manière d'un démiurge, la vie éternelle, celle du souvenir et du rêve, de l'amour, de l'admiration et de la reconnaissance. Aucun autre roi n'allait plus connaître cette vénération, ni Louis XIII, ni Louis XIV, Louis XV ou Louis XVI, enterrés dans l'indifférence, la haine ou le mépris. Par le truchement de Ravaillac, son pendant consubstantiel, le Béarnais, nouveau phoenix, renaît à une autre vie, celle de la postérité, qui va faire de lui le meilleur des rois, celui dont les monarchistes se réclameront jusqu'au comte de Chambord et même au-delà, et dans lequel les républicains se reconnaîtront, jusque dans les livres d'école de la IIIe République. Gaston Bonheur l'écrira joliment : « La gloire d'Henri IV doit plus encore à sa survie qu'à sa vie. On le voit revenir dans le roman sous les traits de d'Artagnan. On le voit revenir au théâtre avec le nez de Cyrano. Mais il vient aussi, cycliquement, hanter le bon peuple chaque fois que la France se sent mal et qu'on a besoin d'un guérisseur, puisque les médecins ont dit leur dernier mot. C'est qu'il n'y a personne d'autre qui puisse le remplacer et qui connaisse bien nos remèdes : le bon sens et le franc parler. » Et de conclure : « Henri IV revient toujours quand il faut réinventer la France » ; ce fut patent aux heures cruciales de la Seconde Guerre mondiale, où l'on vit le régime de Vichy et la Résistance l'invoquer simultanément !

Malherbe, dans sa « Prière pour le roi Henri le Grand, allant en Limousin », trouva le mot le plus juste pour définir le règne d'Henri IV, tel qu'il est demeuré dans notre inconscient :
« La moisson de nos champs lassera les faucilles
Et les fruits passeront la promesse des fleurs. »

Au Chalet des Chasseurs,
dans la Forêt des Livres,
Chanceaux-près-Loches,
le 24 août 2009.

ÉPILOGUE
UN SECOND ASSASSINAT

« Tout crime est vulgaire, de même que
toute vulgarité est criminelle. »

Oscar Wilde

Le 6 août 1793, alors qu'une chaleur de feu
s'abat sur l'Île-de-France, une bande de forcenés
enfonce les portes de l'église abbatiale de Saint-
Denis, pioches et autres instruments contondants
en main. Malgré la solennité des lieux et l'extraordinaire beauté des innombrables sculptures
émergeant un peu partout sous cette vénérable
nef datant de plusieurs siècles, ils se mettent à
tout casser, à la manière des talibans qui, il y a
quelques années, dynamitèrent d'admirables
bouddhas sculptés dans les montagnes d'Afgha-
nistan.

Une orgie de destruction aussi absurde qu'inutile ! Un double crime ! Crime moral d'abord,
puisque les premières victimes sont des morts,
des corps depuis longtemps pourris dans le
silence glacé de cette merveille gothique et qu'on
arrache de leurs cercueils pour les jeter à la voirie.
Crime artistique ensuite, parce que cet acte néces-
site la démolition de somptueux tombeaux, à la
réalisation desquels des artistes avaient mis le
meilleur d'eux-mêmes. En cet été dramatique où
la France est en guerre contre l'Europe coalisée,

n'a-t-on rien de mieux à faire que de vandaliser la nécropole des rois de France, le Westminster français ? Il semblerait que non, puisque les volontaires sont nombreux pour exécuter ce qui sans doute va demeurer, avec la Terreur, l'une des plus stupides décisions de la Convention nationale, qu'on a vue jusque-là plus inspirée !

Comment se fait-il que l'abbatiale de Saint-Denis, bâtie par le roi Dagobert comme nécropole pour le repos éternel des rois, n'a connu que le cycle infernal des démolitions et des reconstructions ? Pourquoi tant de dévastations dans le monument silencieux du sommeil des souverains ? Pourquoi tant de profanations et tant de haine ? Quel destin que celui de la nécropole des rois à Saint-Denis ! Que de misères au milieu de tant de majesté ! Que d'accidents et de renaissances ! Après que Pépin le Bref eut abattu l'église de Dagobert, il la réédifia et c'est son fils Charlemagne qui la paracheva. Dévastée par les Normands, elle fut relevée par Suger sous Louis VI, reconstruite sous Louis VII et achevée par Saint Louis. Mais la nécropole des rois de France n'était pas au bout de son chemin de croix. Au XVe siècle les démolisseurs sont de retour, au XVIe siècle les agresseurs sont les calvinistes et, au XVIIIe siècle, la dévastation est ordonnée par la Convention. Cette fois-ci, Henri IV y perdit sa tête...

Le 6 février 1793, le journaliste Le Brun met le feu aux poudres en publiant dans *Le Moniteur* cette « Ode patriotique sur les événements de 1793 » :

« Purgeons le sol des patriotes
Par des rois encore infectés :
La terre de la liberté
Rejette les os des despotes.
De ces montres divinisés
Que tous les cercueils soient brisés !
Que leur mémoire soit flétrie !
Et qu'avec leurs mânes errants
Sortent du sein de la patrie
Les cadavres de ces tyrans ! »

Barère martèle alors, à la fin d'un rapport acca-
blant qu'il lit à la tribune le 31 juillet 1793 devant
les conventionnels réunis : « La main puissante
de la République doit effacer impitoyablement
ces épitaphes superbes et démolir ces mausolées
qui rappelleraient des rois l'effrayant souvenir. »
La rage est d'autant plus grande, à l'époque, que
la Révolution mène son combat contre l'Europe
coalisée et que, dans l'objectif de réduire ce
redoutable adversaire, l'anéantissement des
tombes permet la récupération du bronze pour
les canons de la République et du plomb pour les
balles. C'est par une clameur considérable, une
acclamation continue et une mortelle ovation que
la Convention ordonne de réduire en poussière
tous les tombeaux de Saint-Denis et charge – résolution insolite – un ancien bénédictin de l'abbaye
de Royaumont, dom Poirier, de l'exécution de
cette sinistre et fatale décision.

De ces travaux morbides, Robert Christophe
donne une vision hallucinante : « Ceux-ci commen-
cèrent le 6 août. Les 7 et 8 on renversa soixante
et un tombeaux, puis on réunit les bières ainsi

profanées. C'étaient celles de la famille des Bourbons : 7 rois, 7 reines, 47 princes et princesses. Dans le jour suivant, ce fut le tour des Valois : 63 cadavres, dont ceux de 18 rois, 18 reines, 24 princes et princesses, 11 dignitaires. Dagobert, Suger et du Guesclin appartenaient à cette fournée. La moustache de Louis XIII était intacte, le corps de Louis XIV, bien conservé, montrait une peau toute noire. Dans le cercueil du grand Dauphin, il n'y avait plus que de l'eau. Louis XV, rose comme un nouveau-né, baignait dans un liquide nauséabond. Chose curieuse, Henri IV était si bien conservé qu'on lui coupa la tête afin d'en faire un moulage. »

Lorsque Louis XVIII ordonna de remettre en état les sépultures royales de Saint-Denis, une mauvaise surprise l'attendait : la tête d'Henri IV avait disparu. C'était un signe funeste pour ce nouveau roi Bourbon qui avait en partie fondé sa Restauration sur la renaissance de l'image du bon roi Henri. Il demanda qu'on procédât à de nouvelles recherches, mais nul ne sut lui dire ce qu'elle était devenue. C'est en vain que l'on fouilla dans l'ossuaire où les révolutionnaires avaient jeté pêle-mêle tous les corps exhumés. Bien plus tard, en 1919, un commissaire-priseur de la salle Drouot mit en vente une tête momifiée. Aussitôt les amateurs d'histoire, les acquéreurs d'objets précieux ou insolites se penchèrent sur ce lot dont la rumeur affirmait qu'il s'agissait tout simplement de la tête d'Henri IV. Comment en avoir l'assurance ? Un indice les mit sur la voie.

On disait que le Vert-Galant portait deux tatouages au cou : un cœur percé d'une flèche accompagné du nom d'une maîtresse et une proclamation de fidélité au protestantisme. Après son assassinat, ses héritiers auraient ordonné aux embaumeurs de barbouiller de bleu ces marques si compromettantes. Or la tête en question comportait bien une tache au niveau du cou...

Singulier destin posthume : assassiné une seconde fois, décapité par la Révolution française cent quatre-vingt-trois ans après sa mort, dans le décalage horaire de l'histoire, Henri IV voit sa tête mise à prix dans une vente aux enchères pour... 3 francs seulement !

CHRONOLOGIE

1548   Mariage d'Antoine de Bourbon, duc de Vendôme et premier prince du sang, avec Jeanne d'Albret, héritière du royaume de Navarre.

1553   Naissance à Pau d'Henri de Bourbon, fils des précédents, futur Henri IV (13 décembre).

1555   Mort d'Henri d'Albret (25 mai). Sa fille Jeanne devient reine de Navarre et son petit-fils prince de Navarre.

1559   Mort d'Henri II, roi de France, et avènement de François II. Naissance de Catherine de Bourbon, sœur d'Henri, cinquième enfant du couple, la seule avec Henri à avoir survécu (7 février).

1560   Mort de François II, roi de France. Avènement de Charles IX, sous la régence de Catherine de Médicis. Conversion de Jeanne d'Albret au protestantisme.

1561   Premier séjour d'Henri à la cour de France, son père exerçant alors la fonction de lieutenant-général du royaume.

1562   Mort d'Antoine de Bourbon au siège de Rouen (17 novembre). Début des guerres de religion.

1564-1566	Long voyage de la Cour en France, auquel Henri participe et au cours duquel, à Aix-en-Provence, Nostradamus prophétise sa montée sur le trône de France.
1567	Après six années passées avec les enfants d'Henri II et de Catherine de Médicis, retour d'Henri en Béarn, où sa mère le fait conduire.
1568	Henri rejoint les protestants à La Rochelle.
1569	Henri combat dans l'armée de Coligny et se voit investi du commandement des protestants de France, malgré la défaite de Jarnac.
1570	Paix de Saint-Germain (8 août).
1571	Jeanne d'Albret et son fils regagnent le Béarn.
1572	Mort de Jeanne d'Albret (9 juin). Henri devient roi de Navarre, sous le nom d'Henri III. Il épouse à Paris Marguerite de Valois (18 août), six jours avant le massacre de la Saint-Barthélemy auquel il échappe de peu (24 août). Abjuration du roi de Navarre (24 septembre). Reprise des guerres de religion (novembre).
1573	Henri est contraint d'assister au siège de La Rochelle mené contre ses anciens amis.
1574	Reprise des guerres de religion (février). Henri se compromet dans le complot dit « des Malcontents » et est incarcéré au

château de Vincennes (avril). Mort de Charles IX, roi de France (30 mai), et avènement d'Henri III qui gracie son beau-frère et cousin, malgré la menace du Midi protestant de faire sécession.

1576   Henri s'enfuit de la cour de France (3 février) et s'installe à Nérac. Il abjure le catholicisme

1577   Paix de Bergerac (17 septembre). Montaigne devient gentilhomme de la chambre du roi de Navarre.

1578   Retrouvailles à Nérac d'Henri et de son épouse Marguerite, séparés depuis quatre ans.

1579   Traité de Nérac (28 février).

1580   Reprise des guerres de religion. Henri s'empare de Cahors, où sa magnanimité envers les vaincus lui vaut l'estime générale (mai). Paix de Fleix mettant fin à la septième guerre de religion (26 novembre).

1581   Henri préside à Montauban l'assemblée des Églises réformées.

1582   Début de la liaison d'Henri avec Corisande d'Andoins, comtesse de Guiche.

1584   La mort du duc d'Alençon, dernier fils d'Henri II et de Catherine de Médicis, fait d'Henri l'héritier du royaume de France (10 juin). Mission du duc d'Épernon dans le Sud-Ouest.

1585   Séparation définitive d'Henri et de Marguerite de Valois.

1586	À La Rochelle, Henri reçoit des subsides de la reine Élisabeth Ire.
1587	Victoire d'Henri à Coutras contre le duc de Joyeuse (20 octobre).
1588	Assassinat du duc de Guise au château de Blois, sur ordre d'Henri III (23 décembre). Mort de Catherine de Médicis (5 janvier). Entrevue du roi de France et du roi de Navarre à Plessis-les-Tours (30 avril). Assassinat d'Henri III (2 août). Henri III de Navarre devient le roi Henri IV, mais la Ligue proclame roi le cardinal de Bourbon, qui prend le nom de Charles X (5 août).
1590	Victoire d'Ivry (14 mars) et siège de Paris.
1591	Début de la liaison d'Henri IV avec Gabrielle d'Estrées.
1593	Henri IV abjure la religion protestante à Saint-Denis (25 juillet).
1594	Sacre d'Henri IV à Chartres (27 février) et entrée solennelle à Paris (22 mars). Première tentative d'assassinat par Jean Châtel (27 décembre).
1595	Victoire de Fontaine-Française sur les Espagnols (5 juin). Le pape reconnaît Henri IV comme légitime roi de France (18 septembre).
1597	Fin du siège d'Amiens (25 septembre).
1598	Proclamation de l'édit de Nantes (13 avril). Paix de Vervins avec l'Espagne (2 mai), qui met fin à la huitième et

dernière guerre de religion. Sully devient intendant général des Finances.

1599   Mort de Gabrielle d'Estrées (10 avril). Début de la liaison d'Henri avec Henriette d'Entragues et annulation de son mariage avec Marguerite de Valois (17 décembre).

1600   Mariage d'Henri IV et de Marie de Médicis (5 octobre).

1601   Traité entre la Savoie et la France, qui apporte à celle-ci le Bugey, la Bresse et le pays de Gex (17 janvier). Naissance du dauphin, le futur Louis XIII (27 septembre).

1602   Édit de Blois interdisant les duels (avril). Complot de Biron. Traité avec les cantons suisses.

1603   Traité de Hampton Court entre l'Angleterre et la France (9 août).

1604   Institution de la Paulette (décembre).

1605   Publication des lettres patentes créant la future place des Vosges.

1607   Réunion de la Navarre française, du Béarn et des autres terres d'Henri IV à la Couronne de France. (L'édit sera proclamé sous Louis XIII, en 1620.)

1608   Traité d'alliance entre la France et les Provinces-Unies (23 janvier). Fondation de Québec par Samuel de Champlain (3 juillet).

1609   Liaison d'Henri IV avec Charlotte de Montmorency.

1610   Traité de paix entre la France et les princes allemands (23 février). Sacre de Marie de Médicis à Saint-Denis (13 mai). Assassinat d'Henri IV par Ravaillac (14 mai). Inhumation du roi à Saint-Denis (1er juillet).

REPÈRES BIBLIOGRAPHIQUES

Andrieux (Maurice),
Henri IV, Paris, Fayard, 1995.

Antoine (A.)
La Jeunesse d'Henry IV, Paris, 1824.

Babelon (Jean-Pierre),
Henri IV, Paris, Fayard, 1982.
Henri IV. Lettres d'amour et écrits politiques, Paris, Fayard, 1988.

Barbiche (Bernard),
Sully, Paris, Albin Michel, 1978.

Barthéty (Hilarion),
Le Berceau d'Henri IV, Pau, Ribaut, 1893.

Bayrou (François),
Henri IV, le roi libre, Paris, Flammarion, 1993.

Bonheur (Gaston),
Henri Quatre, Paris, Ramsay, 1977.

Breton (Guy),
Histoires d'amour de l'histoire de France, tome 3 : *De la reine Margot à Louis XIV,* Paris, Noir et Blanc, 1957.

Brisville (Jean-Claude),
Vive Henri IV, Paris, Éditions de Fallois, 2001.

Castarède (Jean),
La Triple Vie de la reine Margot : amoureuse, comploteuse, écrivain, Paris, Éditions France-Empire, 1992.

Cazaux (Yves),
Jeanne d'Albret, Paris, Albin Michel, 1973.
Henri IV, Paris, Albin Michel, 2 vol., 1977 et 1986.

Chevallier (Pierre),
Henri III, Paris, Fayard, 1985.

Cloulas (Ivan),
Catherine de Médicis, Fayard, 1979.

Collectif,
Henri de Navarre et le royaume de France, numéro spécial de la *Revue de Pau et du Béarn,* 1984.

Collectif,
Henri IV et la reconstruction du royaume, Réunion des musées nationaux, catalogue d'exposition, 1989.

Cuignet (Jean-Claude),
Dictionnaire Henri IV, Paris, Grancher, 2007.

Deslot (Thierry),
Impératrices et reines de France, éditions La Bruyère, 1996.

Desplat (Christian) et Tucoo-Chala (Pierre),
La Principauté de Béarn, Pau, 1980.

Desprat (Jean-Paul),
Les Bâtards d'Henri IV. L'épopée des Vendômes, 1594-1727, Paris, Perrin, 1998.

Desprat (Jean-Paul) et Thibau (Jacques),
Henri IV, le règne de la tolérance, Paris, Gallimard, 2001.

Duflos (abbé),
L'Éducation de Henri IV, Paris, Duflos le Jeune, 1790.

Dumaître (Paule),
La Jeunesse de Henri IV, Paris, Nathan, 1968.

Dumas père (Alexandre),
Les Grands Hommes en robe de chambre. Henri IV,
Paris, Cadot, 1855, réédition Paris, Les Belles Lettres,
1998.

Erlanger (Philippe)
*L'Étrange mort d'Henri IV, ou les jeux de l'amour et de
la guerre,* Paris, Amiot-Dumont, 1957.

Foisil (Madeleine),
L'Enfant Louis XIII. L'éducation d'un roi, 1601-1617,
Paris, Perrin, 1996.

Garrisson (Janine),
Henri IV ; le roi de la paix, 1553-1610, Paris, Tallan-
dier, 2000.

Gérard (Jo),
Henri IV, le plus vert des galants, Paris, Dargaud,
1967.

La Batut (Guy de),
*Les Amours des rois de France racontées par leurs
contemporains, documents mis en ordre et annotés
par Guy de La Batut. Henri IV,* Paris, Montaigne,
1928.

Lenôtre (G.),
La petite histoire d'Henri IV à Louis XIV, Librairie
académique Perrin, 1977.

Léonard (Émile-G.),
Histoire générale du protestantisme, Paris, Presses
universitaires de France, 3 vol., 1961-1964.

Leroy-Ladurie (Emmanuel),
Henri IV ou l'ouverture, Paris, Bayard, 2005.

Lescure (Adolphe-Mathurin de),
Les amours d'Henri IV, Paris, Librairie Achille Faure,
1864.

Livet (G.),
Les Guerres de religion, 1559-1598, Paris, Presses universitaires de France, 1962.

Michelet (Jules),
La Ligue et Henri IV, Paris, Éditions des Équateurs, 2008.

Mousnier (Roland),
L'Assassinat d'Henri IV, Paris, Gallimard, 1964.

Murat (Inès),
Gabrielle d'Estrées, Paris, Fayard, 1992.

Perrot (Jacques) et Tucoo-Chala (Pierre), Actes des quatre colloques « L'Avènement d'Henri IV », Biarritz, 1988-1992.

Pitts (Vincent J.),
Henri IV of France : His Reign and Age, Baltimore, Johns Hopkins University Press, 2008.

Ritter (Raymond),
Charmante Gabrielle, Paris, Albin Michel, 1947.

Ritter (Raymond),
La Sœur d'Henri IV, Catherine de Bourbon, Paris, Jean Touzot, 2 vol., 1985.

Roelker (Nancy Lyman),
Jeanne d'Albret, reine de Navarre (1528-1572), Paris, Imprimerie nationale, 1979.

Sutherland (Nicola Mary),
Henry IV of France and the Politics of Religion, 1572-1596, Londres, Intellect Books, 2 vol., 2002.

Vaissière (Pierre de),
Henri IV, Paris, Fayard, 1928.

Autres sources :

Desquesses (Gérard) et Clifford (Florence),
   L'Agenda d'Henri IV 2010, Saint-Malo, GD Éditions,
   2009.

Malaterre (Jacques),
   L'Assassinat d'Henri IV, docufiction avec Arnaud
   Bedouet, Chiara De Luca, Olivier Augrond, Paris,
   Boreales, Expand Drama, 2008.

Composition et mise en pages réalisées
par Text'oh! - 39100 Dole

Achevé d'imprimer
en février 2011
par Printer Industria Gráfica
pour le compte de France Loisirs, Paris

Numéro d'éditeur : 62814
Dépôt légal : septembre 2010
Imprimé en Espagne

« Les uns me blâment d'aimer trop
les bâtiments et les riches ouvrages ;
les autres la chasse, les chiens et les oiseaux ;
les autres les cartes, les dés et autres sortes
de jeux ; les autres les dames et les délices
de l'amour ; les autres les festins, banquets
et friandises ; les autres les assemblées,
comédies, bals, danses et courses de bagues…
Mais aussi dirais-je que, ne passant pas
la mesure, tout cela me devrait plutôt
être dit à louange qu'à blâme !
D'ailleurs, je ferai voir à ces gens
que je quitterais maîtresses, amours, chiens,
oiseaux, brelans, bâtiments, festins, banquets
et toutes autres dépenses de plaisir
et de passe-temps, plutôt que je perde
la moindre occasion et opportunité
pour acquérir honneur et gloire. »

Henri IV